Führen
aus der
Mitte

Barbara Fromm/
Michael Fromm:
Führen aus der Mitte

info@j-kamphausen.de
www.weltinnenraum.de

Lektorat: Martin Gregor-Ax
Typografie/Satz:
KleiDesign
Umschlaggestaltung:
Wilfried Klei
Druck & Verarbeitung:
Westermann Druck Zwickau

1. Auflage 2004
Die Deutsche Bibliothek – CIP-Einheitsaufnahme

Ein Titelsatz für diese Publikation
ist bei der Deutschen Bibliothek erhältlich

ISBN 3-933496-98-5

Barbara Fromm | Michael Fromm

Führen aus der Mitte

Werden Sie ECHT in Arbeit und Leben – finden Sie Erfüllung und Erfolg

1. Auftakt und Absprung

Dieses Buch ist kein Managementratgeber der bekannten Prägung.

Wir vermitteln Ihnen weder eine neue Managementmethode, noch versprechen wir Ihnen das ultimative Vier-Wochen-Programm zur optimalen Führungskraft.

Wir veranschaulichen Ihnen dagegen, dass die Quelle menschlich befriedigender und materiell erfolgreicher Arbeit immer in uns selbst liegt. Wir verdeutlichen, dass eine Rückverbindung mit Ihrer inneren Kraft und Weisheit völlig neue Möglichkeiten für zukunftsfähige und erfüllende Entwicklung eröffnet – sei sie persönlich, unternehmerisch oder gesellschaftlich. Und wir zeigen Ihnen, wie Sie durch neue, andere Denk- und Verhaltensweisen die Verbindung mit Ihrer inneren Kraft und Weisheit wieder herstellen können.

Kurz: Dieses Buch ist ein Aufruf zur Revolution!

Zu einer friedlichen Revolution im Geiste – oder, genauer gesagt, des Geistes. Dieses Buch ist der buchstäbliche Appell an Ihren Geist, zu revoltieren. Es ist der Aufruf, alte Gleise zu verlassen und neue Wege zu beschreiten.

Neue Wege wohin?

Neue Wege in eine Führungskultur, die sich grundlegend von herkömmlichen Managementmethoden unterscheidet. Neue Wege in eine Führungskultur, die nicht länger auf mechanistischer Funktionalität, auf rationalen Plänen und Konzepten beruht. Sondern auf einer Logik, die uns zurückführt zu den Wurzeln wahrer Führungsqualität – zu der inneren Kraft des Menschen. Neue Wege zu einer Führungs-Kraft, die wir mutig als „spirituell" bezeichnen.

Erschrecken Sie bitte nicht, wenn wir an dieser Stelle das Wort Spiritualität verwenden. Dieses Wort hat ein umstrittenes Image in unserer Gesellschaft, weil Spiritualität oft mit undurchsichtigen esoterischen Praktiken oder zweifelhaften Ritualen verwechselt wird.

Solche Praktiken jedoch meinen wir nicht. Wir unterstützen die These, die da lautet: Der Manager der Zukunft wird ein spiritueller Mensch sein.

Aber wir sagen im gleichen Atemzug auch ganz deutlich: Spiritualität ist keine „Spinnerei" außerhalb unserer realen wirtschaftlichen, politischen und gesellschaftlichen Welt.

Nein – Spiritualität findet im Alltag statt. Im Büro, im Konferenzraum, in der Fabrikhalle; bei zähen Verhandlungen mit Kunden und Lieferanten genau so wie beim Mitarbeitergespräch oder bei der Vorstandssitzung. Spiritualität ist das, was jeden Tag vierundzwanzig Stunden lang in Aktion ist. Spiritualität ist die innere Kraft, die uns Menschen leitet und unterstützt.

Um zu ihr zurückzufinden, müssen wir nicht zwei mal täglich meditieren. Wer diese Methode für sich entdeckt, mag und soll sie nutzen; sie ist zweifellos hilfreich, doch ist sie nur *eine* Möglichkeit, um zurück zu unserer inneren Kraft zu finden. Es gibt noch andere Wege, die im Alltag mit all seinen Anforderungen integriert sind und die unserem westlichen Denken entgegenkommen.

Was wir meinen und wie es geht, werden wir in diesem Buch vermitteln. Dabei werden wir das Wort „spirituell" im Hauptteil des Buches ganz bewusst nicht mehr verwenden, um keine irreführenden Assoziationen zu wecken. Wir sprechen in diesem Buch über Grundgesetze menschlichen Denken und Handelns; ob Sie diese Gesetze als spirituell oder psychologisch oder einfach als menschlich bezeichnen, ist Ihnen als Leser überlassen.

Um niemanden im Unklaren zu lassen, wollen wir aber an dieser Stelle erläutern, was wir selbst unter Spiritualität verstehen.

Spiritualität kommt vom lateinischen „Spiritus" = Geist. Sie ist die Ausrichtung auf den Geist, auf die Energie, die unserer menschlichen Existenz zugrunde liegt. Sie ist die Ausrichtung auf und die Verbindung mit der geistigen Kraft, die Grundlage allen Seins und damit auch unserer Existenz ist.

Welche Kraft sorgt dafür, dass Ihr Herz unermüdlich schlägt? Welche Kraft sorgt dafür, dass Ihr Atem fließt, selbst dann, wenn Sie willentlich versuchen, ihn zu unterbrechen? Welche Kraft sorgt dafür, dass die Erde sich dreht?

Sicher, wir werden für alles wissenschaftliche Erkenntnisse heranziehen können. Was aber ist die Kraft, die hinter den naturwissenschaftlichen Erkenntnissen und Modellen steht? Sie wissen, dass für Ihren Herzschlag ein Reizleitersystem den Ausschlag gibt. Was aber steuert dieses Reizleitersystem? **Diese Kraft, die hinter allem steht, nennen wir die spirituelle Kraft.**

Sie ist nichts anderes, als die kosmischen Gesetze, die unser Leben bestimmen. Diese kosmischen Gesetze sind weder verrückt, noch anrüchig. Sie sind das, was unser tägliches Leben möglich macht. Sie sind das Leben selbst.

Wir haben immer die Möglichkeit, in Harmonie mit diesen kosmischen Gesetzen zu leben oder uns gegen sie zu stellen. Mit ihnen zu leben, bedeutet ein Leben in Leichtigkeit und Freude. Leider haben wir beinahe völlig vergessen, wie das geht. Gegen die Gesetze zu leben, bedeutet ein Leben in Schwierigkeiten und Kampf. Sehen Sie sich um: Ist es nicht das, was wir zur Zeit erfahren?

In diesem Buch werden wir Wege aufzeigen, wie Sie in Ihrem ganz persönlichen Leben wieder in Harmonie mit den kosmischen Gesetzen kommen können. Es sind Wege, die Sie genau an der Stelle beschreiten können, an der Sie sich befinden. Sie müssen nicht irgendwohin reisen. Sie müssen keine zusätzliche Zeit einplanen. Alles, was Sie brauchen, steht Ihnen genau jetzt zur Verfügung – jetzt, beim Lesen dieses Buches; und morgen bei der Vertretertagung; und übermorgen in der Vorstandssitzung. Ihr ganz normaler Alltag ermöglicht Ihnen den Absprung in ein ganz normales – spirituelles – Leben.

Wir reden buchstäblich über „Spiritualität on the Job". Sie ist weder abgehoben, noch irrational, noch suspekt. Sie ist etwas ganz Natürliches, und sie ist ohnehin schon präsent – ob Sie es wahrhaben wollen oder nicht.

Was müssen Sie tun? Welchen Einsatz erfordert es von Ihnen? **Es erfordert von Ihnen Alles und gleichzeitig Nichts.**

Alles, weil Sie alles, was Sie bisher angenommen und für richtig gehalten haben, auf den Prüfstand stellen werden. Und Nichts, weil Sie in Wahrheit nichts tun müssen. Sie müssen vielmehr einfach nur zulassen, dass etwas geschieht.

Darin liegt die Revolution! Alles, was Sie brauchen, ist bereits vorhanden und steht Ihnen schon lange zur Verfügung. Es war Ihnen nur nicht bewusst – bisher.

Führung aus der inneren Mitte erfordert keine neuen Management-Techniken. Sie verlangt von Ihnen keine neuen Anstrengungen, keine Übungen, die Sie in Ihren ohnehin schon vollen Alltag integrieren müssten. Sie verlangt vielmehr von Ihnen, etwas zu lassen. Das krampfhafte Anhaften an Vorstellungen und Überzeugungen, wie das Leben, wie Führung zu sein hat, einfach einmal loszulassen und sich der wunderbaren Weisheit Ihrer inneren Führung hinzugeben. Nicht selbst zu führen, sondern sich führen zu lassen. Aus diesem Lassen heraus erwächst eine Form von Führung, die all Ihre bisherigen Vorstellungen sprengt.

Kurz: Es geht nicht primär darum, einen Wandel in Ihrem Verhalten herbeizuführen. Es geht um wesentlich mehr: Es geht um einen Wandel in Ihrem Bewusstsein. Und es betrifft jede und jeden, genau jetzt und genau an dem Ort, an dem Sie gerade stehen.

Wie dieser Wandel vollzogen werden kann, haben wir auf den folgenden Seiten skizziert. Um zu beginnen, brauchen Sie nichts weiter als ein Quäntchen Neugier, eine mittelgroße Portion Mut, den Sprung in ein unbekanntes Gebiet zu tun, und die Bereitschaft, den Sprung nicht als intellektuelles Konzept, sondern als gelebte Wirklichkeit zu erfahren.

2.
BESTANDS-AUFNAHME

2.1 Wir haben die Orientierung verloren

Viele von uns wollen es immer noch nicht wahrhaben. Und dennoch ist es wahr: Wir sind am Ende der Fahnenstange angelangt.

Unsere Gesellschaft steckt in einer Krise.
In einer Sinn-, Struktur- und Wachstumskrise.
Und in einer tief greifenden Führungskrise.

Die Anzeichen kennen wir alle, auch wenn wir sie nicht immer in Worte fassen können. Das erste und vielleicht deutlichste Anzeichen ist ein diffuses Gefühl von Orientierungslosigkeit, das weite Teile der Bevölkerung befallen hat.

So zum Beispiel die Arbeiter und Angestellten in den Werkhallen und Büros großer Industrie- oder Dienstleistungsunternehmen. Galten Unternehmen ab einer gewissen Größenordnung früher einmal als Hort der Stabilität, so wird heute pausenlos umstrukturiert und ausgegliedert, Geschäftsbereiche werden verkauft oder neu zugekauft, Abteilungen neu geordnet und anders zugeschnitten. Manch einer wechselt die Vorgesetzten fast so schnell wie die Hemden. Ein anderer hat innerhalb eines Jahres schon den dritten Umzug hinter sich und findet sich nicht nur in einem anderen Stockwerk, sondern eventuell auch in einem anderen Gebäude oder in einer anderen Stadt wieder – obwohl er an denselben Projekten in demselben Unternehmen arbeitet. Andere wiederum sitzen am gleichen Schreibtisch, im gleichen Büro wie seit Jahren, arbeiten jedoch für ein völlig anderes Unternehmen.

Gleichzeitig erleben wir das, was wir ausgesprochen vorsichtig mit dem Begriff „Arbeitsverdichtung" umschreiben. Es könnte zum neuen „Unwort des Jahres" werden. Denn zu Beginn des einundzwanzigsten Jahrhunderts hat unsere Arbeitswelt ein Tempo erreicht, von dem Frederick W. Taylor – der „Pionier der Arbeitsverdichtung" – nicht zu träumen gewagt hätte. Budgets und Stellen werden radikal gekürzt; alles muss mit geringeren Kosten schneller, besser und effizienter gehen. Pausenlos gibt es neue Kennzahlen, die als Leistungsmaßstab dienen, und den „lieben Mitarbeiterinnen und Mitarbeitern" werden die Daumenschrauben noch ein Stück weiter angezogen. Schlimmer noch – das Primat der Quantität siegt oft über das Primat der Qualität. Verantwortung und Arbeitsbelastung des Einzelnen steigen; der Frust wächst kontinuierlich mit.

Kurz: Arbeitnehmer suchen händeringend nach Orientierung, nach einer Richtung, in die es weitergehen könnte. Und sie stochern dabei genau so im Nebel herum wie die meisten ihrer Vorgesetzten.

Der abendliche Blick in die Fernsehnachrichten oder der tägliche Blick in auflagenstarke Zeitungen verhilft auch nicht zum besseren Durchblick. Im Gegenteil. Die Nachrichten künden von unruhigen Zeiten; von Kriegen, Terror, Wirtschaftsflaute und einer rasch zunehmenden Umweltzerstörung; von Pleiten, Korruption, Haushaltslöchern, Arbeitslosigkeit. Und in dem Bereich, den wir als „die Politik" bezeichnen, scheint die Orientierungslosigkeit noch größer zu sein als in der Wirtschaft.

Da streiten sich täglich Bundesregierung und Opposition um jeden Zentimeter Gesetzeswerk und versuchen dabei, aus „Fehlern" des jeweiligen politischen Gegners Kapital zu schlagen. Sie haben dabei den nächsten Wahltermin und die Gunst der Wähler im Blick und flüchten sich viel zu oft in kurzfristigen Aktionismus, der strategische Souveränität und solides „handwerkliches" Handeln ersetzt. Wählerinnen und Wähler stehen staunend da und wundern sich – seit geraumer Zeit haben sie nicht mehr das Gefühl, dass Politik tatsächlich zu Ihrem Wohl geschieht.

Manche Bürger fühlen sich unwillkürlich an Hape Kerkeling und sein Lied erinnert: „Das ganze Leben ist ein Quiz und wir sind nur die Kandidaten ... die raten, raten, raten!“ Anderen dagegen ist angesichts der täglichen Realität mittlerweile der Humor vergangen; an seine Stelle ist nackte Angst getreten – Angst vor dem Verlust des Arbeitsplatzes, vor dem sozialen Abstieg und vor der Frage, ob im Alter noch ein gesichertes Leben möglich ist. Diese Angst ist nicht selten gepaart mit Zynismus und dem Gefühl der völligen Hilflosigkeit.

Hinzu kommt die manipulative Kraft des Fernsehens, die immer wieder aufs Neue den Mythos nährt, dass materieller Wohlstand eine wesentliche Vorbedingung für unser Selbstbewusstsein und unsere Selbstachtung sei. Wohlstand gilt als Synonym für Freiheit und Lebensqualität. Die Angst vor dem Verlust eben dieses materiellen Wohlstands, mag er auch manchmal nur bescheiden sein, lässt uns – sofern wir denn noch Arbeit haben – das Arbeitstempo noch ein wenig beschleunigen, obwohl wir mit unserer Belastung fast schon „am Anschlag“ sind.

Manchmal beschleicht uns das Gefühl, als seien wir vor einiger Zeit mit einem Flugzeug gestartet und nun auf dem Weg zu einem Ziel, von dem wir nicht einmal wissen, ob es dort einen Flugplatz gibt. Mittlerweile wird das Kerosin knapp, die Piloten haben die Orientierung verloren, aber fröhliche Stewardessen halten uns mit Sekt und kleinen Snacks bei Laune, und etliche Passagiere sind bereits eingeschlafen. Nur wenige sehen das Wetterleuchten am Horizont. Und die Turbulenzen nehmen zu ...

Das Unangenehme daran ist, dass dieses diffuse Gefühl, das uns beschleicht, durchaus berechtigt ist. In vielen Bereichen der Gesellschaft bestätigt auch ein zweiter und dritter Blick die Diagnose:
Ja, wir haben die Orientierung verloren.
Und: Ja, diese Krise ist auch eine Führungskrise.

All die gängigen Politik- und Managementtheorien der vergangenen Jahre und Jahrzehnte haben mehr oder minder kläglich versagt, und Ersatz scheint nicht leicht zu finden zu sein.

Bevor wir uns der Frage nach einem Ausweg zuwenden, wollen wir die Situation in dem Bereich etwas näher betrachten, mit dem dieses Buch sich zwar nicht ausschließlich, aber doch in erster Linie befasst: dem Arbeitsalltag von Führungskräften, von Unternehmern und „Managern" aller Ebenen, vom Gruppenleiter bis hinauf zum Vorstandsmitglied.

Stress-Spirale am Arbeitsplatz

In unzähligen Gesprächen, die wir in den vergangenen Jahren mit Managern und Unternehmern geführt haben, hat sich ein Bild klar herausgeschält:

Führungskräfte in deutschen Unternehmen fühlen sich immer häufiger wie in einer Tretmühle und beschreiben eine Stress-Spirale, unter der sie mehr oder weniger stark leiden.

Ein Auslöser dieser Spirale ist die Tatsache, dass die Kluft zwischen den ständig steigenden Anforderungen im Berufsalltag und den menschlich persönlichen Bedürfnissen immer weiter auseinander klafft.

Anita Roddick, die Gründerin der Haut- und Haarpflegefirma „The Body Shop" – eine faszinierende Unternehmerin – umreißt die persönlichen Bedürfnisse wie folgt: „Heutzutage wollen die Menschen mehr, als nur ihre Brötchen verdienen und die nächste Ratenzahlung bestreiten. Sie träumen von etwas Größerem."

Wenn wir fragen, was damit gemeint sei, lassen sich die Antworten in Kurzform so zusammenfassen: Menschen wünschen sich heute eine Arbeit, die ihnen Inspiration, Freude und innere Befriedigung verschafft. Das ist nur folgerichtig in einer Zeit, in der die meisten Arbeitnehmer ein Wohlstandsniveau erreicht haben, das – auch wenn es derzeit gefährdet erscheint – absolut ausreichend ist, um nicht nur die grundlegenden materiellen Bedürfnisse befriedigen zu können.

In der täglichen Praxis dagegen haben Führungskräfte wie Mitarbeiter zu Recht den Eindruck, dass dieses immaterielle Ziel sich heute noch schwerer als früher erreichen lässt – ja, dass der Berufsalltag zurzeit eher zu einer seelischen Verarmung als zu einer Bereicherung führt.

Denn der wirtschaftliche Druck ist seit Beginn der neunziger Jahre – und noch mehr seit dem Ende des New-Economy-Booms – derart gestiegen, dass der Kampf um Zahlen und materielle Ziele das alles beherrschende Thema in Unternehmen ist.

Manager, auch Spitzenmanager, sind in dieser Situation einerseits aktiv Handelnde, die Druck an ihre Mitarbeiter weitergeben; andererseits sind sie auch und vor allem selbst Betroffene.

Denn auch sie sehen immer weniger Spielraum, sich zu entfalten, integer zu handeln und die Arbeit als Quelle der Inspiration und der Freude zu erleben. Statt dessen fordert entweder der schiere wirtschaftliche Überlebenskampf des Unternehmens ihre volle Kraft und Aufmerksamkeit; oder – wenn es dem Unternehmen besser geht – fordert der Götze „Shareholder Value" ständig neue Tribute; seinem scheinbar unersättlichen Hunger nach dem „Mehr" wird alles andere untergeordnet. Kurz: Auch der Mensch in leitender Funktion wird auf einen bloßen Wirtschaftsfaktor im täglichen Konkurrenzkampf reduziert.

Die Folge dieser Entwicklung ist einerseits eine stetig steigende Arbeitsbelastung. Auch und gerade Führungskräfte neigen dazu, dass sie noch mehr arbeiten, noch länger im Büro sind, am Wochenende Arbeit mit nach Hause nehmen, gesundheitliche Risiken außer Acht lassen und ihr Familienleben ruinieren. Der so entstehende Druck überträgt sich – gewollt oder ungewollt – auf die Mitarbeiter.

Die Folge des verschärften Wettbewerbs sind andererseits Symptome, die wir als Anzeichen seelischer Verarmung bezeichnen. Die „tägliche, kleine Lüge" gegenüber dem Kunden wird hier und da als unvermeidbar angesehen; der Kunde wird zuweilen nur noch als jemand betrachtet, der manipuliert und als wandelnde Kreditkarte missbraucht werden soll. Auch im Unternehmen zählt im Prinzip nur noch das rechnerische Ergebnis: Die Zahlen für die Shareholder müssen stimmen (und wenn sie notfalls gefälscht werden ...). Spitzenmanager starren wie hypnotisiert auf ihre Bilanzen und vergessen darüber, dass sie nicht nur den Shareholdern, sondern auch den Mitarbeitern und der Gesellschaft gegenüber in der Pflicht sind. Oder, um es persönlicher zu formulieren: Sie vergessen oder sehen nicht mehr die Möglichkeit, das zu tun, was einer Führungskraft doch eigentlich Befriedigung verschaffen sollte: Arbeitsplätze zu schaffen, statt sie abzubauen; funktionierende, motivierte Teams zu bilden, statt Druck auf Mitarbeiter auszuüben; Kunden zufrieden zu stellen und Zulieferer zu respektieren, statt sie zu manipulieren oder auszubeuten.

Zwei Zitate mögen diese Überlegungen illustrieren. Für Ryuzaburo Kaku, ehemaliger Präsident und späterer Aufsichtsratvorsitzender von Canon Inc., besteht: „das Wesen eines erfolgreichen Unternehmens darin, sich intensiv darum zu bemühen, einen Beitrag auf drei Ebenen zu leisten: für die Kunden, für die Mitarbeiter und für die Gesellschaft." Die bekannte Unternehmensberaterin Gertrud Höhler mahnte Ähnliches in einer Diskussionsrunde des Nachrichtensenders n-tv am 25. Januar 2004 an: „Wir sind hoffnungslose Materialisten. Wir reden nur über das Geld, *aber es handelt sich um Menschen*!" (kursiv von Verfasser).

Wir registrieren also – für Führungskräfte genau so wie für Mitarbeiter – folgende Spirale: Die körperliche und geistige Belastung wird immer größer; gleichzeitig sinken die Aussichten, die angestrebten Ziele zu erreichen. Denn erstens scheint persönliche Zufriedenheit im Beruf in weite Ferne zu rücken. Und zweitens, zu allem Überfluss, haben die meisten Manager heute noch nicht einmal das Gefühl, dass sie das materielle, wirtschaftliche Ziel ihrer Arbeit tatsächlich erreichen können: Trotz aller Umstrukturierungen, Rationalisierungen und Produkt-Offensiven wird es immer schwieriger, eine langfristig gesunde wirtschaftliche Basis für das eigene Unternehmen zu schaffen.

Ergebnis dieser Spirale ist schlichtweg Stress – körperlich-seelischer Stress, der langsam chronisch wird. Die berufliche Belastung führt zu Veränderungen im Stoffwechsel und damit zu Störungen im Herz-Kreislauf-System, im Immunsystem oder im Verdauungstrakt – auf deutsch: Die Menschen werden krank. Und dann setzt ein Mechanismus ein, dem Führungskräfte derzeit genau so unterliegen wie andere Arbeitnehmer: Wegen des wirtschaftlichen Drucks und der vorhandenen Angst vor Arbeitslosigkeit gehen viele trotz eindeutiger Symptome nach wie vor zur Arbeit und setzen sich weiterhin körperlichem und psychosozialem Stress aus – manchmal bis zum Kollaps oder zum Infarkt.

Der Krankenstand war – nach aktuellen Statistiken – schon lange nicht mehr so niedrig wie in der jüngsten Zeit. Und bei genauerer Betrachtung stellen wir fest, dass der Anteil der psychisch bedingten Krankheiten deutlich angestiegen ist und noch weiter ansteigt.

Der ärztliche Direktor der Parkkliniken Heiligenfeld in Bad Kissingen, Dr. Joachim Galuska, fasst das Problem so zusammen: „Viele Führungskräfte ignorieren die Warnsignale des Körpers und arbeiten darüber hinweg. Das geht nur eine bestimmte Zeit lang gut. Einschneidende Ereignisse wie Fusionen und Umstrukturierungen können dann plötzlich Auslöser für ein massives Krankheitsbild sein." Galuska fügt hinzu: „Das Ausbrennen eines Menschen hängt meiner Meinung nach nicht von der Menge der zu bewältigenden Arbeit ab. Es hängt vielmehr davon ab, ob der Betroffene gegen innere oder äußere Wiederstände anarbeiten muss; es geschieht, wenn eine Entfremdung von der jeweiligen Tätigkeit eintritt."

Dieser Stress wird bei vielen Führungskräften noch verstärkt von einem Gefühl der Hilflosigkeit. Auch sie können ihre berufliche Situation nur begrenzt kontrollieren und verändern: Diejenigen, die eigentlich Auswege finden und aufzeigen sollen, tappen selbst im Dunkeln.

Denn viele Ratschläge, wie es in unseren Unternehmen anders oder besser gehen soll, sind in den vergangenen Jahren und Jahrzehnten befolgt worden und führten stets aufs Neue in eine Sackgasse: Lean Production, Lean Management, Kaizen, Kontinuierlicher Verbesserungsprozess (KVP), Total Quality Management (TQM), Fraktale Organisation oder Business Reengeneering ...

Sie alle schienen Heilsbringer zu sein und waren doch nur Antworten auf Fragen, die niemand so wirklich gestellt hatte. Alles war ein bisschen „mehr desselben", nur noch schneller und rationeller. Es waren fertige Antworten und Problemlösungen, die den Belegschaften, aber oftmals auch deren Führungskräften „übergestülpt“ wurden und nach relativ kurzer Zeit wieder in der Versenkung verschwanden. Inzwischen ist das Misstrauen groß gegen jede Form von angeblich neuen, im Kern aber uralten Managementsystemen und -methoden. Grundlegende Alternativen scheinen dagegen nicht in Sicht zu sein. Wir sind in einer Führungskrise.

Wachstum und kein Ende?

Verschärft wird die Lage dadurch, dass unsere Volkswirtschaften insgesamt ebenfalls in einer Sackgasse stecken.

Das Wachstum einer Volkswirtschaft gilt gemeinhin als wesentlicher Indikator für ihre Leistungsfähigkeit. Das gilt zwar im Prinzip seit mindestens 200 Jahren, ist aber nach dem Zweiten Weltkrieg in den Vordergrund des Interesses der ökonomischen Theoretiker gerückt. Und heute beherrscht das Thema Wachstum weite Teile der Wirtschafts- und Gesellschaftspolitik zumindest in den Industrieländern.

Viele soziale Mechanismen in unserer Gesellschaft funktionieren nur, wenn kontinuierliches, ausreichend hohes Wirtschaftswachstum vorhanden ist. Da die Produktivität ständig steigt; da also – aufgrund technischer und wirtschaftlicher Innovationen – immer weniger Arbeitskräfte immer mehr Güter und Dienstleistungen herstellen, müssen auch immer mehr Waren verkauft werden können, um die Zahl der Arbeitsplätze konstant zu halten. Wenn die Märkte nicht wachsen, steigt folglich die Arbeitslosigkeit, und das untergräbt wesentliche Bestandteile des Sozialstaats.

Unser Begriff von Wachstum ist aber begrenzt und droht uns in die Irre zu führen.

Unsere heutige Volkswirtschaftslehre misst das wirtschaftliche Wachstum an der Zunahme des Sozialprodukts pro Einwohner. Das Sozialprodukt wiederum erfasst vorwiegend die marktmäßigen Leistungen, also das Produktionsergebnis, soweit es vom Marktprozess bewertet wird. Anders gesagt: Es erscheinen nur die Ergebnisse der Erwerbsarbeit, nicht die Leistungen aus Nichterwerbsarbeit. Auch

Umweltgüter wie die Schönheit einer Landschaft oder eine nicht schadstoffbelastete Atemluft erscheinen nicht im Sozialprodukt. Ein herrlicher Baum, der möglicherweise Hunderte von Jahren alt ist, taucht erst dann dort auf, wenn er gefällt, zersägt und vermarktet ist.

Unserem landläufigen Begriff von Wachstum fehlt somit eine qualitative Komponente. Das ist ein nicht unwesentlicher Kritikpunkt am herkömmlichen Wachstumsbegriff und eine der Herausforderungen, die unsere Wachstumsgesellschaft wird bewältigen müssen.

Eine andere, dringlichere Herausforderung ist diese: Wir haben uns in eine chronische Abhängigkeit von etwas begeben, was es aus unserer Sicht nicht gibt und nicht geben kann – nämlich fortgesetztes, geradezu zügelloses Wachstum.

Zugegeben: Auch wir haben keine Antwort auf die Frage, wie ein Unternehmen geführt oder wie der Staat verwaltet werden soll, wenn wir nicht ständig nach Wachstum streben. Derzeit hängen alle wesentlichen Theorien zu Management und Unternehmensführung genauso davon ab wie das Funktionieren unseres Finanzsystems. Das hindert uns aber nicht daran zu fragen: Ist endloses, globales Wachstum überhaupt möglich? Und ist es – mit Verlaub gefragt – sinnvoll? Oder kommt es irgendwann auf volkswirtschaftlicher, betriebswirtschaftlicher und vor allem auf ökologischer Ebene zu einem Kollaps?

Wir sehen eine wesentliche Ursache der gegenwärtigen Konjunkturkrise schon jetzt darin, dass Wachstum in vielen, inzwischen gesättigten Märkten immer schwerer zu erreichen ist. Und wir halten langfristig einen kompletten Kollaps der Wachstumswirtschaft für möglich.

Der durchschnittliche Pro-Kopf-Verbrauch von natürlichen Ressourcen insbesondere in der westlichen Welt, aber mittlerweile auch in einem Land wie China, steigt in einem enormen Tempo. Das gilt besonders für Erdöl; seit einiger Zeit rückt aber auch das Wasser in den Mittelpunkt dieser besorgniserregenden Entwicklung.

Auch die globalen Klimaveränderungen werden inzwischen selbst von den Skeptikern kaum noch bestritten. Der nach wie vor fast ungebremste Ausstoß von Treibhausgasen gefährdet nicht nur die Produktivität der globalen Landwirtschaft. Eine kürzlich erst publik gewordene Studie des US-Verteidigungsministeriums befürchtet sogar noch Schlimmeres: Ein wirklich fataler Klimawechsel könnte danach noch schneller eintreten, als bisher erwartet. Die Folgen der Erderwärmung könnten nach Aussagen dieser Studie den Nordatlantikstrom zum Stoppen bringen und das Szenario aus Roland Emmerichs Film „The Day after Tomorrow" Wirklichkeit werden lassen.

Schreibt man diese Entwicklung in die Zukunft fort und nimmt dabei an, dass die Weltbevölkerung bis zum Jahr 2050 auf etwa zehn Milliarden Menschen anwächst – was nicht utopisch ist –, so ist ohne viel Phantasie vorstellbar, dass die Menschheit tatsächlich auf dem besten Weg ist, den Planeten und damit sich selbst zugrunde zu richten.

Dies führt offenbar dazu, dass der Club der Pessimisten sich derzeit leider vergrößert. Nach den Worten des amerikanischen Philosophen Ken Wilber gehen mittlerweile fast fünfzig Prozent der Wissenschaftler in der westlichen Welt davon aus, dass die Spezies Mensch das 21. Jahrhundert nicht überleben wird. Bereits im Jahr 1992 unterzeichneten mehr als 1600 führende Wissenschaftler, darunter eine Vielzahl von Nobelpreisträgern, eine beispiellose Warnung an die Menschheit. Hierauf weist der amerikanische Buchautor Duane Elgin in seinem aufrüttelnden Buch „Ein Versprechen für die Zukunft" hin, das sich ausführlich diesem Themenkomplex widmet.

Fazit? Die Wachstumswirtschaft führt uns aus zwei Gründen in die Sackgasse – aus einem wirtschaftlichen und einem ethischen Grund. Wirtschaftlich tun wir uns jetzt schon schwer, das bisher in unserem Gesellschaftssystem eingeplante Wachstum jedes Jahr zu erzielen. Und ethisch gesehen riskieren wir langfristig, die Lebensgrundlagen für unsere Spezies zu zerstören.

Wir sollten uns rechtzeitig daran erinnern, dass das einzige, was ungebremst wächst, die Krebszelle ist. Und ihr Wachstum führt letztlich zum Zusammenbruch des Systems und zum Tod – übrigens auch zum Tod der Krebszelle. Die Krebszelle dient als konkretes Beispiel für den Triumph eines gierigen Individuums, der auf Kosten des Ganzen geht. Die Abhängigkeit von der Theorie des immerwährenden Wachstums ist eine tödliche Bedrohung für das Leben auf unserem Globus.

Wir haben in vielerlei Hinsicht noch immer nicht ausreichend zur Kenntnis genommen, dass wir für nur kurze Zeit „Reisende in dem kleinen, automatisierten Raumschiff Erde“ sind, wie Richard Buckminster Fuller es sehr schön formuliert hat, und dass wir in diesem Raumschiff nicht etwa die Passagiere sind, sondern die Besatzung! Als solche liegt es in unserer Verantwortung, wohin wir das Raumschiff steuern und wie wir mit ihm umgehen.

Fassen wir zusammen.

Unsere Wirtschaft, unsere Arbeitswelt, steckt in einer zweifachen Krise. Auf der persönlichen Ebene, im Unternehmen, wird der Alltag immer belastender und meist auch unbefriedigender. Gleichzeitig treiben wir, volkswirtschaftlich gesehen, auf eine verschärfte Wachstumskrise zu.

Nun bedeutet Krise nicht, dass die Pessimisten unbedingt Recht behalten werden und dass alles noch schlimmer kommen wird. Krise heißt nur, im eigentlichen Sinn des Wortes, dass wir an einem Wendepunkt stehen. Wir haben die Wahl, ob wir die Dinge treiben lassen – oder ob wir die Konsequenzen ziehen und aus der Krise lernen. Deshalb steckt in dieser Krise, wie in jeder anderen Krise auch, eine große Chance.

Die Chance in der Krise

Um es gleich auf den Punkt zu bringen: Die Chance in der gegenwärtigen Krise liegt darin, dass wir unser Verständnis von Führung – in der Wirtschaft wie auch auf anderen Ebenen der Gesellschaft – überdenken. Und dass wir zu einem anderen Führungsstil finden – zu einem Verständnis von Führung, das für uns heute neu und ungewohnt ist, das uns aber zurückführt zu dem, was Führung im echten Sinne schon immer sein sollte. Denn unsere Krise ist eine Orientierungs- und damit eine Führungskrise. Und das, wie wir gesehen haben, in zweierlei Hinsicht: Niemand scheint derzeit wirklich zu wissen, wie wir unter dem wachsenden Markt- und Wettbewerbsdruck Unternehmen, Teams und Abteilungen so führen können, dass erstens die Mitarbeiter dauerhaft motiviert, kreativ und engagiert sind; und dass zweitens nachhaltig Erfolg versprechende Geschäftsmodelle aufgebaut werden können.

Und definitiv ist zurzeit unklar, wie ein Wirtschaftssystem aussehen könnte, das mit weniger Wachstum oder ganz ohne Wachstum im heutigen Sinne auskommt – und das dennoch die Bedürfnisse der Menschen vielleicht sogar besser befriedigt als heute.

Wenn das aber so ist, folgt daraus: Diese Krise ist die große Stunde für diejenigen, die Orientierung finden und geben können. Dies ist die Stunde echter Führungskräfte, die auch in schwierigen Zeiten vorangehen können.

Um eines von Anfang an klarzustellen: Wenn wir hier von Führung sprechen, meinen wir keinesfalls einen „starken Mann", der den Masterplan für die Wirtschaft der Zukunft entwirft. Einen Masterplan wird es in der globalisierten Weltgesellschaft nicht geben können. Und wir träumen auch nicht vom starken Mann – ganz im Gegenteil. Nein, wir meinen eine andere Art von Führung. Und wir meinen keinen Masterplan, sondern einen Wandel von unten.

Unsere Gesellschaft braucht nicht den einen „starken Mann": Unsere Gesellschaft braucht viele Tausende, vielleicht Millionen von Führungskräften, die in Ihren jeweiligen Lebensbereichen neue Ideen haben und umsetzen, die in ihrem Umfeld Orientierung finden und geben können.

Wir brauchen Manager, die auch unter höchstem Wettbewerbsdruck Mitarbeiter begeistern können; die ihre Teams mit Menschlichkeit führen und dennoch – nein, deshalb! – zu höchsten Leistungen motivieren.

Wir brauchen innovative Manager und Firmengründer, die neue Geschäftsideen erproben – Geschäftsmodelle, aus denen im Laufe der Zeit ein neues System nachhaltigeren Wirtschaftens entstehen kann.

Wir brauchen Politiker, Führungskräfte in Parteien und Verbänden, die neue Ideen fördern und die Wege finden, wie wir die Akzente in unserer und in der Weltgesellschaft verschieben können – vom hohen Lebensstandard für wenige hin zu besserer Lebensqualität für möglichst alle.

Und wir brauchen zum Beispiel Eltern, die ihren Kindern menschliche Werte und sicherlich auch neue Konsumgewohnheiten glaubhaft vorleben.

Kurz: Auf allen Ebenen der Gesellschaft brauchen wir Menschen, die einen neuen Stil, ein neues Verständnis von Führung leben. Die Schlüsselrolle auf dem Weg aus der Krise dürfte aber die Wirtschaft spielen. Deshalb brauchen wir vor allem einen neuen Typ von Managern und Unternehmern, die den gewohnten Führungsstil von Grund auf verändern und Menschen neu inspirieren.

Was das heißt und wie Sie selbst eine „inspirierende Führungskraft" werden können – davon handelt dieses Buch. Bevor wir uns näher mit dem Begriff Führung und ihren Hintergründen befassen, lassen Sie uns noch einmal klarstellen, dass wir, die Autoren dieser Zeilen, uns nicht zu den Pessimisten zählen.

Im Gegenteil: Es gibt schon jetzt – neben allen Symptomen der Krise – auch Anzeichen für Hoffnung und Fortschritt.

Es gibt Anzeichen, die darauf hinweisen, dass die Arbeit und die Strukturen in Unternehmen in einer Art und Weise neu gestaltet werden können, die es erlaubt, unsere materiellen und unsere seelischen Bestrebungen in ein neues Gleichgewicht zu bringen und dabei den ökologischen Aspekt in großer Verantwortung mit zu berücksichtigen. Ein neuer Typus von Managern ist durchaus bereit, sich den Herausforderungen zu stellen und den aktuellen Problemen mit völlig neuen Überlegungen zu begegnen – auch wenn der Spielraum im Alltag noch so klein zu sein scheint. Diese Erfahrung haben wir in unserer Arbeit immer wieder gemacht, und diesen zukunftsorientierten Managern wollen wir mit diesem Buch Anregungen geben und Mut machen. Mut und Vertrauen werden nämlich gebraucht, wenn sich Menschen auf den Weg machen – in diesen Zeiten der Veränderung, in denen im Augenblick noch die Orientierung fehlt.

Wir sind überzeugt davon: Das Management kann seine derzeitige Krise überwinden, wenn es endlich wieder für Werte eintritt, die gut für diesen Planeten und seine Menschen sind. Ein wieder am Menschen orientierter Ansatz erkennt den Wunsch der Beschäftigten, Kunden und Zulieferer nach Anerkennung, Respekt und Mitmenschlichkeit. Die Berücksichtigung dieser drei zentralen Aspekte führt zu Inspiration – und das ist es, was wir brauchen. Inspirierende Führungskräfte, die von innen heraus motivierte und inspirierte Mitarbeiter um sich scharen und gemeinsam mit diesen bestmögliche Ergebnisse in einem Unternehmen erzielen. Dann haben wir wirkliche „Leader" – und nicht nur Manager.

Neu ist dieses Denken nicht; Mahner und Warner, die zu einem Kurswechsel aufrufen, gibt es seit langem. So kritisierte der damals amtierende Bundespräsident, Roman Herzog, schon im Dezember 1996 auf der Jahrestagung der Deutschen Arbeitgeberverbände: „Nicht Sozialpflichtigkeit, sondern schlichte Gewinnmaximierung und Kapitalvermehrung gelten vielfach als der beste Weg in der Unternehmenspolitik." Als verdrehter Indikator werde die Arbeitslosigkeit gefördert: Während Entlassungen früher ein Nachweis für den Misserfolg eines Unternehmens gewesen seien, verhalte es sich heute genau anders herum; Entlassungen gelten mittlerweile als Erfolgsausweis eines Betriebes. Und Herzogs Nachfolger, Johannes Rau, sprach bei seiner letzten großen Berliner Rede im Mai 2004 immer wieder die Notwendigkeit von Vertrauen an. Vertrauen in die Zukunft forderte er – und den Mut, sie zu gestalten.

Lassen Sie uns gemeinsam entdecken, wie wir genau das tun können.

2.2 Führen – Annäherung an einen Begriff

Wir Deutschen tun uns besonders schwer, wenn es um den Begriff „Führen" geht. Das ist nicht verwunderlich angesichts der deutschen Geschichte.

Denn bei „Führung" denken wir unweigerlich an Adolf Hitler, „den Führer", wie er sich nennen ließ, der ganz Deutschland und halb Europa in die größte Katastrophe seiner Geschichte gestoßen hat. Bei „Führung" assoziieren wir Befehl und Gehorsam, Feldwebel und Blockwart, cholerische Vorgesetzte oder tyrannische Patriarchen in maroden Familienunternehmen.

Solche Führung meinen wir nicht.

Nach der französischen Revolution betrachteten manche Philosophen Führung an sich sogar als etwas Undemokratisches. Sie wurde damals als missbrauchtes Privileg der Aristokratie angesehen. Revolutionäre argumentierten, dass Demokratie Gleichheit für alle bedeute – jene Gleichheit, die heute in allen westlichen Demokratien als Grundrecht in den Verfassungen steht; Führung passe dazu nicht.

Solche generelle Skepsis – so verständlich sie ist – geht aber von einem verzerrten Verständnis von Führung aus. Seit Jahrtausenden, in der europäischen Antike ebenso wie in alten Hochkulturen, haben Philosophen und Politik-Berater darauf hingewiesen, dass Führung im echten, wohl verstandenen Sinne etwas anderes ist. Hitler war ein Diktator, kein Führer. Befehl und Gehorsam erzeugen eine Hierarchie, keine Führung. Und Ihr cholerischer Vorgesetzter bekleidet einen Management-Posten, hat vielleicht auch einige Management-Methoden gelernt – ob er aber Führungsqualitäten besitzt, ist eine ganz andere Frage.

Um klarzustellen, worum es geht, wollen wir deshalb zunächst einige Blicke in die Geschichte und Philosophie des Führungsbegriffs werfen.

Old Leadership, New Leadership

Als die ersten Fabriken entstanden und sich eine neue Form des Zusammenarbeitens von Menschen ausprägen musste, suchte man nach Strukturen, mit denen das alles organisiert werden konnte. Man wurde auch fündig – beim Militär. Dort gab es Befehl und Gehorsam, hierarchische Ebenen, Einschränkung des freien Willens, absolute Gefolgschaft.

Führung mit Hilfe eines massiven Drucks „von oben" wurde zum Vorbild und prägte über lange Zeit die Situation in der Arbeitswelt. Nicht zuletzt aufgrund dieser Tatsache entstanden die Gewerkschaften, die allerdings ihr damals zu Recht bestehendes „Rollenverständnis" mit wenigen Ausnahmen bis in die heutigen Tage hinein leben – was zum aktuellen Mitgliederschwund und möglicherweise sogar zum Weg in die Bedeutungslosigkeit führt. Denn die Situation der „abhängig Beschäftigten" hat sich mittlerweile massiv geändert. Sie sind vor allem gebildeter und selbstbewusster geworden.

Trotz dieser Veränderungen gibt es das hier geschilderte Führungsprinzip – wir nennen es „Attila der Hunne" – heute noch immer; es kommt zwar meist in einem modernen Gewande und wesentlich subtiler daher als vor 200 Jahren. An dem Prinzip jedoch ändert das nichts. Sein Kernsatz lautet von jeher und bis zum heutigen Tage: „Folge mir, sonst gibt´s was auf die Mütze!"

Nach dem Zweiten Weltkrieg, in den fünfziger Jahren des zwanzigsten Jahrhunderts, entwickelte sich in den Industrie- und den neuen Dienstleistungsunternehmen ein zweites, ein neues Führungsmodell:

Der „Mentor" wurde geboren. Er forderte nicht mehr bedingungslose Gefolgschaft, sondern sagte: „Ich bin Dein Vorgesetzter – was kann ich Dir beibringen, was willst Du von mir lernen?" Wissen ist Macht – das wurde zum neuen Slogan; aber es ging immer noch um Macht.

Dieses Führungsmodell ist auch heute noch sehr beliebt: Der fachlich Beste wird zum „Vorgesetzten" ernannt. Allerdings kommt er dann oft aus der Rolle des „ersten Sachbearbeiters" nicht heraus. Er hat Probleme damit zu delegieren und leidet wegen allzu häufiger Rückdelegation und der Sucht nach Kontrolle unter chronischem Zeitdruck. Der moderne Manager mit seiner Sechzig- oder Siebzig-Stunden-Woche ist nicht selten der Prototyp dieses Führungsmodells – wir nennen es „Socrates". Der Kernsatz lautet: „Folge mir, dann kannst Du etwas lernen!"

Der kanadische Unternehmensberater und Bestseller-Autor Lance Secretan bezeichnet beide Führungsmodelle als „Old Story Leadership" und zeigt in seinem Buch „Inspirational Leadership" beispielhaft auf, an welchen Vorbildern sich die Manager der neuen Generation orientieren können – an Mutter Teresa, Mahatma Gandhi, Martin Luther King oder Nelson Mandela. Sie besaßen eine natürliche, menschliche Autorität. Sie konnten inspirieren und brauchten keine „Motivationsstrategien". Secretan verweist darauf, dass Martin Luther King in seiner berühmten Washingtoner Rede gesagt hat: „I have a dream!" Er sagte nicht: „I have a strategic plan." Und Mutter Teresa hat in ihrem Orden in Kalkutta kein neues Qualitätssicherungsprogramm propagiert. Sie brauchte keins.

Das ist der Kern und der große Vorteil der Idee von inspirierender Führerschaft. Führungskräfte, die in der Lage sind, Mitarbeiterinnen und Mitarbeiter zu inspirieren, argumentieren nicht mehr machtgestützt oder hierarchisch, sondern stellen eine ganz andere Frage: „Was kann ich tun, um dich, Mitarbeiter, zu unterstützen? Was kann ich tun, damit du dein volles Potenzial entfalten kannst?" Eine solche Haltung führt nicht nur zu einer gezielten Personalentwicklung und damit zu höherer Motivation und Produktivität der Mitarbeiter, sondern in hohem Maße auch zu mehr innerer Befriedigung bei den Führungskräften.

Dieses „New Story Leadership" ist nicht mehr von Macht auf der einen und Angst auf der anderen Seite geprägt, sondern von wechselseitigem Vertrauen und von Anerkennung. Der Leitgedanke lautet: „Durch Wertschätzung zur Wertschöpfung".

Die Art der Führung, von der hier die Rede ist, basiert in erster Linie auf Vertrauen – wie es auch der deutsche Unternehmensberater Reinhard K. Sprenger in seinem Buch „Vertrauen führt" skizziert. Sie erfordert allerdings auch ein „Neues Denken". Um es klar zu formulieren: Wir können uns nicht länger zu Kundenservice und Qualität bekennen und es gleichzeitig an Respekt, Vertrauen und Zuneigung gegenüber unseren Mitarbeitern, Kunden oder Zulieferern fehlen lassen – oder, das sei an dieser Stelle nochmals ausdrücklich hinzugefügt, an Ehrfurcht vor unserem empfindlichen Ökosystem.

Ideale Führung – damals und heute

Wir verwenden in diesem Buch einen Führungsbegriff, der in der Tradition von Autoren wie Secretan und Sprenger steht. Allerdings weisen wir ausdrücklich darauf hin, dass dieser Begriff Erkenntnisse und Weisheiten aufnimmt, die weitaus älter sind. Aufzeichnungen zu unserem Thema gab es schon vor mehr als 3000 Jahren. Ratschläge über die Eigenschaften einer guten Führungskraft aus jener Zeit lesen sich aus heutiger Sicht hochaktuell.

Der indische Autor Manohar L. Chibber beispielsweise, Gastprofessor und Mitglied des akademischen Rates am Shri Sathya Sai Institute of Higher Learning, hat in seinem Buch mit dem schlichten Titel „Führung" zusammengetragen, was die alte vedische Hochkultur Indiens an Führungsregeln formuliert hat. In der folgenden Liste ist originalgetreu vom „König" die Rede. Wir empfehlen jedoch, die Regeln anders zu lesen: Ersetzen Sie einfach im Geiste das Wort „König" je nach Geschmack durch „Vorstandsvorsitzender", „CEO", „Bereichsleiter" oder „Projektleiter". Sie werden Ihre Freude haben. Dies ist Chibbers Liste in Auszügen:

- Des Königs höchste Verpflichtung besteht den Göttern gegenüber. Als nächstes und gleich wichtiges folgt die Wahrheit;

Wahrheit ist die höchste Zuflucht. Die ganze Welt ruht auf der Wahrheit.

- Das Verhalten eines Königs sollte ohne jeden Tadel sein. Selbstbeherrschung, Demut, Rechtschaffenheit und Aufrichtigkeit sind wichtig für seinen Erfolg. Er sollte seine Leidenschaft unter vollkommener Kontrolle haben.
- Seine erste Pflicht besteht gegenüber seinem Volk. Er sollte sich um das Volk kümmern, ohne selbstgefällige Gedanken. Seine eigenen Wünsche und Begehren muss er denen seines Volkes unterordnen. Er sollte sein Volk behüten, wie eine Mutter ihr Kind behütet.
- Ein König muss sich mit Leuten von gleichem Charakter, deren Eigenschaften edel und vortrefflich sind, umgeben. Der einzige Unterschied zwischen ihm und seinen Amtsträgern ist der weiße Schirm, der sein höheres Amt anzeigt.
- Achte auf den Zustand des Königreichs. Alte und schäbige Anlagen sind ein Zeichen von Vernachlässigung. Verbessere die Zustände, um ein gutes Ansehen zu gewinnen.
- Nichts, nicht einmal die geringste Handlung, kann von einem einzelnen Menschen vollbracht werden. Er braucht Unterstützung.
- Hege keine Bosheit in Deinem Herzen – absolut keine.
- Dharma (rechtes Handeln) ist das Losungswort eines Königs. Nichts ist mächtiger! In dem Ausmaß, wie du Dharma vernachlässigst, wird der Zerfall einsetzen.

Erstaunlich, nicht wahr? Passt das alles nicht unglaublich gut in die jetzige Zeit – von der altertümlichen Sprache einmal abgesehen? Fällt Ihnen nicht bei der einen oder anderen Passage sofort eine aktuelle Begebenheit ein?

Chibber definiert im Nachgang zu den historischen Anmerkungen seinen Maßstab für „gute Führung" wie folgt: „Der Maßstab, um gute Führung messen zu können, ist die Dauerhaftigkeit und die Vorbildlichkeit einer Kultur, welche eine Führungskraft hinterlässt, lange nachdem sie die Bühne verlassen hat. Es ist diese Art von Führungskraft, welche die Welt braucht, wenn wir in eine neue Ära von Frieden und Wohlstand aufbrechen wollen."

Eine andere alte Quelle zum Thema Führung finden wir in den Ordensregeln des Heiligen Benedikt. Dort lesen wir über die „Eigenschaften des Abtes“ folgende Aussagen:

„Er sollte wissen, wie schwer und mühevoll die Aufgabe ist, die er übernommen hat: Seelen zu leiten und der Eigenart vieler zu dienen; bei dem einen soll er es mit liebenswürdiger Güte, bei dem anderen mit Tadel, beim dritten mit eindringlichem Zureden versuchen. [...] Vor allem darf er nicht über das Heil der ihm anvertrauten Seelen hinwegsehen oder es gering schätzen und seine Hauptsorge den vergänglichen, irdischen und hinfälligen Dingen zuwenden. Vielmehr soll er stets daran denken, dass er die Leitung von Seelen übernommen hat, für die er einst Rechenschaft ablegen muss. [...] Wenn er so immer in Furcht vor der Untersuchung lebt, die er als Hirt über die ihm anvertraute Herde zu gegenwärtigen hat, dann wird ihn die Verantwortung, die er für andere trägt, veranlassen, auf sich selbst Acht zu geben. Und indem er durch seine Mahnungen anderen zu Besserung verhilft, läutert er sich selbst von seinen eigenen Fehlern.“

Diese Aussagen sind auch schon mehr als 1500 Jahre alt; doch auch sie scheinen uns heute hochaktuell zu sein.

Führung statt Management

Nähern wir uns, nach diesem Ausflug in die Vorzeit, wieder der modernen Wirtschaftsgeschichte.

Mit dem Aufkommen des Begriffs „Management“ im zwanzigsten Jahrhundert entstand eine Kontroverse über das richtige Konzept für die Leitung eines Unternehmens, die bis heute anhält. Führung oder Management, lautet die Frage. Peter Drucker und Warren Bennis – zwei der bekanntesten amerikanischen Management-Gurus – haben den Unterschied in aller Kürze auf den Punkt gebracht: „Management ist, wenn man die Dinge richtig macht; Führung ist, wenn man die richtigen Dinge macht.“

Reinhard K. Sprenger formuliert es ausführlicher: „Ein Manager ist zunächst nichts weiter als das Resultat der Organisationsstruktur, wobei der hierarchisch-technische Aspekt betont wird. Seine Autorität ist eine Positions-Autorität. Diese wiederum ist an ein Amt gebunden, dass er ‚von oben' erhält. Dadurch wird er legalisiert. Ein Leader hingegen kann, aber muss nicht Resultat der Organisationsstruktur sein. Ein Leader führt vor allem Menschen. Seine Führungsleistung trägt etwas bei, was für die Empfänger von Führung vorteilhaft ist. Oder das fehlen würde, wäre sie nicht mehr da. Im Gegenzug wird er legitimiert."

Das führt Sprenger zu dem entscheidenden Punkt:
Die echte Führungskraft erhält ihre eigentliche Legitimation von niemand anderem als von den Menschen, die sie führt; im Unternehmen also von den Mitarbeiterinnen und Mitarbeitern. Von deren „Wahl", deren Zustimmung, deren Begeisterung sind alle Leader abhängig – zumindest dann, wenn sie mehr sein wollen, als bloße „Vorgesetzte". Dies wusste eine andere historische Figur vor 2000 Jahren ebenfalls. Jesus von Nazareth fragte die zwölf Apostel stets nach ihrer Bereitschaft, ihm zu folgen. „Seid ihr bei mir?", soll er den Überlieferungen nach immer wieder gefragt haben. Auf Neudeutsch würden wir heute sagen: Er hat das Commitment seiner Jünger überprüft.

Anders gesagt: Führung in der eigentlichen Bedeutung des Begriffs bedeutet immer, dass es Menschen gibt, die dem, der führt, folgen – und zwar freiwillig, ungeachtet formaler Hierarchien. Es gibt Menschen, die „Ja" sagen und die den Führenden als solchen anerkennen. Erst dadurch legitimieren sie ihn als wirklichen Leader. Wer ernsthaft glaubt, führen zu können, ohne dass ihm die Menschen wirklich folgen, der führt nicht, sondern geht allenfalls spazieren. **Wie kommt diese Gefolgschaft zustande? Am ehesten durch gegenseitigen Respekt, wechselseitige Anerkennung und – durch Vertrauen.**

Vertrauen aber heißt mehr, als viele vermuten. „Vertrauen" heißt auch „sich anvertrauen". Oder: „sich trauen", also „etwas wagen". Ohne Vertrauen in die Führungskraft sind Mitarbeiterinnen und Mitarbeiter kaum bereit, ein Risiko einzugehen – dazu ist die Angst viel zu groß. Das aber bedeutet: In Zeiten des Umbruchs wie heute wird nur ein Leader, kein bloßer Manager, effiziente Veränderungen durch-„führen" können. Denn ohne Risiko gibt es keine Veränderung. Ohne Veränderung gibt es nur Stillstand. Und Stillstand bedeutet Rückschritt – am Ende steht im schlimmsten Fall die Insolvenz und damit der Verlust des Arbeitsplatzes für viele. Für uns meistens nur eine Meldung im Wirtschaftsteil unserer Zeitung, für das soziale System eine deutliche Belastung – für die Betroffenen oft eine existenzielle Bedrohung.

Doch das muss nicht so sein. Der Inhaber des größten deutschen Sportbekleidungs-Herstellers Trigema, Wolfgang Grupp, ist einer jener Unternehmer, die nicht allein nach „Shareholder Value" agieren. In der schon erwähnten Fernsehdiskussion des Nachrichtensenders n-tv betonte er: „Ich bin genauso abhängig von meinen Mitarbeitern wie meine Mitarbeiter von mir." Wer dies begriffen hat, sucht auch nach Geschäftsmodellen, die nachhaltig Arbeitsplätze schaffen.

Es gibt eine Geschichte, die Lance Secretan uns bei einem Besuch in seinem Büro in Alton (Ontario), etwa eine Autostunde von Toronto entfernt, erzählt hat – über einen Unternehmer, der all die beschriebenen Eigenschaften einer „guten" Führungskraft in sich vereinigte: Aaron Feuerstein.

Ein Großteil des Feuersteinschen Textilwerkes, genannt Malden Mills, in Lawrence (Massachusetts, USA) war 1995 einem Großbrand zum Opfer gefallen. Trotz der immensen Verwüstungen, die der Brand angerichtet hatte, folgte Feuerstein nicht dem Rat der Experten: Sie hatten ihm empfohlen, die Fabrik zu schließen und das angeblich nicht mehr lohnende Textilgeschäft aufzugeben. Stattdessen entschied Feuerstein, dass alle 2400 Beschäftigten weiterhin Ihren Lohn behielten – getreu seinem Lebensmotto: „Es zählen nur die Menschen." Er fühlte sich nicht nur seinen Mitarbeitern verpflichtet, er wollte auch die Stadt Lawrence nicht „sterben lassen" – schließlich war Malden Mills das größte Unternehmen am Ort. In einer unglaublichen Rekordzeit wurde das zerstörte Werk wieder aufgebaut und in Betrieb genommen. Heute werden dort fünfzig Prozent mehr Erzeugnisse hergestellt als vor dem Brand. Feuerstein bekennt sich zu einem, wie er es formuliert hat, „engagierten, mitfühlenden Führungsprinzip", und er lebte es in der Krise vor. „Wir müssen unseren Mitarbeitern die gleiche Loyalität entgegenbringen, die sie uns zeigen. Auf lange Sicht profitieren alle davon – das Unternehmen und die Aktionäre –, wenn ein Betrieb sein Handeln nach ethischen Grundsätzen ausrichtet." Feuerstein spricht eine klare Sprache, wenn er sagt, dass Betriebe durchaus erfolgreich geführt werden können, ohne den Blick ausschließlich auf das Endergebnis zu fixieren und dem Druck zur Verschlankung ständig nachzugeben. Seine persönliche Empfehlung lautet: „Der moderne Unternehmensführer sollte nicht mit Aktienoptionen prahlen, sondern lieber mit der sozialen Verantwortung und Wohltätigkeit, die er seinen Mitarbeitern und seiner Gemeinde gegenüber bewiesen hat."

Führen mit Inspiration

Wenn wir all diese Beispiele und Grundsätze zusammenfassen, dann können wir jetzt zwei Eckpunkte für das formulieren, was wir unter „Inspirational Leadership" verstehen.

Wie muss die Führungskraft der Zukunft aussehen, die mit Inspiration und aus der Inspiration heraus führt?

Erstens: Sie wird ihr Augenmerk nicht in erster Linie auf Zahlen, Technik, Umsatz und Gewinne lenken – sondern auf die menschlichen Beziehungen zu Mitarbeitern, Kunden, Lieferanten. Das könnte zum Beispiel heißen, dass der „Manager der Zukunft" sich den zitierten Leitsatz von Chibber zu Herzen nimmt und den Erfolg seiner eigenen Arbeit an der Unternehmenskultur misst, die er schafft. Sein Ziel wäre dann ein Unternehmen, in dem beides stimmt: die Zahlen genauso wie das Klima.

In diesem Zusammenhang sei noch eine Untersuchung des Stanford Research Institutes in den USA zitiert, die nach wirksamen Leitlinien für Manager gesucht hat. Die Schlussfolgerung dieser Studie lautet: „Zwölf Prozent wirkungsvoller Betriebsführung (‚effective management') ist Wissen – und achtundachtzig Prozent ist der richtige Umgang mit den Leuten." Wir können dem nur zustimmen.

Und zweitens: Diese Führungskraft wird alles daran setzen, um in turbulenten Zeiten, wie wir sie heute erleben, Orientierung zu finden – um Wege zu finden, die auch in Zukunft nachhaltigen Erfolg für das Unternehmen und seine Mitarbeiter versprechen. Sie wird diesen Weg mutig und möglichst festen Schrittes vorangehen – und auf diese Weise wird sie Mitarbeiter inspirieren, ihnen Orientierung geben, sie im wahrsten Sinne des Wortes führen.

Das Anliegen dieses Buches ist es nicht, betriebswirtschaftliche Modelle und strategische Konzepte aufzuzeigen. Patentrezepte gegen Zukunftsprobleme gibt es nicht, kann und wird es nicht geben. Wir beabsichtigen etwas anderes:

Wir wollen möglichst viele Menschen auf allen Ebenen unserer Wirtschaft und Gesellschaft dazu ermutigen, ihr eigenes Potenzial voll zu entfalten. Wir wollen sie ermutigen, in ihrem ganz persönlichen Bereich genauer hinzuschauen, genauer nachzuspüren – und dann aus ihrem Wissen, aus ihrem Empfinden heraus neue Ideen zu entwickeln, die ihr Unternehmen, ihren Bereich, ihr Umfeld voranbringen. Wirklich nachhaltige Veränderungen der Gesellschaft werden sich nur aus der Summe unendlich vieler kleiner Schritte und Ideen ergeben.

Und noch etwas können wir bei dieser Gelegenheit klarstellen:

Wir schlagen hier nichts Unmögliches vor. Die „Führungskraft der Zukunft" muss kein Übermensch sein und soll es auch nicht werden. Im Gegenteil: Die Führungskraft der Zukunft soll und muss endlich wieder Mensch sein – keine Bilanz-Maschine mit 80-Stunden-Woche.

Zur Beruhigung aller sagen wir also ganz deutlich: Die inspirierende Führungskraft, die wir als Ideal entwerfen, ist ein Mensch wie jeder andere. Sie ist nicht perfekt, und sie ist kein Halbgott in Nadelstreifen. Sie kommt nicht darum herum, Bilanzen zu lesen, Zahlen zu analysieren und das Handwerkszeug der Betriebsführung zu beherrschen. Und sie macht Fehler, keine Frage. Sicherlich wird sie auch ab und zu denselben Fehler zweimal machen.

Aber sie hat den Managern herkömmlichen Typs, die sich an äußeren Parametern festhalten und dennoch keine Orientierung finden, etwas Entscheidendes voraus:

Sie folgt neben ihrem faktischen Wissen einer inneren Klarheit und Stärke, die jeder zahlengestützten Orientierung weit überlegen ist.

Sie hat ein Gespür für ökologisch und ökonomisch nachhaltig vertretbare Wege und geht sie.

Sie ist willens und in der Lage, Veränderungen herbeizuführen, und gründet ihr Verhalten auf einer Eigenschaft, die die Basis aller Aktivitäten der Führungskraft des 21. Jahrhunderts ist.

Diese Eigenschaft nennen wir: Innere Stabilität.

2.3 Das Ziel: Innere Stabilität

In diesem Kapitel nähern wir uns der Frage: Was muss, was kann jeder und jede von uns tun, um ein „Inspirational Leader", eine Führungskraft neuen Typs zu werden?

Das Ziel ist klar: Wir brauchen innere Stabilität.

Was wir damit meinen, beschreiben wir so: Wer innere Stabilität besitzt, ist in der Lage, nach Abwägung aller Argumente und Anwendung aller rationalen Analyseverfahren nicht bloß mit dem Verstand eine Entscheidung zu treffen – sondern aus seinem tieferen inneren Wesen heraus einen Weg als richtig zu empfinden und diesen Weg mit Entschlossenheit zu gehen. Nicht borniert, unflexibel und beratungsresistent – aber flexibel und mit Klarheit, mit Begeisterung und Leidenschaft. Diese Definition führt uns direkt zu zwei wichtigen Voraussetzungen für innere Stabilität. Die erste betrifft die Rolle des Verstandes. Die zweite führt uns zu einem grundlegenden Paradigmenwechsel.

Vom Kopf zum Herzen...

Eines der höchsten Hindernisse auf dem Weg zu mehr Inspiration im Business-Alltag ist die Tatsache, dass die meisten traditionellen Manager die Führung eines Unternehmens und die Führung von Menschen in einem Unternehmen als vorwiegend intellektuellen Prozess ansehen – also als Aufgabe, mit der sich am besten der Kopf, der rationale Verstand befasst.

Diese (Fehl-) Einschätzung prägt fast alle Methoden professioneller Betriebs- und Menschenführung, die heute empfohlen werden. Mathematisch-statistische Modelle und soziologische oder psychologische Theorien beherrschen die Lehrpläne an kaufmännischen Akademien und in wirtschaftswissenschaftlichen Vorlesungen. Wenn in unserer Gesellschaft – und erst recht in unseren Unternehmen – von „Professionalisierung" die Rede ist, heißt das immer: Der Verstand muss ran.

Wenn wir den Verstand über alles heben, übersehen wir, dass Wirtschaft auch und nicht zuletzt eine Herzensangelegenheit ist. Ob Ihre Mitarbeiter engagiert oder lustlos für Ihr Unternehmen arbeiten; ob Ihre Kunden begeistert sind von Ihren Produkten oder bei nächster Gelegenheit achselzuckend zur Konkurrenzmarke greifen; ob Sie mir Ihrem Lieferanten „reden können" oder nicht und ob Sie „einen guten Draht" zum Vorstandsvorsitzenden haben oder nicht: All das entscheidet nicht der Verstand. All das sind auch und letztlich Herzensfragen.

Die Führungskraft des 21. Jahrhunderts wird dieser Tatsache Rechnung tragen. Für sie wird die Alternative „Kopf oder Bauch" keine Frage mehr sein. Sie weiß, dass sie nur als ganzer Mensch bestehen kann – als „ganzheitlicher Manager", der aus der Einheit von Herz, Kopf und Bauch heraus handelt und genau das als professionell empfindet.

Wir können den Dreiklang auch anders formulieren: Die Kombination aus „Herz, Verstand und Profit" ist elementar, wenn wir Menschen dazu bringen wollen, sich als Kunden für unsere Marke zu begeistern oder als Mitarbeiter hohe Leistung zu erbringen und gleichzeitig Freude an der Arbeit zu empfinden.

Wenn wir aber Herz und Bauch in den Business-Alltag integrieren wollen, dann ergibt sich eine Konsequenz, die wirklich ernste Folgen für jeden von uns hat. Dann brauchen wir das, was viele Theoretiker heute fordern: **Wir brauchen einen Paradigmenwechsel.**

Und zwar einen einschneidenderen, viel persönlicheren Paradigmenwechsel, als er in Sonntagsreden beschrieben wird.

... und von außen nach innen

Paradigma ist Griechisch und heißt Muster. Es geht also um einen Wechsel der Muster. Der Verhaltensmuster, sicherlich, aber auch und vor allem der Einstellungen, der Gedanken, der Überzeugungen, die unserem Verhalten zugrunde liegen.

Duane Elgin beschreibt in seinem schon zitierten Buch „Ein Versprechen für die Zukunft" den Begriff Paradigma wie folgt: „Ein Paradigma ist die Art und Weise, wie wir uns sehen und über alles um uns herum denken. Es ist der Rahmen unseres Geistes, aus dem heraus wir handeln. Unser Paradigma setzt die Grenzen für die Gedanken, die wir denken können, für die Gefühle, die wir fühlen können, und für die Realität, die wir wahrnehmen können. [...] Ein Paradigma sagt dem Großteil der Menschen zu einer Zeit, was real ist und was nicht, was wichtig ist und was nicht und wie die Dinge miteinander in Beziehung stehen. Ein Paradigma ist mehr als eine reine geistige Landkarte – es ist unser Fenster zur Welt, welches bestimmt, wie wir die Realität, unseren Sinn für das Selbst und unsere Gefühle für soziale Verbindungen und Ziele sehen und verstehen."

Diese Beschreibung führt uns direkt zu einem Punkt, der für dieses Buch – für den Weg, den wir beschreiben – wesentlich ist: **Jedem Wandel im Außen muss ein Wandel im Innen vorangehen.**

Das gilt natürlich ganz besonders dann, wenn wir innere Stabilität anstreben und ein „Gespür" für neue Wege, für die Aufgaben der Zukunft entwickeln wollen. Denn das sind Eigenschaften, die wir nicht im Crashkurs lernen und nach zwei Wochen in einer Klausur unter Beweis stellen können. Es sind Eigenschaften, die tief in unserem Innern verankert sein müssen. Daraus ergibt sich eine Forderung, von der wir annehmen, dass sie manchen Leser zunächst verwirren wird, dass sie manchem Leser auf den ersten Blick vielleicht auch als Zumutung oder große Herausforderung erscheinen mag. Sie lautet: **Die Führungskraft der Zukunft wird sich wesentlich mehr mit sich selbst beschäftigen müssen, als wir das gewohnt sind.**

Sie wird – neben allen nach außen gerichteten Handlungen – ihren Blick gezielt nach innen richten. Sie wird ständig und immer wieder an sich selbst arbeiten müssen, um den Herausforderungen gerecht zu werden, denen sie sich im Außen stellt.

Aber – wir haben es schon erwähnt und betonen es noch einmal: Das heißt nicht, dass diese Führungskraft zusätzliche Zeit in die Arbeit an sich selbst investieren muss. Das heißt nicht, dass sie zwei Stunden pro Woche für Psychotherapie einplanen muss oder sich zehn Tage im Jahr ins Kloster zurückziehen soll.

Es bedeutet etwas anderes: Für die Führungskraft der Zukunft wird der Blick nach innen zu einer Selbstverständlichkeit werden, die im Alltag quasi mitläuft, während sie ihrer Arbeit nachgeht. Ständig und überall wird sie unauffällig und nebenbei an sich arbeiten, um die innere Stabilität zu finden und zu erhalten, die sie braucht.

Lassen Sie uns aber zuvor die Forderung nach einem Wechsel der Blickrichtung mit einigen weiteren Gedanken vertiefen.

Es gilt zu verstehen, dass wir einen inneren Richtungswechsel vornehmen müssen. Es geht nicht darum, von oben nach unten ein neues Konzept einzuführen. Es geht nicht einmal um ein neues Konzept. Es geht um eine *neue Denkweise*, die Unternehmen, Organisationen und Institutionen von innen nach außen durchdringen muss.

Die gegenwärtige Orientierungskrise unserer Gesellschaft ist eine Chance zu erkennen, dass unsere bisherige Strategie, Erfolg und Lebensqualität zu erreichen, indem wir zunächst das „Außen" verändern, gründlich gescheitert ist. Nicht das Umfeld muss sich ändern, nicht die Rahmenbedingungen müssen sich ändern, wenn wir die Zukunft sinnvoll gestalten wollen: Zunächst und vor allem muss der Einzelne sich ändern.

Nur wenn Führungskräfte den Mut haben, damit bei sich selbst anzufangen und eine neue, zukunftsweisende Denkweise anzunehmen und zu *leben*, können wirkliche Veränderungen bewirkt werden. Nur dann werden sie ihre Unternehmen und ihre Mitarbeiter aus der Krise herausführen können. Denn Führen, das haben wir gesehen, heißt auch und nicht zuletzt vorleben.

Anders gesagt: Wir erleben derzeit in Wirtschaft und Gesellschaft einen dramatischen Wandel, der aus unserer Sicht im „Außen" stattfindet: Er stellt uns vor einen Berg von Problemen, die wir in ihrer Summe als Systemkrise empfinden. Die Antwort darauf kann nicht auf derselben Ebene, nicht innerhalb des Systems gefunden werden – also nicht, indem wir losstürmen und das „Außen" verändern wollen. Die Lösung werden wir nur finden, wenn wir zuallererst einen Wandel „drinnen" einleiten – also in uns selbst.

Um es noch klarer zu formulieren – wir können keine Belohnung von „außen" erwarten, ohne zuerst die nötige „innere Arbeit" zu leisten. Hierauf werden wir später in aller Ausführlichkeit eingehen. Diese Erkenntnis wird uns auch zu einem neuen Verständnis von Personalentwicklung führen. Eine in der Zukunft erfolgreich agierende Führungskraft wird zum Beispiel von Abteilungen oder Teams keine Fähigkeiten erwarten, die sie selbst noch nicht entwickelt hat – abgesehen vielleicht von rein fachlichen Kompetenzen.

Der Entwicklung auf Unternehmensebene muss die persönliche Entwicklung vorangehen, sonst ist ein Scheitern von Anfang an programmiert. Noch deutlicher formuliert: Es gibt keine sich entwickelnden Unternehmen (und eigentlich auch keine erfolgreichen), sondern „nur" sich entwickelnde oder erfolgreiche Menschen, die ebensolche Unternehmen erschaffen.

Start frei

Einen Anfang dazu macht dieses Buch. Wir laden Sie ein, sich gemeinsam mit uns auf einen Weg zu begeben, der Sie innerlich – und damit ganz automatisch auch äußerlich – weiterbringt.

Auf einen Weg, der Sie zu jener inneren Stabilität führen kann, die Sie heute und in Zukunft brauchen werden, um mit Inspiration und aus Ihrer inneren Mitte heraus auch in schwierigen Zeiten erfolgreich zu führen und zu leben. Was Sie dazu brauchen?

Nicht mehr als den Mut, ausgefahrene Denk-Gleise zu verlassen, und die Bereitschaft, sich auf neue, ungewohnte Ansätze zumindest probeweise einzulassen.

Wir erwarten nicht von Ihnen, dass Sie alle Aussagen und Erkenntnisse dieses Buches sofort und ungeprüft akzeptieren. Darum geht es uns gerade nicht. Wir laden Sie vielmehr ein, Ihre eigenen Erfahrungen zu machen und sich selbst zu beobachten; dann werden Sie sehr wahrscheinlich feststellen, dass auch die scheinbar gewagtesten Thesen dieses Buches sinnvoll und hilfreich sind.

Der große Vorteil unseres Weges, der manche anfängliche Herausforderung aufwiegt, ist dieser: Es wird Ihnen nichts wirklich Schwieriges abverlangt. Sie müssen im Grunde nichts Neues lernen, keine neuen Konzepte oder Methoden.

Wir bitten Sie, etwas zu ver-lernen, etwas zu lassen.

Nämlich gewohnte Denk- und Verhaltensmuster wegzulassen, die Sie im Business-Alltag – und darüber hinaus – für selbstverständlich halten, die aber ablenken von dem, was wirklich Ihr Menschsein und Ihre Führungsqualitäten ausmacht.

Fangen wir an!

3.

Was ist zu tun?
Die Grundlagen

3.1 Original und Fälschung

Wie also finden wir innere Stabilität?

Im Prinzip ist es ganz einfach – auch wenn der Weg dahin nicht in zwei Minuten getan ist. Wir finden innere Stabilität, indem wir die Fälschung in uns entlarven und zu unserem Original zurückkehren.

Sie wussten nicht, dass Sie Original und Fälschung in sich tragen? Natürlich: Dieses Wortpaar ist eine Metapher, ein Vergleich, ein Modell. Aber es ist das Modell, das am besten beschreibt, was in uns Menschen vorgeht. Und in der Praxis hat es sich vielfach bewährt.

Also, noch einmal: Wir finden innere Stabilität, indem wir die Fälschung in uns entlarven und zu unserem Original zurückkehren. Der Weg dorthin vollzieht sich in drei Etappen.

1. Die erste Etappe besteht darin, dass wir erkennen, dass es in der Tat Original und Fälschung gibt und worin sie sich unterscheiden.

2. In der zweiten Etappe vergewissern wir uns, dass wir bereit sind, die Fälschung zu entlarven und zu überwinden.

3. In der dritten Etappe schließlich kommen wir zu aktiver Veränderung.

Der Glanz des alten Freskos

Um die erste Etappe zu beginnen, entführen wir Sie an einen weit entfernten Ort in eine längst vergangene Zeit. Wir entführen Sie ins frühe Mittelalter in ein christliches Kloster.

Der Ordensgründer lebt noch und inspiriert die Brüder mit seinem Vorbild, mit der Kraft seines Geistes. Ihm liegt viel daran, dass jeder – auch in kommenden Generationen – die zentrale Botschaft der Glaubensgemeinschaft vollkommen in sein Leben integriert, sie ständig präsent hat und lebt. Aus diesem Grunde beauftragt er den besten Künstler seiner Zeit, den Kern der Botschaft in einem Bild, in einem Fresko, darzustellen.

Er wählt dafür einen Platz, der für jeden täglich sichtbar, ja unübersehbar ist: die Stirnseite des Refektoriums, des Speisesaals. Dort erstrahlt das Bildnis von nun an in faszinierender Klarheit. Die Essenz der Botschaft, ihre Energie und Kraft, kommt mit den gewählten Farben und Formen meisterlich zum Ausdruck und berührt jeden Betrachter tief auf einer inneren Ebene.

Nach vielen Jahren, der Ordensgründer ist längst verstorben und das Wandbild ist zu einem „normalen" Bestandteil des Klosters geworden, beschließt die Ordensgemeinschaft, das Fresko der moderneren Zeit anzupassen, und lässt es überarbeiten. Andere Farben und leicht veränderte Formen sollen die Botschaft besser oder anders zum Ausdruck bringen. Und dieser Prozess setzt sich über Jahrhunderte fort. Im Laufe der Zeit wird das Fresko immer wieder bearbeitet. Neue Farben werden mit neuen Techniken aufgebracht, immer mehr „Restauratoren" nehmen bewusst oder unbewusst Modifizierungen vor.

Kurz: Jede Generation von Mönchen betrachtet es als ihre Aufgabe, das Fresko wieder „herzurichten", und so wird Farbschicht um Farbschicht über das ursprüngliche Bild gelegt. Das Original ist schon längst nicht mehr zu erkennen. Der Betrachter sieht nur noch ein schönes Fresko, an dem er sich vielleicht erfreut, das ihn aber nicht wirklich in der Tiefe berührt. Nur in alten Handschriften liest der eine oder andere noch von dem Zauber, der einst von diesem

Fresko ausging und von der Ergriffenheit, die die Brüder der Gründerzeit bei seinem Anblick befiel.

Zu spüren ist davon nichts mehr. Die vielen Veränderungen haben zwar immer wieder zu einem akzeptablen, „zeitgemäßen" Fresko geführt, das die ursprüngliche Botschaft zu repräsentieren scheint und nach wie vor als Leitlinie der Glaubensgemeinschaft begriffen wird. Das jedoch, was die ursprüngliche Botschaft ausgemacht hat, die Wahrheit, die in ihr steckte, ihre Energie und Kraft sind verloren gegangen.

Nur wenige Experten entnehmen aus alten Schriften noch die wirkliche Botschaft des Ordensgründers und seines Freskos. Sie versuchen, diese Botschaft zu vermitteln – doch ohne Erfolg. Schließlich ist für jedermann ersichtlich, dass das, was die Experten sagen, nicht zutreffend zu sein scheint. Die meisten Brüder verweisen einfach auf das „reale" Bild – das Fresko, das sie täglich sehen und das eine andere Sprache spricht. „Wir sehen doch, was ist", sagen sie. Das Sichtbare verdeckt das Unsichtbare. Und was unsichtbar ist, scheint nicht existent zu sein. Die Experten haben keine Chance; sie werden nur von wenigen gehört, und noch weniger folgen ihnen.

Jahrhunderte später – wir sind in der Neuzeit angelangt. Das Fresko ist immer noch an der Wand, zigmal übermalt, zigmal verändert – das (verzerrte) Leitbild der Klostergemeinschaft, mit dem alle offenbar zufrieden sind. Doch wie schon mehrfach zuvor, bekommt auch diese Version des Freskos Risse. Farbe blättert ab, der Glanz des Bildes wird immer schwächer. Das, was lange Zeit augenscheinlich wahr war, ist nun nicht mehr vollständig zu sehen. Das Bild bröckelt – und unter der Farbe kommt etwas anderes zum Vorschein. Auf einmal stellt der Betrachter fest, dass da mehr sein muss, als das, was er bisher gesehen hat. Zweifel an der Gültigkeit des Bildes kommen auf. Unsicherheit, vielleicht sogar Neugier werden geboren.

Und dann bröckelt es auch unter dem Gebröckelten, und dann darunter und darunter. Immer neue Schichten kommen zum Vorschein, und es zeigt sich, dass das, was Jahre lang als gültig und einzig wahr galt, offenbar nicht der Weisheit letzter Schluss ist. Und es stellt sich die Frage, was wohl ganz unten unter den vielen

Schichten von Farbe sein mag. Jetzt endlich beschließt der Konvent der Brüder, das zu tun, was wir heutzutage als grundlegende Restaurierung des Freskos bezeichnen würden: nämlich die Schichten zu erforschen, sie abzutragen und zu ergründen, was darunter verborgen ist.

So beginnt das Abenteuer der Entdeckung. Dabei gilt es, nicht wirklich Neues zu entdecken; es gilt, Altes freizulegen. Doch auch das Alte scheint neu, wenn es zum ersten Mal betrachtet wird. Ja, tatsächlich kann es sehr aufregend sein, wenn alte Dinge neu entdeckt werden. Das ist keine bloße Reise in die Vergangenheit. Es ist eine Reise zu dem, was immer schon da war, wenn auch verdeckt – also eine Reise zu dem, was jetzt ist.

Vorsichtig, mit Messerchen und Pinsel, lassen nun also die Mönche Farbschicht für Farbschicht von ihrem Fresko abschaben. Das ist oft schmerzhaft. Schöne Stückchen zu entfernen, die hilfreich schienen und angenehm anzuschauen waren ... das erfordert Kraft und Mut. Doch die Mönche fahren mit diesem Prozess fort, denn sie sind gleichzeitig auch fasziniert von dem, was sie entdecken. Und als endlich das Originalbild aus der Gründerzeit freigelegt ist, spüren sie sofort, warum ihre Brüder von damals so ergriffen waren beim Anblick des Freskos: Weil das Original eine Kraft und Klarheit hat, die sich seit Jahrhunderten niemand mehr wirklich vorstellen konnte.

Die Mönche erfassen das und begreifen, dass all die Schichten darüber, all die „Restaurierungen" und „Modernisierungen", im Ergebnis Fälschungen waren. Sie alle waren auf ihre Weise schön. Doch die Kraft und den „Geist" des Originals strahlt einzig und allein das Original selbst aus. Und nach der langen, schmerzhaften Restaurierung sind die Mönche dankbar und froh, dass sie diesen Geist endlich wiedergefunden haben.

Wir alle sind Fälscher

Was hat das alles mit unserem Thema zu tun? Was haben wir mit Fälschungen zu tun, und sind wir nicht alle „Originale"?

Die Antwort lautet insofern „ja“, als jeder einzigartig ist. Aber sie lautet insofern „nein“, als jeder bestimmte Vorstellungen und Ziele verfolgt und nur allzu schnell bereit ist, diesen Vorstellungen und Zielen eine Menge von sich selbst zu opfern – sich selbst zu verfälschen.

Was ist damit gemeint?

Fragen Sie sich einmal, wie oft Sie Dinge getan haben, die Ihrem Gewissen mehr oder weniger stark zuwider liefen. Sie kennen das sicherlich. Da gibt es eine neue Partnerschaft, einen neuen Job, ein neues Haus, ein neues Projekt, eine neue Entscheidung, die Sie ins Auge gefasst haben oder treffen müssen und die sehr verlockend ist.

Viele „gute Gründe“ sprechen dafür. Und doch gibt es eine leise innere Stimme, die Sie warnt. Ein subtiles, ungutes Gefühl, das aber schnell wieder verdrängt wird. Zahlen und Fakten sprechen eine deutliche Sprache; es gilt, ein definiertes Ziel, sei es rational oder emotional, zu erreichen. Da scheinen versteckte Bauchgefühle weder hilfreich noch professionell zu sein. Sie stören und werden deshalb nur zu gerne ignoriert. Die Vernunft gewinnt schnell die Oberhand.

Wie oft jedoch behält die leise innere Stimme Recht? Aber bis Sie das merken, ist viel Zeit vergangen und möglicherweise viel Leid geschehen. Indem Sie nicht auf diese innere Stimme geachtet haben, haben Sie etwas geopfert: einen Teil Ihrer Verbindung zu dem inneren Kern Ihres Wesens. Sie haben den „Geist des Originals“ verloren.

Eine provokante Aussage? Sicherlich. Doch bevor Sie vehement protestieren, lassen Sie uns gemeinsam auf eine Entdeckungsreise gehen. Wenn Sie wollen, können Sie danach immer noch protestieren. Wenn das Original das Ursprüngliche ist, das, was zu Anfang da war, was zeichnet es dann aus? Und was ist die Fälschung?

Das Original

Das Original repräsentiert unseren Wesenskern. Er ist die innere Mitte – das, was unser wahres Selbst ausmacht. Je nach Kontext und kulturell-religiösem Hintergrund sprechen Menschen beispielsweise von Seele, höherem Selbst, oder von kosmischem Bewusstsein. Wie auch immer Sie es nennen, es ist das Ursprüngliche. (Original kommt aus dem Lateinischen und bedeutet ursprünglich, echt.) Es ist die Energie, aus der alles Leben kommt, die alles steuert, deren „Regeln" wir zwar missachten, nie aber brechen können.

Aus Gründen der Anschaulichkeit nennen wir diese Energie den inneren Wesenskern. Alles, was ist, liegt in diesem Kern und geht von ihm aus. Hier ist alles perfekt. Nichts muss verändert, nichts weggelassen oder hinzugefügt werden. In Harmonie mit diesem Wesenskern, im Einklang mit unserer inneren Mitte, geschieht alles auf ganz natürlichem Wege, leicht, wie von selbst und in Freude.

Das heißt nicht, dass das, was wir aus der inneren Mitte heraus tun, nicht anstrengend sein kann oder dass es immer körperlich angenehm ist. Hochleistungssportler zum Beispiel und Musiker kennen dieses Gefühl. Sie gehen bis an ihre körperlichen Grenzen, bis hin zu Schmerzen und völliger Kraftlosigkeit. Die Rocklegende Carlos Santana etwa spielt in seinen Konzerten bis zur körperlichen Erschöpfung.

Und doch werden Sportler oder Musiker – gerade wenn der Fluss ihrer Tätigkeit sie zu Höchstleistungen führt – getragen von einer inneliegenden Kraft und Freude, die aus dem Kontakt mit dem inneren Wesenskern kommen. Wir können diesen Kern zwar zuschütten, wir können ihn übermalen (wie in unserem Bild des mittelalterlichen Freskos), wir können und haben ihn vergessen – aber wir können ihn niemals auslöschen.

Die Literatur ist voll von Berichten über Menschen, die aus diesem Kontakt mit ihrer inneren Kraft und Führung Spitzenleistungen vollbracht haben. Von Mozart zum Beispiel wird berichtet, er habe seine Musik als vollständiges Werk auf Spaziergängen „empfangen", Goethe sollen die Zeilen seiner Dichtung mühelos aus der Feder geflossen sein, oft ohne sein intellektuelles Zutun. Und der Physiker Werner Heisenberg soll gesagt haben, dass nicht er es gewesen sei, der seine Entdeckungen gemacht habe; sie seien durch ihn geschehen.

Diese Beispiele aus Kultur und Wissenschaft ließen sich durch viele weitere ergänzen und sicherlich werden Sie ganz persönliche Erlebnisse hinzufügen können. Jeder hat schon einmal erlebt, dass Ideen aus dem Nichts kamen oder Problemlösungen „über Nacht" plötzlich präsent waren. Wir nennen das dann „Eingebung" oder „Intuition". Es ist jene Form von „Führung", die aus dem inneren Wesenskern kommt.

Der innere Wesenskern liegt jenseits allen ego-zentrisch motivierten Verhaltens. Ein Handeln für den persönlichen Vorteil, ein Tun um zu – um zu erreichen, zu haben, zu sein – weicht einer „absichtslosen" Aktivität. Klassisches Konkurrenzdenken und daraus resultierende Konflikte lösen sich auf.

Hieraus entspringt die Kraft, das zu tun, was zu tun ist, auch wenn die äußeren Umstände dagegen zu sprechen scheinen. Hieraus entspringt der Mut, notwendige Schritte beharrlich zu gehen, auch wenn Widersacher Steine in den Weg werfen. Hieraus resultiert das Mitgefühl für sich und andere – Partner, Familie, Freunde, Mitarbeiter und fremde Menschen –, das dazu führt, dass wir die anderen mit Respekt und Achtung behandeln, auch wenn kontroverse Meinungen diskutiert und Konflikte ausgetragen werden. Hieraus resultiert die Freude, die die tägliche Arbeit hilfreich unterstützt, und hieraus resultiert das Vertrauen, mit dem eigenen Verhalten zum Wohle aller beizutragen.

Ein Leben aus dieser Verbindung mit dem inneren Wesenskern, ein Leben und Arbeiten aus der inneren Mitte heraus, führt zu Innerer Stabilität. **Dies ist ein Leben aus dem Original.**

Die Fälschung

Gehen wir zurück zu dem Bild des Freskos. Immer wieder übermalt, also verfälscht, ist es oberflächlich schön und für den Besucher nicht als verfälscht zu erkennen. Original und Fälschung liegen, rein äußerlich betrachtet, dicht beieinander, zum verwechseln ähnlich. Ein Unterschied besteht – typisch für die gute Fälschung – auf den ersten Blick nicht. Mut, Kraft, Mitgefühl, Freude, Vertrauen: All das sind Eigenschaften, die jeder kennt und die von einer guten Führungskraft ohnehin erwartet und (hoffentlich) auch gelebt werden. Erst der zweite oder gar der dritte Blick gibt einen Aufschluss über den Unterschied.

Worin besteht dieser Unterschied? Wenn wir den inneren Wesenskern – die Quelle, aus der alles Sein und Tun kraftvoll, harmonisch und leicht erwächst – das Original nennen, was ist dann die Fälschung? Um die Antwort zu finden, werden wir einen kleinen Umweg gehen.

Nehmen wir an, Sie haben einen Gedanken artikuliert und werden gefragt, wer diesen Gedanken hatte. Was antworten Sie? Nun, vermutlich werden Sie sagen: „Ich."

Nehmen wir an, Sie haben eine Arbeit fertig gestellt und werden gefragt, wer diese Arbeit fertig gestellt hat. Wieder wird die Antwort lauten: „Ich."

Nehmen wir an, Sie werfen einen Blick in den Spiegel und werden gefragt, wer dort zu sehen ist. Auch jetzt wird die Antwort lauten: „Ich."

Aber ist das richtig? Sind Sie Ihr Spiegelbild? Sind Sie Ihr Körper? Wer ist dieser oder diese „Ich"? Was definiert dieses „Ich"? Wie identifizieren Sie dieses „Ich"?

Nehmen Sie sich einen Moment Zeit und finden Sie eine Antwort auf die Frage: „Wer bin ich?"

Tun Sie es jetzt, bevor Sie weiterlesen!

Hier eine Aufstellung von möglichen Antworten, die vielleicht auch Sie gegeben haben:

Ich bin ein Mann.

Ich bin eine Frau.

Ich bin verheiratet.

Ich bin ledig.

Ich bin Vater.

Ich bin Mutter.

Ich bin Volkswirt, Ingenieur, Arzt ...

Ich bin Angestellter.

Ich bin selbstständig.

Ich bin arbeitslos.

Ich bin Deutscher, Engländer, Franzose ...

Ich bin Christ, Moslem, Jude ...

Und so weiter, und so weiter.

Vielleicht betrachten Sie auch Ihren Körper und sagen:

Ich bin groß.

Ich bin dick.

Ich bin blond.

Ich bin attraktiv.

Ich bin hässlich.

Und so weiter.

Das mag zwar alles stimmen, ist aber nicht besonders originell, sondern nur eine Beschreibung, die auch auf unzählig viele andere Menschen zutrifft. Aber: „Wer bin *ich*?"

Versuchen wir es weiter:

Ich bin Hobbymaler, Freizeitmusiker, Amateurfunker ...

Ich bin Skiläufer.

Ich bin Segler.

Ich bin Computerfreak.

Ich bin politisch aktiv.

Ich bin karitativ tätig.

Und so weiter.

Wieder Beschreibungen, die auch auf andere, vielleicht nicht mehr ganz so viele, aber immer noch auf eine große Zahl von Menschen zutreffen und die lediglich etwas darüber aussagen, was Sie tun. Bleibt immer noch die Frage: „Wer *bin* ich wirklich?"

Wir könnten dieses Spiel noch eine Weile fortführen. Wir könnten weitere Beschreibungen dessen anführen, was Sie tun, was Sie glauben, was Sie für gut und schlecht, für wahr und falsch halten, welche Werte Ihnen wichtig sind, welche Ziele Ihnen vorschweben und welche Ideale Sie leben. Wir können weiter auflisten, welche Stärken und Schwächen sie haben, welches Selbstbild Sie pflegen und welches Fremdbild, welche Geheimnisse Sie haben, die nicht einmal Ihr Partner kennt, und welche Dinge Sie sogar vor sich selbst am liebsten verbergen.

Aus all diesen Daten formen Sie ein Bild von sich selbst, das Sie zu dem Begriff „Ich" verdichten. All Ihre Gedanken über sich, all Ihre Vorstellungen und Erfahrungen, Ihre Überzeugungen und Glaubenssätze, Ihre Erinnerungen, Hoffnungen und Wünsche färben bewusst und unbewusst dieses Bild vom „Ich". Auf diese Weise entstand und entsteht kontinuierlich etwas, das als individuelle Persönlichkeit beschrieben wird. Diese individuelle Persönlichkeit nennen wir das „Ich". **Dieses „Ich", dieses Bild, das wir uns von uns machen – das ist die Fälschung.**

In unserem Büro hing lange Zeit die gerahmte Zeichnung einer Pfeife. Darunter stand: „Ceci n'est pas une pipe" („Dies ist keine Pfeife"). Nein, natürlich nicht. Es ist das Bild einer Pfeife. Und so ist auch das „Ich" nur ein Bild von uns; es ist eine Vorstellung, die wir uns von uns selbst machen. Es ist nicht das Original, nicht das, was wir wirklich sind.

Dennoch erleben wir das „Ich" als real existent. Wir übersehen den Unterschied zwischen Original und Fälschung und stellen irrtümlicherweise mit dem „Ich" eine Identifikation her, die fortan verteidigt wird, notfalls sogar mit Gewalt. Es erscheint uns unmöglich, diesen Irrtum zu erkennen. Warum ist das so? Es ist so, weil ein großer Teil unseres Denkens aus der Fälschung heraus geschieht, und die Fälschung kann sich nicht selbst als Fälschung erkennen.

Wir stilisieren dieses „Ich“, zu einer „Besonderheit“ hoch, die uns ausmacht, und nutzen diese Besonderheit als das Mittel, mit dessen Hilfe wir uns von anderen abgrenzen oder – je nach Kontext – mit dessen Hilfe wir uns mit anderen verbinden.

Das „Ich“ in der Gruppe

Dies ist ein wichtiger Prozess für das Gesellschaftswesen Mensch. Mit anderen „Ichs“ bilden wir eine Gemeinschaft, die dann ein kollektives „Ich“ aufbaut, welches sich als „Wir-Gefühl“, als eine Gruppenidentität manifestiert. Ich als Individuum gehöre zu einer Gruppe, in der ich mich geborgen fühle. Ich „leihe“ mir von der Gruppe Kraft und Mut, die ich allein nicht immer aufbringen kann. Gleichzeitig gibt die Gruppe Rückendeckung und Sicherheit, die ich mit Anpassung bezahle; allerdings meist, ohne mir dessen bewusst zu sein.

Es erinnert ein bisschen an eine Haselnuss in der Schale. Die Schale schützt vor schädlichen Einflüssen von außen, beschränkt aber auch das individuelle Wachstum. Nur ohne Schale kann der Haselnusskern schließlich zur Größe eines Baumes wachsen und sein volles Potenzial entfalten.

Die Gruppe trägt und schützt den Einzelnen und entwickelt gleichzeitig eine Identität, mit deren Hilfe sie sich von anderen ab- und gruppenfremde Individuen ausgrenzt. Anschauungsmaterial finden wir überall, wo Menschen in Gruppen zusammen sind – seien es Familien, Freundescliquen, Abteilungen in Unternehmen oder politische Parteien oder Wirtschaftsverbände. Anstatt als Teil eines großen Ganzen, verstehen sich die Gruppen eher als Konkurrenten und bekämpfen sich oft gegenseitig.

Vor einigen Jahren brachten wir in einem Unternehmen mehrere ergebnisrelevante Bereiche wie Einkauf, Produktion, Forschung und Vertrieb im Rahmen eines Workshops zusammen und ließen sie miteinander ins Gespräch kommen. Vorgabe war, alle bereichsspezifischen Interessen, also das „Gruppen-Ich“ des jeweiligen Bereiches, unberücksichtigt zu lassen und den Dialog nur auf Basis des gemeinsamen Unternehmensziels zu führen.

Für die Teilnehmer bildete diese Vorgehensweise eine neue Erfahrung. Die spektakulärste Erkenntnis war: „Die anderen sind auch Menschen“ – und ihre Positionen sind, aus ihrer Sicht, nachvollziehbar. Das war zwar zuvor schon in Stellungnahmen diverser Art artikuliert worden und fiel unter das Motto: „Das ist ja nichts Neues“ – wurde aber im Alltag nicht wirklich gelebt. Tatsächlich geschah in diesem Unternehmen das, was aus vielen Betrieben berichtet wird: Abteilungen oder Bereiche arbeiten oft gegeneinander, ohne zu erkennen, dass sie nur gemeinsam das Überleben ihrer aller Basis, nämlich des Unternehmens selbst, sichern können.

Stirbt das Unternehmen, stirbt auch jede Abteilung – stirbt das Ganze, stirbt auch der Einzelne. Erst nachdem diese „Erkenntnis“ und mit ihr die Akzeptanz und das Verständnis für die Position der jeweils anderen gewachsen waren, konnten Synergien entstehen, die für alle zu wirklich zufriedenstellenden Ergebnissen führten.

Der amerikanische Philosoph und Bewusstseinsforscher Ken Wilber spricht von „Holons“ – was wir in diesem Fall auf Unternehmen übertragen. Ein Holon ist eine Einheit, die als komplettes Ganzes gesehen werden kann (griechisch „holos“ heißt ganz), das gleichzeitig wiederum Teil eines größeren Holons, eines größeren Ganzen ist. Zum Beispiel ist eine *Zelle* ein Holon, das Teil eines größeren Holons ist, nämlich eines *Organs*, das wieder Teil eines noch größeren Holons, in diesem Fall des *Körpers* ist.

In Unternehmen – und nicht nur da – können Abteilungen und Bereiche als Holon gesehen werden. Allerdings fehlt heute oft die Integration aller Holons in das nächst größere Holon, das Unternehmen selbst. Im Gegeneinander sowohl auf der persönlichen, als auch auf der Abteilungs- und Bereichsebene droht das Wohl des Ganzen, von dem immer auch das Wohl seiner untergeordneten Ebenen abhängig ist, verloren zu gehen.

Wir sehen: Sowohl das individuelle als auch das kollektive „Ich“ wird verteidigt und um jeden Preis aufrechterhalten. Das gilt für Kleingruppen, zum Beispiel Familien, genauso wie für Staaten und eben auch für Unternehmen. Und das hat in vielen Fällen mehr Nachteile als Vorteile.

Das individuelle „Ich" – das Ego

Aber nicht nur auf der kollektiven, auch auf der individuellen Ebene führt das „Ich" uns allzu leicht in die Irre. Häufig wird das „Ich" auch dem Selbst gleichgesetzt. Der Ausdruck „ich selbst" betont, verstärkt das „Ich" geradezu, stellt es also besonders heraus.

Anders sein, besonders sein, ist die Existenzgrundlage des „Ich". Es lebt von der Abgrenzung von anderen, und je klarer diese Abgrenzung vollzogen werden kann, desto stabiler fühlt sich das „Ich". Um sich abgrenzen zu können, muss es natürlich etwas geben, von dem es sich abgrenzen kann. Der Fokus geht also nach außen, in den Vergleich. Das „Ich" grenzt sich ab, und zwar mit zwei entgegengesetzten Strategien.

Strategie Nummer Eins: Ich bin besser als Du!

Dieses „Ich" hält sich für schöner, schlanker, intelligenter, gebildeter, mächtiger, liebevoller, hilfsbereiter (die Liste können Sie beliebig fortsetzen) als andere. Und diese Eigenschaften sind aus seiner Sicht um so wertvoller, je mehr sie von anderen gesehen und anerkannt werden. Was nützt die ausgeprägteste Hilfsbereitschaft, wenn niemand sie würdigt? Was nützt die größte Intelligenz, wenn sie von anderen nicht gesehen wird?

Vielleicht sind Sie jetzt versucht zu widersprechen: Hilfsbereitschaft ist gut und wichtig, egal, ob sie von anderen bemerkt wird. Intelligenz braucht nicht von anderen beachtet zu werden, Hauptsache, sie wird konstruktiv genutzt.

Richtig. Aber überprüfen Sie sich an dieser Stelle selbst ganz ehrlich. Sie werden überrascht sein, wie wichtig es für Ihr „Ich", für Ihr Selbstbild, ist, Zuwendung und Anerkennung sowohl für Ihre Leistung als auch für Ihre Person von anderen zu bekommen.

Für sehr viele Menschen ist das Dazugehören und Geliebtsein eine enorme Triebfeder, deren manipulative Kraft meist nicht erkannt, zumindest aber deutlich unterschätzt wird. Sie sind allzu bereit, die eigenen Interessen zugunsten Anderer immer wieder zurückzustellen. Sie tun dies in der Annahme, auf diese Weise ein „guter Mensch" zu sein. Allerdings – jede Medaille hat zwei Seiten. „Viel Feind, viel Ehr" ist der gegenteilige Standpunkt. Es gibt Menschen, die sich dadurch hervortun, dass sie Zeit ihres Lebens anderen auf die Füße getreten haben. Solche Menschen sind in der Regel wenig geachtet, oft gehasst und gefürchtet, aber meistens respektiert. Sie führen nicht durch Wertschätzung, sondern durch Angst.

Die sichtbaren Auswirkungen sind unterschiedlich, die gemeinsame Medaille aber heißt: Anerkennung. Das „Ich" stabilisiert sich mit Hilfe der Strategie Nummer eins.

Strategie Nummer Zwei: Ich bin klein und hässlich!

„Ich bin klein und hässlich", ist das Motto der Strategie Nummer zwei. Sie äußert sich in Überzeugungen wie: „Ich bin nicht gut genug"; „Ich werde nicht gesehen"; „Meine Meinung ist nicht wichtig"; „Ich bin immer der Verlierer" und Ähnliches mehr.

Bei dieser Strategie drängt sich ein Minderwert in den Vordergrund, der meist – so gut es eben geht – geleugnet und mit allen Mitteln unterdrückt wird. Interessanterweise ist uns noch niemand begegnet, der völlig frei von Minderwert ist. Es sind uns jedoch nur wenige Menschen begegnet, die den Minderwert bei sich sehen konnten; unzählig viele sind uns begegnet, die ihn nicht sehen wollten und konsequent leugneten. Minderwert ist sozial nicht gerade gut angesehen, und deshalb schaltet das „Ich" im Notfall blitzschnell um zu Strategie Nummer eins: „Auch wenn ich nicht gesehen werde, bin ich auf meine Art doch besser, schöner, intelligenter ..."

Neben der eigenen Sichtweise tragen auch die Ansichten, Meinungen und Vorstellungen des Umfelds zu dem Wert bei, den das „Ich" sich selbst gibt. Anders gesagt: Die eigenen Vorstellungen sind immer auch geprägt von den Vorstellungen der Umgebung, in der der Einzelne sich befindet. Das „Ich" ist ein sich selbst erhaltendes System – immer eingebunden in ein Umfeld – und muss sich, um zu „überleben", auch nach den Vorstellungen dieses Umfelds richten.

Das macht die Sache nicht einfacher. Im Gegenteil. Das, was ich bin, ist nun nicht mehr nur definiert durch meine eigenen Vorstellungen, Überzeugungen, Erfahrungen, sondern auch abhängig von der Sichtweise meiner Umgebung. Und die ändert sich oft schneller, als uns lieb ist. Sehen Sie, wie komplex und variabel die Antwort auf die Frage, wer ist „Ich", sein kann?

Der österreichische Psychologe Alfred Adler beschrieb das „Ich" so: „Ich stellte schon sehr bald in meiner Arbeit fest, dass der Mensch eine in sich geschlossenen Einheit ist. Die vorrangige Aufgabe der Individualpsychologie ist es, diese Einheit in jedem Individuum nachzuweisen – in seinem Denken, Fühlen, Handeln; in seinem so genannten Bewussten und Unbewussten – in jedem Ausdruck seiner Persönlichkeit. Diese in sich geschlossenen Einheit nennen wir den ‚Lebensstil' des Individuums. Was häufig als das ‚Ich' bezeichnet wird, ist nichts anderes als der Lebensstil des Individuums."

Ein häufig gebrauchtes Synonym für „Ich" ist der Begriff „Ego" (lateinisch ego = ich). Siegmund Freuds Verwendung dieses Begriffes führte dazu, dass das „Ego" in den allgemeinen Sprachgebrauch einfloss und das Thema „Selbst-Bewusstheit" eine breitere Plattform fand. Landläufig und eher vordergründig wird der Begriff „Ego" einer starken Persönlichkeit zugeschrieben, die die eigenen Interessen durchzusetzen weiß und Macht und Einfluss auf andere ausübt. „Jemand hat ein starkes Ego", meint meist zunächst eine Person, die einen starken Willen hat, die sich in Szene zu setzen weiß und ihr Licht nicht unter den Scheffel stellt. Im Verlauf des Buches wird deutlich werden, dass diese Sichtweise nur einen kleinen Teil des Ego abdeckt – also nur einen kleinen Teil der „Fälschung" darstellt. Wir müssen sicherlich nicht mehr betonen, dass dieses „starke Ego" nicht die Triebfeder für die inspirierende Führungskraft der Zukunft sein kann, von der wir hier sprechen.

Die Frage nach dem Ego beschäftigt seit langer Zeit die Psychologie, die Philosophie und auch die Theologie. Unterschiedliche psychologische Schulen und diverse religiöse oder spirituelle Traditionen haben unterschiedliche Definitionen und Vorstellungen von der Struktur dessen, was wir hier das Ego nennen. Es ist nicht Aufgabe

dieses Buches, die Theorien zu vergleichen; deshalb soll das Thema hier weder unter psychologischen noch unter religiösen Aspekten weiter vertieft werden. Wir beschäftigen uns hier nur mit einem Modell, das uns hilft, unsere eigene Erfahrungswelt zu sehen, zu nutzen und zu transformieren, um dem genannten Ziel – die Fälschung zu erkennen und zu entlarven – näher zu kommen.
Dazu reicht es vorerst, wenn wir festhalten:

Dieses „Ego", dieses „Ich", ist ein vielschichtiger Komplex, der nur schwer zu erkennen ist. In seiner „Philokalia" schreibt der Mönch St. Johannes Cassian schon im 4. Jahrhundert: „(Das Ego) lässt sich nur schwer bekämpfen, da es viele Formen hat und in jeder unserer Aktivitäten sichtbar wird. ... Wenn es einen Menschen nicht mit extravaganter Kleidung verführen kann, versucht es, ihn durch schäbige Kleidung in Versuchung zu führen. Wenn es ihm nicht mit besonderer Ehrung schmeicheln kann, bläht es ihn auf, indem es ihn veranlasst, scheinbare Schande zu ertragen. Wenn es ihn nicht dazu bewegen kann, Stolz über die Zurschaustellung seiner Beredsamkeit zu empfinden, verlockt es ihn durch Schweigen zu dem Gedanken, er habe innere Stille erreicht. ... Kurzum, jede Aufgabe, jede Handlung gibt diesem bösartigen Dämon die Chance loszuschlagen."

Der Verstand: Diener oder Herrscher?

Diese Sätze beschreiben wunderbar die Strategie des Ego, wenngleich wir es nicht pauschal als „Dämon" bezeichnen würden. Nach unserer Auffassung gehört sowohl Bewusstes, als auch Unbewusstes zum Ego. Und zum Bewussten gehört der Verstand, der unerlässlich ist für das Leben, das wir hier auf der Erde führen. Ohne unseren Verstand, ohne unser logisches Denken, ohne die Fähigkeit, uns Fachwissen anzueignen und dieses Wissen lebenserhaltend und lebenserweiternd zu nutzen, und schließlich ohne die Fähigkeit, über uns selbst zu reflektieren, wären wir nicht in der Lage, dieses Leben zu leben.

Andererseits neigt das Ego dazu, auf der unbewussten Ebene die Herrschaft über unser gesamtes Verhalten zu übernehmen. Wenn wir das zulassen, dann entwickelt es sich möglicherweise tatsächlich zu einem „Dämon“, denn es tritt etwas Gefährliches ein: Dann sind nicht mehr wir es, die den Verstand beherrschen und als Werkzeug nutzen; dann sorgt das Ego dafür, dass der Verstand vielmehr uns beherrscht.

Und das geht schneller, als uns lieb ist. Unsere Gedanken sind ohne Unterlass aktiv und entwerfen Bilder und damit verbunden Gefühle, die unser Verhalten determinieren und dominieren. Wenn wir dem unreflektiert stattgeben, erlauben wir sowohl den Gedanken, als auch den Gefühlen, uns zu beherrschen. Diese Herrschaft überdeckt den Zugang zum Original. Wir ordnen uns ihr unter, verlieren die Verbindung zum Original und folgen dem Oberflächlichen – der Fälschung, dem Ego.

Das Ego handelt immer egozentrisch. Es will etwas für sich. Es tut etwas, um etwas für sich zu bekommen, um zu wachsen, um wichtig zu sein. Heißt das, dass jeder, der wichtig ist, im wohlverstandenen Sinne aus dem Ego handelt?

Obwohl es nicht zwangsläufig so sein muss, trifft es in den meisten Fällen zu. Zurzeit gibt es eher wenige Menschen, denen es gelingt, das Ego auf seinen Platz zu verweisen. An diesem Platz erfüllt es wichtige Funktionen – in unserem Auftrag, nicht umgekehrt. Wir haben – wie viele Wissenschaftler sagen – als einzige Wesen auf diesem Planeten die Fähigkeit, über uns selbst zu reflektieren und uns unserer selbst bewusst zu werden. Diese Fähigkeit ist eine große Chance – wenn wir sie als Instrument nutzen.

Bei unserer „Entdeckungsreise“ in diesem Buch tun wir genau das: Wir nutzen die Fähigkeit, uns selbst zu erforschen und zu erkennen. Wir untersuchen vor allem die Arbeitsweise unseres Verstandes. Wir schauen uns seine „Ablaufdiagramme“ an und versuchen zu erkennen, wann der Verstand unser Diener und wann er unser Herrscher ist.

Jeder kennt Situationen, in denen die Gedanken mit ihm durchgehen. Das geschieht, wenn wir uns in „positive Welten“ träumen, wenn wir uns in Idealsituationen verlieren, von denen wir hoffen, dass sie eintreten. Oder – weit weniger angenehm und leider meist handlungsbestimmend – wenn wir negativen Vorstellungen folgen. Ehe wir uns versehen, gehen wir unter in einem Ozean von Befürchtungen, schlechten Vorahnungen und Katastrophenszenarien, die das Potenzial haben, uns manchmal zu unüberlegten Handlungen, immer jedoch in schlechte Gefühle zu führen.

Was ist in einem solchen Fall geschehen? Ein Gedanke ist dem nächsten gefolgt, hat sich aus dem vorherigen entwickelt, ohne dass wir steuernd eingegriffen hätten. Die Gedanken sind „einfach da“; ohne unser Zutun – das glauben wir jedenfalls. Tatsächlich ist etwas Gravierendes geschehen: Wir haben dem Verstand die Herrschaft überlassen und behaupten gleichzeitig: „Ich kann nicht anders!“ Wenn wir aber aufmerksam sind und erkennen, wie er „sein Garn spinnt“, können wir den Verstand da unterbrechen, wo er uns die Regie abnimmt.

Das mag Ihnen ungewöhnlich, vielleicht sogar unmöglich erscheinen. Das aber nur deshalb, weil es tatsächlich *ungewöhnlich* ist. Unmöglich ist es nicht! Wir sind es einfach nicht gewohnt, die Regie des Ego zu unterbrechen, was dazu führt, dass wir uns dieser Möglichkeit oft nicht einmal bewusst sind – bisher jedenfalls.

Abgrenzung und Besonderheit

Schauen wir also genauer hin. Das Ego existiert, wie wir gesehen haben, nur auf einer Basis von Abgrenzung und Besonderheit. „Ich bin besser als du, ich bin schöner als du, ich bin intelligenter als du ...“ Die Nährlösung für diese Haltung ist Anerkennung. Oder auch umgekehrt: „Ich bin so arm dran, ich bin ja nicht so schlau wie du ...“ Auch das ist das Ego, diesmal aus der anderen Richtung. Und wieder steckt dahinter der Wunsch nach Anerkennung und Zuwendung: „Mir geht es so schlecht; bitte tröste mich!“

Auch Mitleid, selbst Verachtung ist eine Form der Zuwendung, die sich das Ego holt, um zu überleben. Dies sprengt zunächst einmal unsere landläufige Vorstellung von dem, was das Ego ist. Das große, mächtige Ego ist uns zwar allen bekannt. Dass das Ego auch „klein und hässlich“ spielt, ist für viele neu.

Unser Ego spielt virtuos auf allen Klavieren, auf denen es spielen kann, und nutzt seine Musik, um uns sogar glauben zu machen, wir lebten aus dem Original. Es will seine Herrschaft behaupten – um jeden Preis – und ist nicht daran interessiert, dass wir uns mit unserem Original wieder bewusst verbinden; denn dann hätten wir ihm die Kontrolle entzogen.

Es geht für uns also darum, genau hinzusehen und die Struktur und Funktionsweise des Ego zu erkennen. Das fällt aus mehreren Gründen schwer.

1. Unsere gemeinsame Kultur hat vielen unserer Prägungen und Verhaltensweisen einen gleichartigen Stempel aufgedrückt. Das heißt, vieles wird kollektiv gleich gesehen und schon deshalb nicht mehr hinterfragt. „Wenn alle das Gleiche tun, ist es wohl richtig, muss es so sein, liegt es in der Natur des Menschen…"
2. Wir identifizieren uns mit dem Ego und betrachten es daher nicht von außen, als etwas von uns Getrenntes, sondern als das, was *wir sind*. Als das, was uns von anderen unterscheidet und einzigartig macht.
3. Analytische Beobachtungen geschehen mit Hilfe des Verstandes. Der aber ist Teil des „Ego-Systems" und als solcher nur mit einiger Übung in der Lage, das System von außerhalb zu betrachten.
4. Eine kritische Analyse durch den praktischen Teil des Ego, den Verstand, könnte mögliche Schwachstellen des Systems aufzeigen und zu Veränderungen führen, die das bestehende System gefährden. Da das Ego sich als das definiert, was wir sind, ist es primär selbsterhaltend und vermeidet naturgemäß alles, was seinen Fortbestand gefährdet.

Die Verlockungen des Ego

Wir unterscheiden, wie wir schon gesehen haben, zwei Aspekte des Ego. Den praktischen Aspekt, der unser Funktionieren in der Welt ermöglicht. Um mit dem Auto von A nach B zu fahren, brauchen wir unseren Verstand – also die Fähigkeit, uns ein Bild zu machen, von uns selbst genau so wie von dem Weg zur nächsten Autobahnauffahrt. Um eine Marketingstrategie zu entwickeln, brauchen wir diesen Verstand; um eine Operation durchzuführen, brauchen wir diesen Verstand. Wir reden hier vom analytisch deduktiven Teil des Ego-Systems.

Und wir haben den anderen, den emotional anhaftenden Aspekt. Dieser Teil setzt Wertmaßstäbe in Bezug auf sich selbst. Es ist der Teil, der sich von anderen abgrenzt dadurch, dass er sich als anders, vorzugsweise besser empfindet als andere.

Aus dieser Abgrenzung resultiert eine persönliche Werthaltung, die ständig aufrechterhalten werden muss. Je wertvoller, desto besser. Und was erhält diesen Wert? Gewinne, Zuwendungen von außen. Sie können materieller oder immaterieller Natur sein, meist eine Kombination aus beiden. Je mehr materieller Reichtum, desto wertvoller bin ich – vermeintlich.

Das Ego hat sich einige Götzen auf den Thron gesetzt, denen wir nur allzu bereitwillig dienen. Sie heißen Geld, Ansehen, Macht. Das Ego will etwas sein und alles, was dieses „etwas sein" gefährdet, führt zu Reaktionen, die diese Gefahr abwehren.

Diese Reaktionen können proaktiv oder reaktiv sein, sie können „positiv" oder „negativ" sein. In jedem Fall aber entspringen sie einer „Ego-Notsituation", das heißt, das Ego kommt in Bedrängnis, will sich folglich schützen. Gleichzeitig gibt es auch eine „Ego-Präventivsituation". Sie liegt immer dann vor, wenn das Ego die Chance sieht, zu wachsen und sich zu vergrößern. Und auf eines können wir uns verlassen: Eine von beiden Situationen ist immer aktuell – und keine der Reaktionen, die das Ego entwirft, wird aus der Verbindung mit unserem Original entspringen.

In seinem berühmten Film „Im Auftrag des Teufels" mit Al Pacino und Keanu Reeves in den Hauptrollen behandelt der bekannte Hollywood-Regisseur Taylor Hackford genau dieses Thema: das Ego.

Ein intelligenter junger Strafverteidiger (Keanu Reeves) verhilft seinen Mandanten im Gerichtssaal in einer ununterbrochenen Erfolgsserie zum Sieg. Dass er dabei das Recht mit einigen Tricks „beugt", stört ihn wenig; für ihn zählt allein der Erfolg. Dieser führt ihn nach New York in eine große, finanzstarke Anwaltskanzlei, geleitet von einem charismatischen Juristen (Al Pacino), der seine Fäden weit über die eigene Kanzlei hinaus zieht. Er verkörpert – metaphorisch – das Ego, hier dargestellt als „Satan", Gottes gefallener Engel. Er fördert den jungen Anwalt und verhilft ihm nicht nur zu materiellem Reichtum, sondern auch zu Popularität. Die Medien interessieren sich für den jungen Mann und „machen" ihn zu etwas, das größer ist als die Menschen in seinem Umfeld. Unser junger Anwalt lässt sich verführen und verfällt klassischen Aspekten des Egos: Ehrgeiz, Eitelkeit, Gier. Er wirft praktisch sein Leben – und das seiner Frau – weg, um seine ununterbrochene Kette von Siegen nicht zu gefährden. Am Ende verliert er sich selbst, und nicht nur das: Er muss schmerzhaft erkennen, dass nur er allein die Verantwortung dafür trägt. Die Verlockungen des Ego, Geld und Macht, wurden ihm auf einem silbernen Tablett präsentiert. Er hat zugegriffen und ist am Ende gescheitert, als Folge seiner eigenen Entscheidungen, die er zu jedem Zeitpunkt getroffen hat. Er hätte sich auch anders entscheiden können.

Der Film verdeutlicht auf erschreckende Weise die Macht des Ego – aber auch, dass wir selbst es sind, die ihm diese Macht verleihen. Wie oft ergeht es Ihnen wie diesem Protagonisten? Wie oft geben Sie der Versuchung nach und nähren Ihr Ego („Ich bin besser als der andere.")?

Folgen Sie der Stimme der Fälschung und beruhigen gleichzeitig Ihr grummelndes Gewissen („Andere würden das auch machen, es merkt ja keiner, der Zweck heiligt die Mittel ...")? Oder widerstehen Sie der Versuchung, öffentliche Macht und Ansehen zu erkämpfen, und fühlen sich dadurch moralisch überlegen? Sind Sie also auf ethisch moralische Art besser?

Oder folgen Sie der Stimme des Originals und tun das, was zu tun ist, was Ihr innerer Wesenskern Ihnen vorgibt, und widerstehen dem Wunsch des Ego nach Lob und Anerkennung?

In unserer erfolgsorientierten kapitalistischen Gesellschaft stellt die Fälschung viele Fallen auf, um uns einzufangen. Sie heißen: Ansehen, Macht, Gier, Neid, Konkurrenzdenken, Unehrlichkeit, Lust; aber auch Unsicherheit, Zweifel, Zorn und – Angst.

Die Fallen des Ego

Das Ego an sich ist nicht das Problem. Es sei denn – wir tappen in die Falle. Das Problem an den Fallen ist ihre gute Tarnung. Meist bemerken wir sie erst, wenn wir schon mittendrin stecken. Wenn wir sie überhaupt bemerken ...

Und das Interessante an der Tarnung ist: Sie versteckt die Falle so gut, sie gestaltet die Falle so angenehm, dass ein Gefangener gar nicht merkt, dass er gefangen ist. Gefangen in seinen eigenen Vorstellungen, gefangen in seinen eigenen Gedanken und Träumen von Ansehen, Macht, Reichtum und Glück. Er versucht alles, um aus den Träumen Realität werden zu lassen und dann diese „Realität" bestmöglich abzusichern. Schließlich will er aus seinem schönen Traum nie wieder aufwachen. Und er tut etwas, was er bis jetzt vielleicht noch gar nicht bemerkt hat, was er aber spätestens dann bemerken wird, wenn er versucht, seine „Errungenschaften" in widrigen Zeiten zu retten: Er kämpft.

Irgendwann in unserem Leben kommen wir alle einmal in diese Situation: Wir sind so abhängig geworden von Anerkennung und Zuwendung von außen, dass wir fast jeden Kampf auf uns nehmen, um diese Anerkennung und Zuwendung zu bekommen, zu erhalten und zu vermehren.

Regisseur Taylor Hackford lässt Al Pacino in dem oben genannten Film genau das sagen: „Du steigerst den Appetit des Menschen bis zu dem Punkt, wo sein Wunsch ausreicht, um Atome spalten zu können. Du baust Egos auf so riesig wie Kathedralen, verbindest die Welt über Glasfaserkabel mit jedem x-beliebigen Egomanen, förderst auch noch die langweiligsten Träume mit diesen dollargrün vergoldeten Fantasien, bis jeder Mensch zu einem emporstrebenden Absolutherrscher wird."

Mit anderen Worten: Die Befriedigung des Ego nimmt die absolute Vorherrschaft ein. Sie formt unsere ganze westliche, kapitalistische Kultur.

Klingt das für Sie zu drastisch? Es ist drastisch – und durchaus auch zutreffend. Sicherlich nicht immer, und nicht immer zu hundert

Prozent. Doch jeder hat seinen Bereich, in dem er Herrschaft anstrebt. Besonders gut ist das in Beziehungen zu beobachten – seien es Arbeits- oder Partnerbeziehungen.

Barbaras Vater pflegte gelegentlich eine Hochzeitsanzeige in der Zeitung mit den Worten zu kommentieren: „Wer gegen wen?" Als Kind war ihr das unverständlich. Sie träumte den Traum vom großen Glück. Heute kann sie die versteckte Wahrheit in diesem Kommentar erkennen. Sind nicht die meisten Beziehungen, auch scheinbar romantische Liebesbeziehungen, zuerst versteckte und später offene Machtspiele? Einer wird gewinnen, und da jeder der Gewinner sein will, wird gekämpft.

Was anderes als das ist Mobbing oder Bossing in Unternehmen? Das Ego kämpft. Es kämpft nicht nur, um zu überleben, sondern um gut zu überleben. Im Zweifelsfall auf Kosten eines anderen. Wer immer das gerade sein mag.

Es gibt aber auch den umgekehrten Fall. Ich ziehe mich zurück, lasse einem anderen den Vortritt, handele moralisch und ethisch einwandfrei und schlage daraus Kapital. Ich bin vielleicht nicht so erfolgreich wie ein anderer, aber ich halte mich in jedem Fall für „besser". Möglicherweise bin ich sogar Opfer in einem intriganten Spiel, aber ich nutze mein Opferdasein, um anderen ein schlechtes Gewissen zu bereiten; das wiederum verschafft mir Befriedigung. Ist das nicht auch eine Form von Macht? Ist es die andere Seite der gleichen Medaille? Der Leser mag sich sein eigenes Urteil bilden.

Parallel zu den geschilderten Optionen gibt es eine andere Möglichkeit, erfolgreich und zugleich menschlich zu handeln – nämlich aus dem Original, der inneren Mitte heraus.

Worum es geht

Wie wir unser Original wiederfinden können, werden wir noch im Detail erklären. Vorher wollen wir eines klarstellen.

Wenn wir in diesem Kapitel Geld, Macht, Ansehen und Anerkennung als Verlockungen und als „Fallen" des Ego bezeichnen, dann bedeutet das nicht, dass wir Ihnen Ihren Erfolg, Ihren Wohlstand,

Ihr Ansehen nehmen oder die Freude daran verderben wollen. Das wäre ein Missverständnis.

Denn das genau ist *nicht* das Anliegen dieses Buches!

Wir sagen nicht: Um in Ihre innere Mitte zu kommen, müssen Sie auf Geld, Ansehen oder äußere Anerkennung verzichten. Wir sagen etwas anderes.

Wir sagen: Machen Sie sich nicht *abhängig* von Geld, Einfluss oder äußerem Erfolg. Kämpfen Sie nicht darum, streben Sie nicht danach und denken Sie nicht ständig darüber nach!

Kümmern Sie sich nur darum, dass Sie *leben* – dass Sie leben aus Ihrer Mitte heraus, aus dem Kontakt mit Ihrem inneren Wesenskern. Beruflich heißt das: *Tun* Sie einfach das, was nach Ihrem ehrlichen, tiefen Empfinden in Ihrer Situation, in Ihrer Verantwortung *jetzt* getan werden muss; tun Sie es – mit Engagement, mit Begeisterung oder zumindest mit innerer Entschlossenheit – doch denken Sie nicht an den Erfolg, den es bringen könnte.

Wir sind überzeugt: Wenn Sie so handeln, dann werden Geld, Erfolg und Anerkennung von selbst zu Ihnen kommen, ohne dass Sie darum kämpfen müssen!

3.2 Ihre Baustelle

Bereitschaft – die Basis des Aufbruchs

Wir haben gesehen: Erstens, es gibt Original und Fälschung. Zweitens, sie unterscheiden sich erst auf den zweiten Blick. Beide äußern sich in Empfindungen und Verhaltensweisen. Das Original repräsentiert ein Verhalten aus dem inneren Wesenskern, aus der eigenen Mitte, aus der Kraft des Höheren Selbst. Ein Leben aus dem inneren Wesenskern bedeutet natürliche Leichtigkeit.

Die Fälschung repräsentiert ein Verhalten aus dem „Ich", aus dem Ego. Das Ego ist getrennt vom inneren Wesenskern. Es ist das Bild, das wir uns von uns machen und das sich von anderen abgrenzen, das besonders sein will. Ein Leben aus dem Ego bedeutet Kampf.

So gut sich das Ego auch tarnt, es gibt eine Möglichkeit, es zurücktreten zu lassen und die Verbindung zum Original, zur inneren Stabilität und Stärke, wiederzufinden. Der Weg besteht darin, die Mechanismen des Ego – die Bilder und Vorstellungen, die es uns vorgaukelt, und die Fallen, die es uns stellt – zu durchschauen; sie zu sehen, ihre Funktionsweise zu erkennen und dann die bewusste Entscheidung zu treffen, dem Ego nicht zu folgen. Das kann eine winzige Entscheidung sein, hier und da; es kann auch eine große Lebensentscheidung sein. Darauf kommt es jetzt nicht an. Wichtig ist: Je öfter wir unsere inneren Mechanismen erkennen und uns bewusst gegen das Gewohnte entscheiden – im Alltag, in Kleinigkeiten, ganz nebenbei – um so mehr wird das Ego seinen Einfluss verlieren; um so mehr werden wir in der Lage sein, unabhängig von seinen Einflüsterungen selbstbestimmt und kreativ zu handeln.

Bevor Sie auf diesem Weg fortschreiten, sollten Sie jetzt einen Moment innehalten, in sich hinein spüren und sich eine Frage stellen, die für den weiteren Prozess von zentraler Bedeutung ist:

Sind Sie wirklich bereit dazu, diesen Weg zu gehen? Sind Sie wirklich bereit, die Fälschung zu entlarven, auch wenn das vielleicht mühsam und schmerzhaft sein kann – und das Original, ihren inneren Wesenskern, freizulegen?

Führen aus der Mitte bedeutet, aus dem Original zu führen, aus einer tiefen inneren Stabilität und Souveränität. Es bedeutet, neue, aufregende Wege zu beschreiten, um zu neuen Ergebnissen zu kommen. Ergebnisse, die die Antwort auf viele der drängenden aktuellen Fragen sein werden. Ergebnisse, die ohne Frage Ihre persönliche Lebensqualität steigern werden.

Es bedeutet aber auch, sich von alten Gewohnheiten zu trennen. Es bedeutet, nicht nur das Außen, sondern auch das eigene Innen einer schonungslosen Prüfung zu unterziehen und mit neuer Klarheit zu sehen.

Und es bedeutet, ehrlich zu sich selbst zu sein und für das eigene Verhalten die volle Verantwortung zu übernehmen – auch, wenn das unangenehm ist.

Sind Sie dazu wirklich bereit?

Das, was wir hier beschreiben, kann einschneidende Folgen für Sie haben. Nach unserer persönlichen Erfahrung ist es der Königsweg zu mehr Lebensqualität für Sie selbst und in der Folge auch für die, für die Sie sich verantwortlich fühlen und die in Ihrem Umfeld leben.

Viele Menschen, mit denen wir gearbeitet haben, haben das für sich erfahren. Die meisten von ihnen sind Führungskräfte mit weit reichender Verantwortung. Feedbacks wie: „Die Dinge gehen leichter, obwohl sich äußerlich nichts geändert hat"; oder: „Ich habe mehr Zeit, obwohl die Arbeit immer mehr wird"; oder: „Das Klima in der Abteilung ist deutlich besser geworden, die Fluktuation ist inzwischen praktisch gleich Null"; oder: „Die Fehlerquote ist gesunken", sind nur einige Hinweise auf die möglichen Auswirkungen.

Der Erfolg spricht für sich, doch wie alles im Leben hat er seinen Preis: das Erkennen und Loslassen von Konzepten, die nicht mehr dienlich sind.

Dazu werden Sie nur in der Lage sein, wenn Sie wirklich bereit sind, diesen Weg zu gehen. Wie Sie auf den Weg kommen, schildern wir in diesem Buch. Nur: Gehen müssen Sie selbst.

Es ist wichtig und hilfreich, wenn Sie eine verbindliche Vereinbarung mit sich selbst treffen. Ein halbherziges: „Ja, ich mach's mal", wird Sie nicht weiterbringen. Entweder, Sie gehen den Weg, oder Sie gehen ihn nicht. „Ich bin ihn fast gegangen", heißt, Sie sind ihn nicht gegangen.

Deshalb, bevor Sie sich entscheiden, legen wir Ihnen noch einige Fragen ans Herz, die Ihnen zu mehr Klarheit verhelfen können.

- Was hat es Ihnen bisher gebracht, aus dem Ego heraus zu handeln? Welchen Nutzen hatten Sie davon? Seien Sie ehrlich! Unterschätzen Sie nicht die Verlockungen. Das Gefühl, „jemand zu sein", dazuzugehören, geliebt und anerkannt zu sein, erfolgreich zu sein, materiell gesichert zu sein und so weiter, bestimmt häufig unser Lebensglück und ist der Motor für unsere Aktivitäten. Wir sagen definitiv nicht, dass Sie das alles aufgeben müssen. Wir sagen allerdings, dass vieles anders werden wird. Sind Sie dazu bereit?
- Wäre es nicht bequemer, alles beim Alten zu belassen, auch wenn es da zurzeit vielleicht Probleme und Schwierigkeiten gibt?
- Gehören Sie zu den Menschen, die erkannt haben, dass die Probleme, denen unsere Gesellschaft gegenüber steht, nicht mehr mit den herkömmlichen Mitteln beseitigt werden können. Und sind Sie bereit, neue Wege zu beschreiten?
- Sind Sie dazu auch dann bereit, wenn es bedeutet, alles, was Sie bisher gelernt und praktiziert, was sie für richtig und vernünftig gehalten haben, auf den Prüfstand zu stellen?

- Sind Sie bereit, das Original wiederzuentdecken, auch wenn Sie nicht genau wissen, was auf Sie zukommt? Sind Sie bereit, einen Weg zu gehen, von dem Sie heute noch nicht wissen, wohin er Sie führen wird? Unterschätzen Sie nicht diese Herausforderung! Vermeintlich sichere Wege zu verlassen und sich auf wirkliches Neuland zu wagen, ist ein Schritt, der unserem Sicherheitsbedürfnis widerspricht und Mut und Entschlusskraft erfordert.
- Sind Sie bereit, ein anderes Paradigma, ein anderes Denk- und Verhaltsmuster, auch für Ihr eigenes Leben zu finden?

Noch einmal zur Erinnerung: Bei diesem Weg geht es nicht darum, neue Konzepte oder Methoden auswendig zu lernen. Es geht darum, das eigene Innere zu erforschen und neu zu entdecken.
Es geht darum, das wieder zu sehen, was immer schon da war. Es geht um die bewusste Verbindung mit unserem inneren Wesenskern. Mit unserer Seele.

Wenn Sie jetzt für sich erklären, dass Sie bereit sind, dann lassen Sie uns starten.

Und denken Sie daran – dies ist die gute Nachricht zum Thema Bereitschaft: „Bereit sein" heißt nur, bereit zu sein. Es heißt nicht, keine Fehler machen zu dürfen. Es heißt auch nicht, keine Zweifel haben zu dürfen. Es heißt nicht einmal, mit allem einverstanden zu sein. Es heißt nur: bereit zu sein für ein Abenteuer!

Das Werkzeug des inneren Restaurators

Erinnern Sie sich an das Gleichnis vom mittelalterlichen Fresko im Refektorium? „Mit Messerchen und Pinsel" ließen die Mönche Farbschicht für Farbschicht von ihren „Fälschungen" abtragen, hatten wir dort geschrieben.

Sie stehen jetzt kurz davor, im Umgang mit ihren inneren Fälschungen denselben Prozess zu beginnen. Denn zwei Etappenziele, die wir zu Beginn dieses Kapitels angepeilt hatten, haben sie jetzt erreicht. Sie haben grundsätzlich verstanden, dass es in unserem Inneren Original und Fälschung gibt. Und sie haben nach sorgfältiger Prüfung festgestellt, dass Sie bereit sind, sich an Ihre Fälschung heranzumachen, sie „abzukratzen“ und nach dem Original zu forschen.

In der dritten und längsten Etappe geht es nun darum, diese „Restauratoren-Arbeit“ in Ihrem Alltag, in Ihrem ganz persönlichen Leben, praktisch zu leisten. Es geht darum, die Fälschung im Detail zu erkennen und beiseite zu legen, damit das Original seine Kraft wieder in vollem Glanz entfalten kann.

Bleibt noch die Frage: Was ist das Handwerkszeug, mit dem wir das tun? Was sind die „Messerchen und Pinsel“, mit denen wir unserer inneren Fälschung zu Leibe rücken können?

Das Werkzeug heißt: Aufmerksamkeit.

Das Werkzeug, mit dem wir die Schichten unserer inneren „falschen Bilder“ erkennen und abkratzen können, ist der bewusste Blick nach innen – das aufmerksame Hinsehen und Beobachten dessen, was in uns ist. Was denken Sie? Was sind Ihre Vorstellungen und Überzeugungen – zum Beispiel davon, wie Führung auszusehen hat oder wie ein Unternehmen funktionieren muss? Wie verhalten Sie sich in den unterschiedlichsten Situationen, und was steuert dieses Verhalten?

Es geht darum, all Ihre Vorstellungen und Konzepte anzuschauen – auch die zunächst unbewussten – und sie auf ihren Wahrheitsgehalt und auf ihre Praktikabilität hin zu überprüfen.

Es geht nicht darum, andere zu bekehren, und erst recht nicht darum, den eigenen Standpunkt zugunsten anderer zu verleugnen. Es geht auch nicht darum, Vorstellungen und Gedanken zu unterdrücken oder gar auszuradieren im Stile einer Gehirnwäsche. Das ist schon deshalb nicht zielführend, weil es gar nicht möglich ist. Haben Sie schon einmal versucht, Ihrem Verstand ein anderes Denken zu befehlen? Wenn Sie zum Beispiel an eine geliebte Person denken, von der Sie gerade getrennt sind und nach der Sie sich sehnen, können Sie dann diese Gedanken einfach abschalten? Oder drängen sich diese Gedanken immer wieder auf und fachen die Sehnsucht weiter an?

Wir alle haben die gleichen Erfahrungen gemacht: Gedanken einfach abschalten, so als ob wir einen Schalter umlegen würden, ist kaum möglich. Es ist aber sehr wohl möglich, die Gedanken und Konzepte zu beobachten und sie dadurch bewusst zu machen. Es ist möglich, sie zu untersuchen und zu hinterfragen – zu erkennen, woher sie kommen und welchem wirklichen Zweck sie dienen. Es ist möglich zu erkennen, warum wir uns so verhalten, wie wir uns verhalten und ob unsere Gedanken und Vorstellungen eher konstruktiv oder eher destruktiv sind, ob sie uns eher nützen oder schaden.

Und dann ist es möglich, eine Entscheidung zu treffen. Nämlich bestimmte Gedanken zu vertiefen und bewusst weiter zu verfolgen – andere dagegen vorbeiziehen zu lassen und nicht zu beachten, kurz: nicht an ihnen hängen zu bleiben.

Aber jenes „Loslassen" steht am Ende der Restauratoren-Arbeit und dieses Buches. Erst einmal – und das ist spannend genug – geht es darum, die „Fälschungen" zu erkennen und zu analysieren.

Wie arbeitet sie, und wo und wie können wir ansetzen, um die Fälschung zu entlarven und wieder in Harmonie mit dem Original zu kommen. In Harmonie mit der essenziellen Energie, die auch uns aus der Mitte heraus führt, wenn wir es zulassen.

Konstruktive und zielgerichtete Veränderung kann nur dann erfolgen, wenn wir wissen, was genau und an welcher Stelle verändert werden soll. Um das festzustellen, hilft uns das Werkzeug, das wir jederzeit und an jedem Ort zur Verfügung haben: unsere Aufmerksamkeit.

Ohne Krücken gehen

Praktische Hinweise für Ihre innere Restauratoren-Arbeit werden wir Ihnen gleich geben. Um noch einmal deutlich zu machen, worum es uns geht – und auch zur Entspannung zwischendurch –, wollen wir Ihnen vorher noch eine Geschichte erzählen, die wir bei Jabrane Mohamed Sebnat gefunden haben.

Es ist die Geschichte von Kaiser Agram und seiner Krücke.

„Vor langer, langer Zeit regierte ein Kaiser namens *Agram* über ein großes Reich. Es war ihm gelungen, weite Landstriche und Meere zu erobern. Mit Hilfe seiner Regierung und seiner Armee schuf er ein ausgeklügeltes System zur Kontrolle und Organisation seines Reiches und zur Beherrschung seiner Untertanen. Agram war ein mutiger und gastfreundlicher Patriarch. Er leitete die Staatsgeschäfte mit Autorität, Stärke und manchmal Gewalt. Kritische Standpunkte ließ er bei seinen Untertanen nicht zu; wer nicht völlig loyal war, setzte sein Leben aufs Spiel. Agrams Königreich lebte wirtschaftlich und politisch im Überfluss und wurde von all seinen Nachbarn darum beneidet.

Eines Tages veranstaltete Agram für seine engeren Mitarbeiter eine Treibjagd. Er war ein erfahrener Jäger, aber an diesem Tag fiel er so unglücklich vom Pferd, dass er sich sein rechtes Bein brach. Agram musste mehrere Wochen stillliegen, bevor er, mit Hilfe einer Krücke, wieder gehen konnte. Er war sehr enttäuscht und niedergeschlagen darüber, dass er nicht mehr so sein konnte wie zuvor. Dem Kaiser in ihm schien diese Behinderung unannehmbar, und er rief alle Chirurgen, Ärzte, Heiler und Knochenspezialisten seines Reiches zu sich, um Hilfe zu finden. Sie taten ihr Bestes, aber keiner konnte es dem König ermöglichen, ohne Krücke zu gehen.

Wochen- und monatelang war Agram zutiefst niedergeschlagen und verlor jede Freude am Leben. Er vernachlässigte völlig die Staatsgeschäfte, und in seiner Regierung wuchsen Unruhe und Sorge über die schädlichen Folgen dieses plötzlichen Machtvakuums im Reiche. Schließlich berief der Kanzler eine außerordentliche Sitzung der gesamten Regierung ein. In dieser Versammlung wurde beschlossen, dass für alle Regierungsmitglieder und ihre Mitarbeiter, zum Zeichen der Solidarität mit dem Kaiser, von nun an das Gehen an Krücken verbindlich sei. All diejenigen, die diese Entscheidung übertrieben oder gar lächerlich fanden, wurden mit sofortiger Wirkung aus dem Kreis der engen Mitarbeiter ausgeschlossen.

Nach und nach wurde so das Gehen mit Krücken zur Gewohnheit und verbreitete sich in den Familien der Regierungsmitglieder, unter ihren Freunden und bei den Beamten in allen Gebieten des Reiches. Einige Jahre später wurde das Krückengehen durch ein kaiserliches Dekret verpflichtend für alle Bewohner.

Ein neu geschaffenes Ministerium übernahm die Oberaufsicht für Produktion und Auslieferung der Krücken. Überall im Reiche wurden

Fabriken, Läden, Informationsstellen und Ausbildungszentren für die Kunst des Krückengehens eröffnet. Die denkwürdige Einführung dieses magischen Gegenstandes in die Gebräuche des Reiches wurden alljährlich an einem Nationalfeiertag gebührend gewürdigt, der auf den Jahrestag von Agrams Sturz vom Pferd festgelegt wurde.

Hin und wieder kam es auch vor, dass jemand sich weigerte, an der Krücke zu gehen. Solche Menschen wurden von den Sonderpolizeieinheiten des ‚Ministeriums für Angemessenes Gehen' inhaftiert oder des Reiches verwiesen. In der Organisation wurde nichts dem Zufall überlassen; eigene Abteilungen an den Universitäten und Schulen gewährleisteten die Aus- und Weiterbildung der jungen Generation im Krückengehen.

Nach Agrams Tod setzten seine Nachfolger die Tradition des Krückengehens fort. Fabriken und Kunsthandwerker stellten Krücken verschiedenster Arten und Formen her, aus Gold, Silber, Messing, Holz, Plastik oder sogar aus Stein. Allerdings wurden die steinernen Krücken aufgrund ihres Gewichtes nur zur Dekoration oder als Ausstellungstücke in Museen verwendet.

Das Krückengehen war so natürlich geworden, dass niemand im Reiche des verstorbenen Agram sich ein Leben ohne Krücken vorstellen konnte – bis eines Tages in einer sehr armen Familie ein außergewöhnliches Kind geboren wurde. Schon früh war dieser Junge sensibel und zeigte einen sehr freien Geist. Als er heranwuchs, weigerte er sich, die Kunst des Krückengehens zu erlernen. Es machte ihm nichts aus, anders zu sein als die übrigen Kinder.

Seine armen Eltern machten sich große Sorgen wegen seiner Zukunft und versuchten mit allen Mitteln, ihn in der traditionellen Gehweise zu schulen. Aber der Kleine war dickköpfig. Natürlich musste vermieden werden, dass die Behörden Kenntnis erhielten von der Weigerung des Kinds, das Krückengehen, eine der bedeutendsten Gewohnheiten dieser Gesellschaft, zu erlernen. Die Eltern zogen deshalb einen weisen Mann zu Rate.

Dieser erkannte in dem Kind sofort den lang ersehnten Befreier, der das Volk von Obskurantismus und Ignoranz retten sollte, die Agram und seine Nachfolger verbreitet hatten. Er riet den Eltern, in eine weit entfernte Gegend ins Exil zu gehen. Nur so könnten sie das Leben ihres Kindes retten und sich um seine Erziehung kümmern.

Schweren Herzens folgten sie diesem Rat. Sie machten sich auf den Weg nach Süden, bis sie zur Wüste kamen, wo sie sich in einer fast unbewohnten Oase niederließen. Ihr Sohn *Nemen* wuchs heran und lernte ohne Krücken zu gehen. Auch seine Eltern, die Nachbarn und alle, die auf ihren Reisen in die Oase kamen, lernten von ihm, ohne Krücken zu gehen. Nemen empfing häufig Inspirationen, Visionen und Träume, die ihm dabei halfen, das natürliche Gehen weiterzuentwickeln und zu perfektionieren. Sein tiefer Kontakt zur Natur, zur Oase, zu den Tieren gab ihm Zuversicht und Mut, seine Studien fortzusetzen.

Als Nemen erwachsen wurde, beherrschte er die Kunst, natürlich und ohne Krücken zu gehen. Eine kleine Gruppe von Forschern hatte sich um ihn versammelt. Sie alle wollten ernsthaft lernen, sich von der Last ihrer Krücken zu befreien. Bald kam auch der Geheimpolizei des ‚Ministeriums für Angemessenes Gehen' die Kunde von diesem Unruhestifter zu Ohren. Nemen und seine Schüler zogen sich in den Untergrund zurück. Sie verteilten sich im ganzen Reich und begannen, geheime Schulen zu gründen, in denen sie die Menschen lehrten, auf zwei Beinen zu gehen. Selbstverständlich wurden sie von der Polizei gesucht.

Stellen Sie sich nur einen Augenblick vor, Millionen von Reichsbewohnern würden plötzlich ohne Krücken gehen. Hunderte von Fabriken müssten schließen, Tausende von Arbeitern würden ihre Stelle verlieren. Zahllose Unternehmen im ganzen Reich müssten Konkurs anmelden. Ganze Wirtschaftszweige würden zusammenbrechen. Die Forschungsabteilungen der wichtigsten Universitäten des Reiches würden ihre Subventionen verlieren. Erziehung, Religion und Sozialsystem würden in Frage gestellt.

Die Vernunft veranlasste die Regierung, die Tradition der Vorfahren aufrechtzuerhalten. Eine Veränderung würde nur Unruhe erzeugen und für die gesamte Gesellschaft schwierige Fragen aufwerfen. Darüber hinaus war der Glaube an die Krücken beim größten Teil der

Bevölkerung so stark verankert, dass die allermeisten Menschen sich ohnehin nichts anderes vorstellen konnten. Und dennoch fuhren Nemen und seine Schüler heimlich fort, ihre Methoden zu unterrichten in der Hoffnung, dass eines Tages ihre Mitbürger von der Last der Krücken befreit sein würden..."

Wir möchten Sie ermutigen: Gehen Sie in Ihren eigenen Untergrund! Erforschen Sie die Machenschaften Ihres persönlichen „Ministeriums für Angemessenes Sein" und testen Sie, wie in dieser Sufi-Geschichte illustriert, Ihre Möglichkeiten, ohne Krücken zu gehen.

Die Inspirationen, die Sie auf dem Weg brauchen, werden Sie beim Gehen selbst empfangen. Praktische Tipps und „Wegweiser" finden Sie in den folgenden Kapiteln.

4.
Was ist zu tun?
Eigenverantwortung

Fassen wir noch einmal zusammen. Die meisten unserer ganz alltäglichen Schwierigkeiten entstehen, weil wir uns unbewusst konditioniert haben, ständig gedanklichen Konzepten zu folgen – Konzepten, die uns den Zugang zu den wahren Anforderungen einer Situation und zu den wirklichen Bedürfnissen und Intentionen der Beteiligten verstellen. Diese Konzepte beinhalten Ideen und Vorstellungen darüber, wie wir zu sein haben und wie die anderen zu sein haben; wie die Welt zu sein hat und wie nicht. Wir sind voller vorgefertigter Meinungen darüber, was richtig und was falsch ist; was erlaubt ist und was nicht erlaubt ist; was ethisch, was moralisch einwandfrei ist oder was auf jeden Fall inakzeptabel und verwerflich ist. Wir glauben zu wissen, was funktioniert und was nicht, was sein muss und was auf keinen Fall sein darf. Kurz: Unser Kopf beherbergt eine Fülle von individuellen und kollektiven Überzeugungen, denen wir folgen – statt kreativ aus der Situation heraus zu handeln, aus dem tiefen Wissen unseres inneren Wesenskerns.

Nun können wir nicht einfach einen Hebel im Gehirn umlegen und die Gedanken abschalten, die uns überfluten; das ist weder möglich, noch wäre es wünschenswert. Aber wir können uns unsere Gedanken und inneren Glaubenssätze bewusst machen; wir können ihre Hintergründe erforschen, ihre Ursachen und ihren Wahrheitsgehalt hinterfragen. Das nimmt ihnen viel von ihrer unterschwelligen Macht, und wir gewinnen die Freiheit, auch anders zu handeln, als wir es gewohnt sind – spontaner, kreativer, mehr aus unserer Mitte, aus unserem Original heraus. Das sind die Grundlagen, die wir in den bisherigen Kapiteln dieses Buches erläutert haben.

Was aber heißt das konkret? Wie können wir lernen, der Fälschung auf die Spur zu kommen und wieder ohne Krücken zu gehen? Vor allem: Was sind das für Gedanken und Konzepte, mit denen wir uns selbst immer wieder auf falsche Fährten locken? Was sind die typischen Fallen, in die wir immer wieder tappen, wenn wir Führungsaufgaben wahrnehmen wollen – sei es als Gruppen-, Team- oder Projektleiter, als Abteilungsleiter, Vorstand oder Geschäftsführer, als Firmengründer und Unternehmer, vielleicht auch als Politiker, Verbandsfunktionär oder Familienoberhaupt?

In den kommenden Abschnitten werden wir Sie Schritt für Schritt zu den wichtigsten praktischen Themen führen, die den Weg zu Ihrem inneren Wesenskern markieren. Wir werden Sie begleiten. Wir werden mit Ihnen gemeinsam ein Stück dieses Weges gehen, und wir werden Ihnen helfen, die Schwierigkeiten zu meistern, die sich Ihnen vermutlich in den Weg stellen werden.

Wir beginnen gleich mit einem brisanten Begriff, den die meisten Menschen als eine Belastung empfinden. Dabei ist dieser Begriff die Grundlage unseres Weges und die Quelle größter Hoffnung.

Es geht um das Thema: Verantwortung.

4.1 Verantwortung – mehr als ein Schlagwort

Verantwortung ist ohne Zweifel ein Schlüsselbegriff in den öffentlichen Debatten unserer Zeit. Johannes Rau, damals noch Bundespräsident, hat diesem Thema seine große Berliner Rede vom 12. Mai 2004 gewidmet, auf die wir schon hingewiesen haben: Er wollte zur Verantwortung mahnen – und gleichzeitig darauf hinweisen, dass der Umgang mit dem Begriff Verantwortung in unserer Gesellschaft oftmals ein merkwürdiger ist.

Wir sind es gewohnt, dass auch und gerade Führungskräfte viel von Verantwortung sprechen – in Wahrheit aber Verantwortung vermeiden. Zwei Vermeidungsstrategien sind besonders beliebt.

Vermeidungsstrategie 1:

In Politik und Wirtschaft erleben wir immer wieder, dass Menschen, in deren Verantwortungsbereich gravierende Fehler passiert sind, „die Verantwortung übernehmen" und – gehen. Sie verlassen ihren Funktionsbereich. Meist mit einem goldenen Handschlag. **Das ist keine Verantwortung. Das ist Flucht!**

Wirkliche Verantwortung wird erst dann übernommen, wenn die Betreffenden dafür sorgen, dass die Missstände, die durch ihr Verhalten hervorgerufen wurden, wieder beseitigt werden. Es kann nicht Aufgabe eines Nachfolgers sein, die Fehler seines Vorgängers auszubügeln, nachdem dieser fluchtartig die Bühne verlassen hat – getarnt als Übernahme der Verantwortung. Mit Verantwortung im eigentlichen, tiefen Sinn hat das nichts zu tun.

Sie stimmen uns zu – und freuen sich, dass diese Kritik nicht Sie betrifft; denn Sie hat noch niemand mit goldenem Handschlag aus der Verantwortung entlassen? Freuen Sie sich nicht zu früh: Der nächste Punkt betrifft garantiert auch Sie. Denn häufiger, alltäglicher und jedem von uns zur Genüge bekannt ist.

Vermeidungsstrategie 2:

Die andere beliebte Form der Flucht aus der Verantwortung ist die Schuldzuweisung an äußere Umstände oder Personen. Wenn mein Verhalten nicht zu den gewünschten oder geplanten Ergebnissen führt, verschiebe ich die Verantwortung dafür auf andere Menschen oder externe Faktoren. „Wären die Rahmenbedingungen anders gewesen, hätte ich mein Projekt erfolgreich abgeschlossen ..."

Im Gegensatz zu dem ersten Beispiel, in dem wir uns durch aktives Handeln (Verlassen der Bühne) aus der Verantwortung ziehen, kommt im zweiten Beispiel die passive Variante zum Einsatz. „Ich würde gern, aber die Umstände lassen mich nicht ..."

Der amerikanische Entwicklungsphilosoph Andrew Cohen hat darauf hingewiesen, dass das, was wir hier als Vermeidungsstrategie bezeichnen, heutzutage geradezu ein gesellschaftliches Phänomen ist. Im Grunde seien wir Nordeuropäer besonders privilegiert, sagte er im März 2003 bei einer Konferenz mit mehr als 200 Spitzenmanagern in Kopenhagen: Wir haben weltweit den höchsten Lebensstandard, die größte politische und religiöse Freiheit, sogar die größte persönliche Freiheit. Kurz: Wir haben all das, wovon Generationen vor uns geträumt und wofür sie gekämpft haben.

Dennoch wächst die persönliche Unzufriedenheit dramatisch. Studien deuten darauf hin, dass im Bundesdurchschnitt mehr als fünfzig Prozent der Arbeitnehmer in der inneren Kündigung sind. Depressionen und psychosomatische Krankheiten nehmen zu. Der Punkt ist: Wir Nordeuropäer beschäftigen uns exzessiv mit unserer eigenen „Misere"; dementsprechend fühlen wir uns miserabel; und die Schuld daran geben wir den äußeren Umständen, obwohl die – von außen betrachtet – keineswegs miserabel sind.

Warum wir das tun? Weil wir glauben, dass wir uns besser fühlen, wenn wir die Last der Verantwortung von uns abwälzen können. Dabei übersehen wir aber, dass wir uns mit diesen Gedanken zu Opfern der äußeren Umstände machen. Und das ist höchst misslich – besonders für Führungskräfte, die eigentlich doch das Gegenteil tun wollen, nämlich souverän handeln, Spielräume nutzen und, wann immer möglich, die äußeren Umstände mit gestalten und verändern.

Auf dem Weg zum Original, auf dem Weg zu einer souveränen Führungskraft, brauchen wir folglich ein tieferes Verständnis von Verantwortung. Ein Verständnis, das uns unsere Kreativität und Handlungsfreiheit zurückgibt. Um dorthin zu gelangen, sollten wir uns zunächst an folgende, auf den ersten Blick vielleicht bittere Wahrheiten erinnern:

Die beiden beliebtesten Strategien im Umgang mit Verantwortung führen tatsächlich zur Flucht aus der Verantwortung. Einmal im Gewand des Helden, einmal im Gewand des Opfers.

Verantwortung übernehmen heißt nicht, zu lamentieren und wegzulaufen oder zu schimpfen und anzuklagen. Es heißt auch nicht, Schuldige zu finden und zu bestrafen. Es heißt vielmehr, den Anforderungen, die das Leben stellt, konstruktiv zu begegnen. Wir haben alle Voraussetzungen, das zu tun, und der Anfang liegt bei jedem selbst. In voller Eigenverantwortung.

Wenn Sie sich entschieden haben, die Fälschung zu entlarven und die bewusste Verbindung mit Ihrem inneren Wesenskern wieder aufzunehmen, ist Eigenverantwortung die Basis. Sie bildet den Teppich, auf dem Sie laufen.

Wir beginnen deshalb unseren Rückweg zum Original mit der Übernahme der eigenen Verantwortung für alles, was unmittelbar mit uns zu tun hat: für unsere Gedanken, Handlungen und Gefühle. Das hat sehr persönlich Konsequenzen. Es bedeutet mehr, als auf den ersten Blick angenommen, mehr, als landläufig gedacht, und vor allem mehr, als üblicherweise praktiziert wird.

Und es eröffnet mehr Chancen, als wir gemeinhin ahnen.

4.2 Leitsatz 1: Du hast immer die Wahl

Leben ist aussuchen.
Kurt Tucholsky

Handlungen – Aktivität mit Folgen

Wofür tragen wir die Verantwortung?
Beginnen wir mit dem einfachsten Punkt, den Handlungen. Hier ist das Prinzip der Eigenverantwortlichkeit noch am ehesten nachvollziehbar. Der Kernsatz, dem spontan wohl jeder zustimmen wird, lautet schlicht: „Ich bin für meine Handlungen verantwortlich."

Und jede Handlung verursacht eine Reaktion, wodurch sich die Verantwortung über das eigentliche, selbst initiierte Handeln hinaus ausdehnt und die Ergebnisse dieses Handelns mit einschließt. Der verantwortlich Handelnde übernimmt die Verantwortung sowohl für seine Handlung als auch für die daraus resultierenden Folgen. Entsprechen die Folgen nicht den gewünschten oder erwarteten Ergebnissen, liegt es wiederum in der Verantwortung des Handelnden selbst, in Zukunft die Ursache, also die Handlung zu modifizieren.

Was in der Theorie so selbstverständlich und logisch erscheint, wird in der täglichen Praxis nur allzu leicht vernachlässigt. Den Mechanismus kennen wir alle: Negative Handlungsergebnisse verunsichern und machen Angst. In unserer Vorstellung entstehen die schlimmsten Befürchtungen bezüglich dessen, was in Folge dieses Ergebnisses geschehen könnte – und je weniger wir ursächlich damit zu tun haben, desto besser erscheint es uns. So laufen wir der Verantwortung davon und geben anderen, Menschen oder äußeren Umständen, ohne dass wir es wirklich wollen, Macht über uns.

Beispiele wie das folgende machen deutlich, was täglich in vielen Variationen geschieht: Ein Klient von uns und Mitglied der Geschäftsführung eines mittelständischen Handelsunternehmens hatte im Rahmen seines Aufgabenbereichs ganz offensichtlich einen Fehler gemacht. Das war allen Beteiligten – auch ihm selbst – klar. Aus Angst vor den Konsequenzen leugnetet er seine Beteiligung an dem Vorgang und provozierte damit Wut und Widerstand bei seinen Kollegen. Je größer der Druck der Kollegen wurde, je stärker die Anschuldigungen wurden, desto mehr leugnete er. Die Kommunikation war völlig gestört, und am Ende kam es zu einem handfester Krach.

Dabei wäre es ganz einfach gewesen, „mea culpa" zu sagen und die Angelegenheit zu bereinigen. Das erschien ihm jedoch nicht möglich – und sein Verhalten begründete er unter anderem auch mit dem Argument, dass „die anderen es doch auch so machen".

Das stimmt. Das Leugnen der Verantwortung erleben wir ständig. Sätze wie „Ich kann nichts dafür" und „Ich war es nicht" sind bei Erwachsenen genauso beliebt wie bei Kindern. Nur leider haben sie noch niemandem wirklich geholfen. Viel Druck, Streit und Angst könnten vermieden werden, wenn wir aus uns selbst heraus die Verantwortung für unsere eigenen Handlungen und deren Folgen übernähmen. Der positive Nebeneffekt: Dem Kontrahenten wird der Wind aus den Segeln genommen.

Dies alles ist leicht einzusehen. Wie aber steht es mit der Verantwortung für Handlungen, zu denen ich getrieben wurde? Was ist mit Handlungen, zu denen ich gezwungen wurde, durch Menschen oder Umstände? Was ist mit Handlungen, die im Affekt geschahen?

Jetzt wird es spannend. Denn auch für diese Handlungen gilt genau dasselbe.

Die Bewertung von Umständen als zwangsläufig oder unvermeidbar; die Beurteilung einer Situation als von Sachzwängen bestimmt; ein „Ich kann nicht anders, weil ...“: All diese Einschätzungen sind zunächst einmal Gedanken, und zwar *meine* Gedanken, die sich in meinem Kopf abspielen. Selbst wenn andere Menschen den gleichen Gedanken haben, ist es immer noch auch meiner.

Wenn mit uns mehrere Menschen die gleiche Idee, den gleichen Gedanken haben, lassen wir uns gern verleiten, diesen Gedanken als Allgemeingut anzusehen („Das denken doch alle“), und verlagern ihn somit von uns auf andere. In dem Moment neigen wir dazu, die persönliche Verantwortung für diesen Gedanken abzugeben, meist ohne uns dessen tatsächlich bewusst zu sein. Verstehen Sie, welche revolutionäre Kraft in dieser Erkenntnis steckt? Jeder Manager, der Sachzwänge für zwangsläufig hält, verstellt sich selbst den Blick auf mögliche Handlungsspielräume (seien sie auch noch so eng). Wer dagegen eigenverantwortlich denkt, sieht jede Situation als grundsätzlich veränderbar an und gewinnt Handlungsfreiheit zurück.

Das gleiche gilt auch für Handlungen, die im Affekt geschehen. Affekte sind Gefühle, die Handlungen provozieren – in aller Regel unbewusst und blitzschnell –, ohne dass wir sofort realisieren, was abläuft. Dabei liegt die Provokation zwar außerhalb von uns – doch wir sind es, die sich provozieren lassen. Für eine wirkliche Übernahme der Verantwortung ist es wichtig zu verstehen, dass handlungsauslösende Gedanken oder Gefühle immer *meine* Gedanken oder Gefühle sind. Es sind nicht die Gedanken oder Gefühle der anderen, die meine Handlung hervorgebracht haben. Auch hier bin *ich* der Urheber und damit der Verantwortliche.

Diese Aussage ist nicht so leicht nachzuvollziehen und widerspricht vielen kollektiven Glaubenssätzen darüber, wie Dinge ablaufen oder ablaufen sollten. Diese Glaubenssätze führen zu vielen Missverständnissen – und letztlich dazu, dass wir so schnell bereit sind, die Verantwortung abzugeben, ohne uns – und das ist besonders pikant – dessen bewusst zu sein.

Ein Missverständnis besteht darin, dass wir Ursache und Wirkung verwechseln. Es gibt eine Ursache (= Auslöser), und es gibt eine Wirkung (= Handlung). Die Verantwortung für die Handlung liegt immer bei uns – denn wir sind es, die auf den Auslöser reagieren. Wenn uns die Ergebnisse unbefriedigend erscheinen – und nur dann –, schieben wir die Verantwortung für die Handlung gern der *Ursache* zu, also einem externen Auslöser. Und für diesen fühlen wir uns meist nicht zuständig. Wir machen also unsere Handlung zur Wirkung einer Ursache, die wir außerhalb von uns ansiedeln. Folglich fühlen wir uns auch für die Handlung nicht verantwortlich.

Ein anderes häufiges Missverständnis liegt darin, dass wir Verantwortung an der falschen Stelle übernehmen wollen, wie das folgende Beispiel zeigt.

Einer unserer Gesprächspartner, ein Manager mit größerer Personalverantwortung, beschwerte sich sowohl bei uns als auch bei seinen Kollegen vehement über einige Missstände in seinem Unternehmen. Unglücklicherweise waren sowohl seine Kollegen als auch wir in diesem Fall die falschen Ansprechpartner; die Beschwerde war also völlig sinnlos. Obwohl ihm dies bewusst wurde, hielt er seine Äußerungen dennoch für wichtig. „Man kann nicht alles hinnehmen", sagte er, „man hat ja Verantwortung."

Ein Einzelfall? Nein! Beschwerdeführer dieser Art dürfte jeder Leser aus seinem Alltag kennen. Hier handelt es sich ganz offensichtlich um ein Missverständnis bezüglich des Verantwortungsrahmens. Unabhängig davon, dass Schimpfen allenfalls zu einem erhöhten Adrenalinspiegel oder zu schlechter Stimmung führt, ganz sicher aber nicht zu dem gewünschten Ergebnis, werden hier zwei Fragen übersehen, die wichtig für die Übernahme von Verantwortung sind:

1. Bin ich an der Situation ursächlich beteiligt und damit verantwortlich?
2. Bin ich in der Lage, durch meine Handlung etwas an der Situation zu ändern?

Grundsätzlich stimmt die Aussage: „Man hat ja Verantwortung." Im Falle des obigen Beispiels aber nur für die Handlung des sich Beschwerens, nicht für die Missstände selber.

Überprüfen Sie auch hier einmal ganz ehrlich Ihr eigenes Verhalten. Wie oft schimpfen *Sie* über Dinge, ohne dass Sie die Absicht oder die Möglichkeit haben, wirklich etwas zu verändern? Welchen Sinn hat es aber dann zu schimpfen? Geschieht es aus Affekt, oder aus falsch verstandenem Engagement? Ist es nur eine schlechte Angewohnheit, die bestenfalls verpufft, schlechtestenfalls aber kontraproduktiv und damit schädlich ist? Oder lenken Sie sogar – bewusst oder unbewusst – von Problemen in Ihrem eigenen Verantwortungsbereich ab?

Bringen wir die Dinge auf einen einfachen Nenner: Wenn Sie handeln, sind Sie für diese Handlung verantwortlich. Wer sonst sollte es sein? Wenn Sie einen Brief schreiben, sind *Sie* für die Handlung „Brief schreiben" verantwortlich. Auch dann, wenn Sie diesen Brief eigentlich nicht schreiben wollten und vielleicht auf Anweisung gehandelt haben. Der gesunde, zurechnungsfähige Mensch ist immer sowohl für seine Handlung verantwortlich, als auch für die daraus resultierenden Ergebnisse.

Wenn Sie bis hierher gefolgt sind, haben Sie den ersten Schritt zur Eigenverantwortung getan.

Gedanken – Selbstläufer im Gehirn

Um zur nächsten Stufe zu gelangen, schauen wir uns das an, was der Handlung vorausgeht: den Handlungsimpuls. Dieser ist entweder ein Gedanke oder ein Gefühl.

Was aber sind Gedanken? Physikalisch gesehen sind sie elektromagnetische Wellen, die sich über neuronale Verbindungen zu Bildern oder Vorstellungen zusammensetzen. Gedanken sind also zunächst einmal nicht-manifeste Energiewellen, die erst durch Handlungen zur Manifestation gebracht werden. Anders ausgedrückt, Gedanken sind in unserem Kopf aus Fraktalen zusammengesetzte Strukturen, deren wir uns – als einzige Spezies, soweit wir bisher wissen – bewusst sein können. Die Tatsache, dass wir uns dieser Gedanken bewusst sein können, dass wir uns Gedanken über Gedanken machen können, ist die Voraussetzung für unsere „Forschungsarbeit" unter dem Motto: Entlarve die Fälschung, finde das Original.

Entwicklungsgeschichtlich hat es etwa 15 Milliarden Jahre gebraucht, bis das menschliche Bewusstsein sich so weit entwickelt hatte, dass es in der Lage war, sich seiner selbst bewusst zu sein. Wir haben ein fulminantes Wissen angehäuft, und wir wissen, dass wir wissen.

Erkennen Sie die ungeheure Tragweite dieses evolutionären Schrittes? Wir wissen, dass wir wissen. Wir bewegen uns nicht als Schlafwandler durch unser Leben, sondern wir sind – symbolisch gesprochen – dazu in der Lage, „aus uns herauszutreten" und uns „von außen" zu betrachten und zu reflektieren. Wir können von außen auf unsere Gefühle und Gedanken schauen, können einen Schritt zur Seite treten und zusehen, wie unser Gehirn ununterbrochen Gedanken und Gefühle produziert. Diese Fähigkeit ermöglicht uns eine ungeahnte Freiheit. Wie das?

Außer in traumlosen Schlafphasen ist unser Leben in jedem Moment des Tages mit gedanklichen Vorgängen beschäftigt. Jede Sekunde ist angefüllt mit Erinnerungen, Vorstellungen, Analysen, Zukunftsphantasien und so weiter. Gedankliche Vorgänge beanspruchen tatsächlich ununterbrochen unsere Aufmerksamkeit. Die allermeisten Menschen können sich ihnen nicht entziehen.

Das klingt ganz so, als seien wir Menschen Sklaven unserer Gedanken – rund um die Uhr von ihnen beherrscht. Doch in 15 Milliarden Jahren Evolution haben wir eine entscheidende Fähigkeit entwickelt: Als Wesen, die sich ihrer eigenen gedanklichen Vorgänge bewusst sind, können wir entscheiden, welchen Gedanken wir unsere volle Beachtung schenken und welchen nicht. Wir können eine Wahl treffen zwischen Gedanken, denen wir folgen, die wir weiter denken und Gedanken, denen wir unsere Aufmerksamkeit – bewusst – nicht geben. Gedanken, denen wir bewusst nicht folgen, verlieren an Bedeutung. Sie mögen wieder und wieder auftauchen, und daran können und wollen wir sie nicht hindern. Aber wie machtvoll sie werden, ob wir ihnen zuhören und uns gar von ihnen beherrschen lassen, hängt einzig und allein von unserem Umgang mit ihnen ab. Wir können jeden Moment neu wählen, ob wir unseren Gedanken den Platz des Dieners zuweisen – oder ob wir ihnen die Herrschaft über uns überlassen.

Das bedeutet jedoch: Wir sind auch für unsere Gedanken verantwortlich – oder zumindest dafür, was wir aus unseren Gedanken machen und welche Gedanken wir durch Handlungen manifest werden lassen (sei es, dass wir einen Gedanken aussprechen, dass wir etwas tun, was wir vorher gedacht haben, oder dass ein Gedanke sich auch nur „nebenbei" in einer Geste, in einem Lächeln oder zum Beispiel in einem verächtlichen Tonfall ausdrückt).

Viele Handlungen entspringen unreflektierten Gedanken. Das sind Gedanken, über die wir uns keine Gedanken gemacht haben, ja oftmals ist uns nicht einmal bewusst, dass wir denken. Es hat eher die Qualität von „... es denkt in uns". Auch das enthebt uns jedoch nicht der Verantwortung für diese unreflektierten Gedanken oder für die aus diesen Gedanken resultierenden Handlungen. Es bedeutet nur, dass wir sie uns nicht bewusst gemacht und damit die Verantwortung nicht übernommen haben oder übernehmen.

Der Kernsatz lautet: Gedanken allein machen noch keine Handlung. Wir sind es, die handeln, und wir sind es, die denken. Für beides sind immer wir selbst verantwortlich. ICH bin verantwortlich!

Sehen Sie die weitreichenden Konsequenzen, die sich daraus ergeben? Die Betrachtungsweise mag ungewöhnlich und für viele neu sein, sie ist aber eine wichtige Voraussetzung für alles weitere. Wenn Sie sie durchdacht und nachvollzogen haben, haben Sie den zweiten Schritt zur Eigenverantwortung getan.

Gefühle – Nebelschwaden im Bauch

Wir sind für unsere Handlungen verantwortlich und auch für die Art und Weise, wie wir mit unseren Gedanken umgehen. Wie aber verhält es sich mit unseren Gefühlen? Wie die Gedanken kommen, so kommen auch die Gefühle. Kommen und gehen, kommen und gehen. Sie sind nichts, was wirklich Bestand hat. Bestand haben weder die negativen Gefühle, was wir in der Regel begrüßen („Gott sei Dank"), noch die positiven Gefühle, was wir in der Regel bedauern („wie schade"). Dennoch messen wir ihnen sehr viel Bedeutung bei. Und da ist sie wieder, die Verantwortung. *Wir* messen den Gefühlen Bedeutung zu. Gefühle an sich haben keine eigene Bedeutung sondern immer nur die, die wir ihnen geben.

Verantwortung für die Gefühle zu übernehmen, heißt, in Antwort auf die Gefühle zu sein. Hier spielt wieder unsere Fähigkeit der bewussten Reflexion und Reaktion eine Rolle, genauso wie bei den Gedanken. Wie reagieren wir auf unsere Gefühle? Lassen wir uns von ihnen beherrschen, oder lassen wir uns von ihnen unterstützen? Heißen wir unsere Gefühle willkommen, oder fürchten wir sie? Sind Gefühle von externen Faktoren abhängig, oder machen wir sie von externen Faktoren abhängig?

Das sind Fragen, die uns helfen können, genauer hinzuschauen und uns über die Natur unserer Gefühle bewusst zu werden. Und nicht nur das. Gefühle sind eng mit Gedanken verbunden, und es lohnt sich, auch diese Wechselwirkungen genauer zu beobachten – und die Handlungen, die dem Gedanken-Gefühle-Komplex entspringen. Damit es nicht zu abstrakt bleibt, hier ein Beispiel.

Nehmen wir an, Ihr Partner kommt auf Sie zu und „beleidigt" Sie. Stopp! Schon das ist eine Interpretation. Die Aussage Ihres Partners hat nur die Bedeutung, die Sie ihr geben. Also sollten wir besser sagen: Aufgrund Ihrer individuellen und kollektiv kulturellen Konditionierung interpretieren Sie die Äußerung Ihres Partners als Beleidigung. Dabei ist es unerheblich, ob viele andere die gleiche Reaktion zeigen würden. Es ist auch unerheblich, ob ihr Partner die Absicht hatte, Sie zu beleidigen. Entscheidend ist nur, wie Sie damit umgehen. Denn Sie haben die Wahl: Sie haben die Freiheit, ihren individuellen oder kollektiven Vorstellungen von Ehre und Beleidigtsein ein Schnippchen zu schlagen und anders zu reagieren als üblich.

Wir formulieren deutlicher und nehmen also an, dass Sie sich beleidigt *fühlen*. Diese Beleidigung löst automatisch ein anderes

Gefühl aus, sagen wir in diesem Beispiel Wut. Die Wut fühlt sich unangenehm an und soll möglichst schnell verschwinden. Aus diesem Grunde reagieren Sie – in welcher Form auch immer. Vielleicht verbitten Sie sich die Beleidigung, oder Sie schlagen selbst mit starken Worten zurück. Wie auch immer: Sie handeln mit dem Ziel, die Wut loszuwerden und sich wieder gut zu fühlen.

Dabei können Sie feststellen, dass folgender Mechanismus bei Ihnen abläuft. Der Verstand sagt sehr schnell, dass Sie eigentlich nichts für Ihre Handlung können, da der andere Sie ja beleidigt hat und somit der Urheber der Auseinandersetzung ist. Sie haben einen Schuldigen, und das ist die andere Person. Indem Sie die Schuld auf diese Person schieben, geben Sie erstens die Verantwortung für Ihr Handeln *und* für Ihr Gefühl ab – und glauben zweitens, dann „aus dem Schneider" zu sein. Nur leider funktioniert das nicht. Auch wenn Sie sich nicht für „schuldig" halten, so sind Sie das schlechte Gefühl noch nicht losgeworden. Die Wut ist immer noch da. Das Manöver der Schuldzuweisung, das in Wirklichkeit eine Abgabe der Verantwortung ist, hat ihr Ziel verfehlt. Etwas ist schief gegangen.

Kennen Sie das? Überprüfen Sie es bei sich. Es geht hier niemals darum, Aussagen einfach zu übernehmen oder abzulehnen. Es geht immer darum, bei sich selbst zu prüfen. Und Prüfen bedeutet Denken *und* Fühlen. Es gibt einen immensen Unterschied zwischen intellektuellem Verstehen und emotionalem Erfahren, es gibt einen immensen Unterschied zwischen Kopf und Bauch. Erst wenn Sie diesen Unterschied erkennen, wissen Sie, wo der Hebel anzusetzen ist, wenn Sie wieder tief in Ihre innere Mitte kommen wollen.

Hier noch eine kleine Übung zur Vertiefung.

Erinnern Sie sich an eine Situation, in der Sie wegen einer anderen Person so richtig wütend waren. Sie haben der anderen Person Ihre Meinung gesagt oder, auf welche Art auch immer, Ihre Wut zum Ausdruck gebracht. Was war danach? War die Angelegenheit ohne weitere Bedeutung oder noch Gesprächsthema? War dann alles vorbei, oder haben Sie abends Ihrem Partner davon erzählt? War auch abends noch Wut da? Wie viele Emotionen steckten noch in diesem Thema?

Und weiter: Fühlen Sie doch einmal jetzt, in diesem Augenblick, nach. *Fühlen*, nicht denken! Wie viel Emotion kommt in diesem Augenblick der Erinnerung wie auf Knopfdruck wieder hoch? Hat sich Ihre Einstellung zu dieser anderen Person verändert? Vielleicht nur kurzzeitig, oder sogar längerfristig?

Wie auch immer Sie sich verhalten haben, in der Situation und auch später: Sie werden festgestellt haben, dass ein Abreagieren, Schuld zuweisen oder was auch sonst Sie gewählt haben zu tun, nicht wirklich hilfreich ist. Warum ist das so? **Weil Sie an der falschen Baustelle buddeln!**

Die Wut, die Sie fühlen, ist *Ihre* Wut. Es hat eine internale Reiz-Reaktion-Kette stattgefunden, und es hat einen winzigen Moment der Entscheidung gegeben, in dem Sie nicht aufmerksam waren und sich von Ihren alten Konditionierungen Beleidigung (Angriff) – Wut – Handlung (Gegenangriff) haben einfangen lassen. Alle drei Kettenglieder Angriff, Wut und Gegenangriff sind aber *in Ihnen* entstanden. Sie kommen nur insofern von außen, als Sie einem äußeren Reiz gefolgt sind. Wie Sie auf den Reiz reagieren, was Sie daraus machen, ist einzig und allein Ihre Angelegenheit.

Noch einmal: Gefühle kommen und gehen. Wie Sie darauf reagieren, welche Antwort Sie darauf geben, liegt an Ihnen. Sie bestimmen ihre Reaktionen, was nichts anderes heißt als: Sie bestimmen, ob Sie glücklich sind oder nicht. Welch ein Geschenk! Welche Freude! Welche Freiheit!

Wenn Sie die ungeheure Tragweite erkennen können, die in dem bewussten Umgang mit Ihren Handlungen, Gedanken *und Gefühlen* steckt, sagen wir: wunderbar – Ihnen ist der dritte Schritt auf dem Weg zur Eigenverantwortung gelungen!

Wahlfreiheit statt Abhängigkeit

Den vierten Schritt vollziehen sie, wenn Sie die bisherigen Erkenntnisse zusammenfassen und für sich den folgenden Grundsatz formulieren: Die Umstände sind, wie sie im Moment sind. Wie ICH auf die Umstände reagiere, wie ich handele, denke, fühle, liegt immer in meiner Verantwortung – und das heißt: in meiner Entscheidung.

Achten Sie in jeder Situation zuerst auf Ihre inneren Reaktionen (Gedanken und Gefühle) und auf Ihre äußeren Reaktionen (Handlungen). Das ist der Bereich, über den Sie die volle Kontrolle haben. Danach können Sie sich den Umständen zuwenden und Einfluss auf die Dinge nehmen, die Sie verändern möchten. Aber bitte stets in dieser Reihenfolge. Die meisten ersparen sich den ersten Schritt und versuchen gleich, die äußeren Umstände zu verändern. Das kostet viel Kraft und Energie, und sehr oft, besonders wenn es sich um andere Menschen handelt, ist es gar nicht möglich. Vergeuden Sie nicht diese Energie. Sie haben eine große Verantwortung: Versäumen Sie nicht, sie da zu übernehmen, wo Sie und nur Sie diese Verantwortung uneingeschränkt übernehmen können und müssen – bei sich selbst.

Das alles hat zwei Konsequenzen. Die „schlechte" ist: Sie können nicht länger „Opfer" der Umstände sein. Der „Feind" ist nicht mehr länger „da draußen", und das beliebte Spiel, sich hinter anderen zu verstecken, hilft nicht mehr. Und dieses Spiel wird ständig gespielt. Hand aufs Herz: Wie oft haben Sie schon Situationen beobachtet oder waren selbst involviert, in denen die Hauptenergie auf die Suche nach dem Schuldigen verwandt wurde, statt auf die Suche nach der Lösung des Problems? Wie oft schon haben Sie Sätze gesagt wie: „Ich kann nichts dafür, weil ..."; oder: „Ich hätte ja gern, aber ich konnte nicht ..."; oder: „Ich wollte ja, aber die anderen haben nicht ..."; oder: „Hättest Du mich nicht provoziert, hätte ich anders reagiert ..." und viele ähnliche mehr? Wie oft schon haben Sie sich schlecht gefühlt, weil ein anderer Sie nicht so behandelt hat, wie Sie es sich gewünscht haben? Wie oft schon haben Sie darauf gewartet, dass ein anderer sich anders verhält, damit *Ihre* Probleme gelöst werden und es *Ihnen* besser geht? Und wie oft hat der andere Ihnen tatsächlich diesen Gefallen getan?

Solange Sie darauf warten, dass die Umstände und Personen so sind, wie Sie es gerne hätten, sind Sie abhängig von eben diesen äußeren Umständen und Personen. Schlimmer noch, Sie werden zum Opfer der Umstände oder des Verhaltens anderer. Wollen Sie das?

Nein, sicherlich nicht: Gerade in Führungspositionen kann und darf es nicht Ihr Interesse sein, sich von anderen abhängig zu machen. Deshalb lautet unser Appell: Spielen Sie nicht mehr mit bei diesem irreführenden Spiel! Setzen Sie bei sich selbst an – dann gewinnen Sie die größtmögliche Handlungsfreiheit.
Ein Standardbeispiel dafür ist das folgende.

Bei unseren Coaching-Gesprächen werden wir immer wieder mit der folgenden Situation konfrontiert: „Ich habe ein Problem mit diesem und jenem Mitarbeiter", sagt unser Gegenüber. Oder: „Meine Mitarbeiterin verhält sich nicht so, wie sie sollte" (was eigentlich heißt: „...wie ich es für richtig halte"). Und: „Wie kann ich dafür sorgen, dass er/sie sein/ihr Verhalten ändert?" Ja, es kommt sogar vor, dass gestandene Manager mit langjähriger Führungsverantwortung uns fragen: „Können *Sie* nicht dafür sorgen, dass dieser Mitarbeiter sich anders verhält?"

Kennen Sie solche Situationen? Was läuft in Ihnen ab, wenn Sie so denken? Im Klartext steht dahinter die Haltung: Der andere muss sich verändern, damit es mir gut geht. Nur – erstens weiß der andere möglicherweise gar nichts von diesem Wunsch; und wenn er davon weiß, bleibt die Frage: Sieht er es genauso und – wäre er bereit und in der Lage, sich zu verändern? Oder warte ich bis zum Sankt-Nimmerleins-Tag – und bleibe bis dahin unzufrieden? Wäre es nicht viel effektiver, ich würde mich vom Verhalten des anderen unabhängig machen und für mein Glück, meine Zufriedenheit selbst sorgen?

Wenn Sie wirklich die Verantwortung für sich übernehmen, erkennen Sie all die Versuche, sich selbst zu entlasten und sich besser fühlen zu wollen, indem Sie andere oder die Umstände belasten, als das, was sie sind: Irrtümer. Irrtümer darüber, wie Sie an Ihr Ziel kommen – sei dieses Ziel nun Zufriedenheit oder Erfolg oder etwas anderes. Der Schlüssel zu nachhaltigen Veränderungen ist nie im Außen zu finden.

Das klingt hart. Aber es birgt doch unglaubliche Chancen in sich. Denn die „gute" Seite der Medaille, die „gute" Konsequenz ist diese: Wenn Sie dort ansetzen, wo Sie wirklich etwas verändern können – bei sich selbst –, dann bekommen Sie die Fäden des Handelns wieder in die Hand. Sie werden zum aktiven Gestalter Ihres Lebens und Ihres Wohlbefindens.

In unserem Beispiel mit dem „widerspenstigen“ Mitarbeiter heißt das: Fragen Sie nicht, wie Sie „den Mitarbeiter ändern“ können. Denn das können Sie nicht! Fragen Sie ausschließlich, was in Ihnen vorgeht; welche – vielleicht unbewussten – Gedanken und Gefühle Ihr Verhalten prägen, und was Sie daraus für sich und die Situation lernen können.

Dieser Ansatz könnte in unserem Beispiel dazu führen, dass Sie sich Fragen stellen wie: Habe ich dem Mitarbeiter oder der Mitarbeiterin jemals in angemessener Form – verständlich, offen für seine Argumente, aber klar von meiner Seite – gesagt, dass und warum sein Verhalten mich stört? Wenn nein: Warum nicht? Warum vermeide ich dieses Gespräch? Wovor habe ich Angst? Wie kann ich diese Angst erkennen und mit ihr umgehen – und wie könnte dann ein Gespräch mit dem Mitarbeiter aussehen?

Oder Ihre Fragen könnten Sie in die folgende Richtung führen. Warum stört mich das Verhalten dieses Mitarbeiters so kolossal? Liegt es vielleicht daran, dass ich ihn als Konkurrenten empfinde und Angst vor ihm habe? Dass ich mich – bewusst oder unbewusst – frage, ob er meine Wünsche absichtlich ignoriert, um mich zu provozieren und so an meinem Stuhl zu sägen? Aber selbst wenn das so sein sollte: Selbst wenn er mein Konkurrent ist und an meinem Stuhl sägen will – warum habe ich dann Angst vor ihm? Bin ich mir meiner Sache nicht sicher? Habe ich Zweifel, ob ich gut genug bin auf meinem Posten? Ist mein Selbstbewusstsein angeschlagen? „Aber ich bemühe mich doch nach Kräften, in der Firma selbstbewusst aufzutreten“, mag an diesem Punkt eine Stimme in Ihnen sagen. Und das ist schon wieder eine Falle, die Sie sich stellen. Denn niemand kann Selbstbewusstsein auf Dauer vortäuschen. Wenn Sie sich jetzt im Alltag beobachten, werden Sie ohne Zweifel viele kleine Gesten, Worte oder Verhaltensweisen sehen, mit denen Sie Ihre Mitarbeiter unterschwellig und unbewusst erkennen lassen, dass Sie unsicher sind – ja, mehr noch: dass Sie angreifbar sind, weil Sie Ihre Unsicherheit nicht eingestehen, sondern verstecken wollen. Wenn Sie solche Momente nun genauer beobachten, können Sie Antworten auf die nächsten Fragen finden: In welchen Situationen fühle ich mich unsicher? Welche Zweifel nagen an mir? Und warum scheue ich mich, diese Zweifel offen zu zeigen und gelassen mit ihnen umzugehen?

Die Perspektiven dieses Ansatzes liegen auf der Hand. Wenn es Ihnen – in diesem Beispiel – gelingt, sich Ihrer selbst bewusster zu werden, wenn Sie sich nicht mehr nur *bemühen*, selbstbewusst aufzutreten, sondern wenn Sie nach und nach wirklich bewusster, souveräner, gelassen *sind* – dann wird sich automatisch auch das Klima in Ihrem Umfeld, das Verhältnis zu Ihren Mitarbeitern verändern. Und dann wird sich das Problem mit dem „widerspenstigen" Mitarbeiter lösen, auf die eine oder andere Weise. *Wie* es sich lösen wird, das müssen Sie nicht vorher wissen, das müssen Sie nicht planen: Das ist schlichtweg nicht Ihre Baustelle. Ihre Baustelle ist es, Ihr Verhältnis zu sich selbst zu klären.

Die Wichtigkeit dieser Erkenntnis kann nicht genug betont werden: Anstatt nach dem Schuldigen außerhalb von sich zu suchen und hilflos erleben zu müssen, was andere Ihnen „antun", konzentrieren Sie sich auf die Möglichkeiten, die Sie selbst (in sich!) haben, um das Problem zu lösen und die Situation zu meistern.

Wenn Sie das verstanden haben und nachempfinden können, haben Sie den vierten Schritt zur Eigenverantwortung getan – und damit einen Meilenstein auf dem Weg zu innerer Freiheit und Wohlbefinden erreicht.

Fassen wir die zentrale Erkenntnis noch einmal zusammen, um sie zu vertiefen:

Jeder von uns lebt in einer permanenten Wechselbeziehung mit seinem Umfeld. Abteilungs- und Unternehmensstrukturen sind so, wie sie jetzt gerade sind. Wirtschaftliche und politische Parameter sind in diesem Moment so, wie sie sind. Zwischenmenschliche und familiäre Beziehungen sind ebenfalls in diesem Moment so, wie sie sind. Mag sein, dass diese Strukturen ihre Schwierigkeiten mit sich bringen und uns vor immer neue Herausforderungen stellen: Dennoch sind wir nur in den wenigsten Fällen von uns aus in der Lage, die Umstände jetzt und unmittelbar zu verändern. Was ich aber jederzeit verändern kann, ist *meine Einstellung* zu den Umständen und *meine Reaktion* auf das, was sich mir darbietet.

Anders gesagt: Sie sind möglicherweise nicht verantwortlich für die Strukturen und Situationen, in denen Sie sich befinden. Sie sind aber *immer* verantwortlich für die Art und Weise, wie Sie mit diesen Strukturen und Situationen umgehen. Sowohl, was Ihre nach außen sichtbaren Handlungen betrifft, als auch, was Ihre nach außen nicht sichtbaren Gedanken und Gefühle betrifft. Ja, für letztere gilt es in besonderem Maße, weil sie zur alles treibenden Kraft Ihres Lebens werden können.

Wenn Sie negativ – sagen wir wütend – auf eine andere Person reagieren, so ist diese Reaktion etwas, das *in Ihnen* stattfindet. Die andere Person ist nur der auslösende Faktor. Was sie in *Ihnen* auslöst, bleibt Ihre Entscheidung. Wenn Sie wütend sind, haben Sie sich – wenn auch unbewusst – für diese Wut entschieden. Die Wut kommt nicht von dem anderen. Er hat sie Ihnen nicht oral oder intravenös verabreicht. Es war weder der Apfel noch der Kamm vergiftet. Das einzige, was Ihre Reaktion bestimmt hat, war Ihr Bewusstsein – und damit hat der andere nichts zu tun. Geben Sie die Abhängigkeit von anderen Personen und äußeren Umständen auf, indem Sie sich immer wieder bewusst machen: **Ich habe die Wahl, wie ich reagiere! Nichts kann mich wirklich aus der Bahn werfen, wenn ich es nicht zulasse!**

Zugegeben: Das ist eine vollmundige Aussage, und wenn wir uns in unserem täglichen Leben umsehen, dann klingt sie eher wie eine Beschwörungsformel. Dennoch ist es nichts als die Wahrheit:

ICH HABE DIE WAHL!

Jeder von uns hat die Fähigkeit, über seine Reaktionen nachzudenken.

Jeder von uns hat die Freiheit zu denken, was er will, gleichgültig, wie bedrückend eine Situation auch sein mag. Und jeder hat die Möglichkeit, bewusst zu wählen, welche Bedeutung er den Ereignissen in seiner Umgebung und seinen eigenen Gedanken und Gefühlen geben will.

Wenn Sie diese zentrale Aussage: „Ich habe die Wahl!" zumindest als Arbeitshypothese akzeptieren können, dann haben Sie einen bedeutenden Sprung auf dem Weg zur wirklichen Eigenverantwortung getan. Hier sind noch einmal die Kernsätze in vier Stufen:

Stufe 1
Ich bin verantwortlich für meine Handlungen.

Stufe 2
Ich bin verantwortlich für den Umgang mit meinen Gedanken.

Stufe 3
Ich bin verantwortlich für den Umgang mit meinen Gefühlen.

Und das alles heißt für mich:

Stufe 4
Ich habe immer die Wahl.

Mit dem Bewusstsein dieser vier Stufen erobern Sie die Macht über sich selbst zurück und besetzen damit den entscheidenden Startpunkt für die bewusste Rückkehr zur Verbindung mit dem Original.

Sie haben sich entschieden

Folgen wir dem Gedankengang noch einen Schritt weiter. Dann ergibt sich eine Schlussfolgerung, die irritierend klingen mag; aber auch sie birgt die Chance zu weitreichenden Veränderungen in sich. Sie lautet: **Was auch immer Sie sagen – was auch immer Sie tun: Sie haben sich vorher dafür entschieden!**

In vielen Fällen ist dieser Entscheidungsprozess ganz bewusst abgelaufen. In anderen Fällen haben Sie gewählt, ohne sich dessen bewusst zu sein. Aber das ändert nichts an der grundlegenden Wahrheit: Auch wenn Sie etwas tun, was Sie „eigentlich“ gar nicht wollen; etwas, das Ihnen gegen den Strich geht und mit dem Sie sich unwohl fühlen – auch dann muss es irgendwann einen Punkt gegeben haben, an dem Sie die Wahl hatten; einen Punkt, an dem Sie die Weichen gestellt und eine Entscheidung getroffen haben.

Sie wollen protestieren und die Richtigkeit dieser Aussage in Frage stellen? Tun Sie es nicht. Wenn Sie sich in Ihrem Kollegen- oder Bekanntenkreis umsehen – vielleicht auch in Ihrem eigenen Leben? – werden Sie schnell typische Beispiele finden, die illustrieren, dass angeblich unvermeidbare Situationen in Wirklichkeit von den Betroffenen selbst gewählt wurden.

Denken Sie zum Beispiel an jene Menschen, die ständig über zu viel Arbeit und einen übervollen Terminkalender klagen. Sie klagen, als seien sie willenlose Opfer äußerer Umstände – während Kollegen und Beobachter die Klagen nur schmunzelnd oder mit Kopfschütteln registrieren. Denn für Außenstehende ist nicht selten offensichtlich, was der Klagende nicht sieht oder nicht zugeben will: In Wahrheit hat er sich selbst – wenn auch vielleicht unbewusst – für die hohe Arbeitsbelastung entschieden. Etwa, weil er den Grad seiner Wichtigkeit daran festmacht, wie viele Termine er hat oder wie lange er sich im Büro aufhält. Je mehr ich arbeite, desto wichtiger bin ich, lautet sein Kalkül. Selbstverständlich würde er das nicht sagen. Im Gegenteil: Zu seinem Spiel gehört das Klagen über die viele Arbeit. Aber nähmen Sie diesem Menschen einen Teil der Arbeit weg – er wäre todunglücklich. Kurz: Seine Entscheidung für „zu viel“ Arbeit ist eine persönliche Entscheidung; sie beruht auf dem Wunsch nach Anerkennung. Um das nicht zu zeigen, wird eine externe Begründung gefunden.

Was aber ist, werden Sie einwenden, mit jenen Menschen, die tatsächlich unter zu viel Arbeit *leiden*, weil es für ihre Tätigkeit Vorgaben, Zeitlinien oder andere Anordnungen „von oben“ gibt? Auch sie haben – ebenfalls meist unbewusst – eine Entscheidung getroffen. Sie arbeiten mehr, als ihnen gut tut, weil sie die Vorgaben erfüllen *wollen* oder weil sie *glauben*, sie erfüllen zu müssen. Sie machen die Vorgaben für ihr Verhalten – und für ihr Leiden – verantwortlich; damit machen sie sich selbst zu Opfern äußerer Umstände. Sie machen sich nicht klar, dass sie immer eine Wahl haben: Sie könnten sich anders verhalten; möglicherweise würde das zu unangenehmen Ergebnissen führen – dennoch wäre es machbar.

Noch einmal: Wenn wir Ausreden suchen; wenn wir „gute Gründe" für unser Verhalten finden, die außerhalb unserer Person liegen – dann tappen wir in eine Falle: Wir geben ein Stück Verantwortung und ein Stück Handlungsfreiheit ab.

Wir fühlen uns fremdbestimmt, und wir sind dann auch fremdbestimmt, weil wir es zulassen.

Unsere dringende Empfehlung lautet: Lassen Sie es nicht zu! Entscheiden Sie sich statt dessen für selbstbestimmtes Handeln. Drei „Hausaufgaben" helfen auf diesem Weg.

Erstens: Machen Sie sich in Ihrem Alltag so oft wie möglich bewusst, dass Sie alles, was Sie tun – und scheint es auch noch so unausweichlich zu sein –, in Wahrheit freiwillig tun. Sie haben sich dafür entschieden!

Zweitens: Nehmen Sie sich vor, unbewusste Entscheidungen – wann immer möglich und so schnell wie möglich – im nachhinein wahrzunehmen und zu überprüfen. Das hilft Ihnen dabei, sich selbst zu beobachten und den „Fälschungen" im Alltag auf die Spur zu kommen.

Drittens: Tun Sie das alles vor allem dann, wenn Sie in Situationen sind, die Ihnen unangenehm sind und die Sie „eigentlich nicht wollen". Fragen Sie sich: Wie habe *ich* mich in diese Lage gebracht? An welchem Punkt hatte ich die Wahl? An welchem Punkt habe ich unbewusste Entscheidungen getroffen – und mit welchen Hintergedanken?

Welche Chancen dieses Vorgehen eröffnet, dürfte Ihnen nach dem bisher Gesagten sofort klar sein: Wenn Sie sich bewusst machen, dass Sie selbst eine Entscheidung getroffen haben, dann wird Ihnen auch bewusst, dass Sie jederzeit die Möglichkeit haben, diese Entscheidung zu korrigieren oder eine neue Entscheidung zu treffen und so zumindest den Schaden zu begrenzen.

Welche Freiheit! Sie sind kein äußeren Zwängen ausgelieferter Roboter, sondern ein eigenverantwortlicher, freier Mensch!

Sie erleben sich wieder als selbstbestimmt – und das setzt jenes kreative Potenzial frei, mit dessen Hilfe Sie einen Ausweg auch aus der verfahrensten Situation finden werden.

Praktische Übung: Das Wort „müssen"

Sind Ihnen die drei „Hausaufgaben" von eben zu hart, zu schwierig? Gehen sie zu sehr „ans Eingemachte"?

Wir stehen jetzt vor dem großen Schritt, aus der Theorie Praxis werden zu lassen. Dieser Moment ist zweifellos eine Herausforderung. Er birgt enorme Chancen auf Wachstum und Entwicklung in sich – aber auch das Risiko, in der Theorie stecken zu bleiben und damit zu beenden, was noch gar nicht richtig begonnen wurde.

Damit der erste Schritt nicht zu groß wird, schlagen wir hier eine leichte Übung vor. Wir bedienen uns dabei eines Hilfsmittels, das zu jeder Zeit zur Verfügung steht: Wir bedienen uns unserer Sprache. Die Sprache ist nicht nur ein bewusst-rationales Kommunikationsmittel, sondern auch Ausdruck des Unbewussten. Mit anderen Worten: Sie ist verräterisch – und das sollten Sie sich zunutze machen.

Ein wichtiger Indikator dafür, dass Sie gerade dabei sind, Verantwortung abzugeben, ist das kleine Wörtchen „müssen".

Wenn Sie sich dabei erwischen, dass Sie sagen: „Ich muss dies oder jenes tun", ist höchste Alarmstufe angesagt. Wer sagt, dass Sie müssen? Sie oder ein anderer? Und wer sagt, dass Sie der Aussage, etwas tun zu müssen, auch Folge leisten müssen? Machen Sie sich bewusst: Sie müssen nicht. Sie haben die Wahl!

Niemand muss müssen!

Mit einer winzigen Ausnahme, die wir von einem Österreicher gelernt haben. Ein Österreicher, sagt der Volksmund zwischen Bregenz und Wien, muss zwei Dinge tun: zur Toilette gehen und sterben. Sonst muss er nichts. Wer weiß, vielleicht haben die Österreicher uns Deutschen da etwas voraus?

Machen Sie sich in Ihrem Alltag bewusst, was der Volksmund mit dieser Redensart ausdrücken will: Sie sind nicht das hilflose Opfer äußerer Umstände. **Sie haben die Wahl!**

Um das zu üben, vermeiden Sie bitte ab jetzt an das Wort „müssen". Sagen Sie statt dessen bei allem, was Sie tun:

„Ich wähle, ... zu tun."

„Ich wähle, das Projekt binnen 10 Tagen fertig zu stellen."

„Ich wähle, um 19.30 Uhr nach Hause zu gehen."

„Ich wähle, die Aufgabe XY anzunehmen." Und so weiter.

Sie werden feststellen, dass Sie sich damit nicht nur besser fühlen, sondern dass noch zwei praktische Wirkungen eintreten:

1. In dem Moment, in dem Sie sagen: „Ich wähle, dies oder jenes zu tun", fallen Ihnen automatisch Alternativen ein. Und wer Alternativen hat, hat auch subjektiv mehr Wahl- und damit Handlungsfreiheit.
2. Wenn Sie bei all Ihren Aktivitäten sagen „Ich wähle" statt „Ich muss", werden Ihre Handlungen schlagartig bewusster. „Ich wähle, den Autoschlüssel in die Garderobe zu legen", macht Ihnen Ihre Handlung so bewusst, dass Sie auch später noch wissen, wo der Schlüssel liegt. Probieren Sie es aus – es wirkt!

Wahlfreiheit im Dialog

Alle Themen, die wir in diesem und den folgenden Kapiteln behandeln, kommen immer wieder in den Gesprächen vor, die wir als Coaches mit Managern in deutschen Unternehmen führen. Um die Themen anschaulicher zu machen, werden wir deshalb jedes Kapitel mit einem Dialog zwischen „Führungskraft" und „Coach" ergänzen, der ein typisches Beispiel aus der betrieblichen Praxis wiedergibt.

Ausgangspunkt im folgenden Gespräch ist die Tatsache, dass der Gesprächspartner binnen kürzester Zeit ein Projekt zu Ende bringen soll und sich dadurch einem enormen Arbeitsanfall, Zeitdruck und Stress ausgesetzt sieht und deshalb physisch wie psychisch stark belastet ist.

▲

COACH: Sie sagen, Sie müssen das Projekt binnen zehn Tagen fertig stellen und sehen den Termin gefährdet. Was würde geschehen, wenn Sie es nicht fertig stellten?

FÜHRUNGSKRAFT: Das wäre eine Katastrophe.

COACH: Was würde passieren?

FÜHRUNGSKRAFT: Es würde riesig Ärger geben. Wir würden wahrscheinlich viel Geld verlieren.

COACH: Was wäre dann?

FÜHRUNGSKRAFT: Wir hätten finanzielle Probleme.

COACH: Was bedeutet das für Sie?

FÜHRUNGSKRAFT: Ich würde sehr viel Druck vom Vorstand bekommen. Man würde mir vielleicht das Projekt entziehen.

COACH: Was wäre dann?

FÜHRUNGSKRAFT: Das wäre furchtbar. Es ist mein Projekt, ich muss es zu Ende bringen.

COACH: Was wäre, wenn Sie es nicht zu Ende brächten?

FÜHRUNGSKRAFT: Dann hätte ich versagt.

COACH: Was bedeutet das für Sie?

FÜHRUNGSKRAFT: Ich wäre sehr unzufrieden. Ich würde mich sehr unwohl und noch mehr unter Druck fühlen.

COACH: Also ist der Druck, den das Versagen mit sich bringt, schlimmer als der Druck, dem Sie sich jetzt ausgesetzt sehen?

FÜHRUNGSKRAFT: Ja, auf jeden Fall.

COACH: Das heißt, Sie entscheiden sich für das kleinere Übel?

FÜHRUNGSKRAFT: Ja, natürlich. Aber tun wir das nicht alle?

COACH: Ja, das tun wir alle. Es geht nur darum, dass Sie sich bewusst machen, dass Sie die Wahl haben, sich zwischen mindestens zwei Optionen zu entscheiden. Wahrscheinlich gibt es noch mehr, aber das spielt jetzt keine Rolle. Sie haben also Wahlmöglichkeiten, und Sie haben gewählt. Zweifellos aus gutem Grund. Das ändert aber nichts an der Tatsache, dass Sie gewählt *haben. Sie* müssen *sich dem jetzigen Stress nicht aussetzen, Sie haben* gewählt, *das zu tun.*

FÜHRUNGSKRAFT: Aber ist das nicht die Wahl zwischen Pest und Cholera?

COACH: Nur, wenn Sie das so sehen wollen. Aber dazu kommen wir später. Hier geht es erst einmal darum zu erkennen, dass Sie immer die Wahl haben. Auch, wenn das auf den ersten Blick nicht so scheint.
Lassen Sie uns die folgende Übung machen:
Sagen Sie sich: Ich muss *dieses Projekt binnen zehn Tagen fertig stellen. Und fühlen Sie, wie sich das anfühlt. Nehmen Sie sich Zeit und fühlen Sie.*

FÜHRUNGSKRAFT: Es fühlt sich nicht gut an. Es macht Druck.

COACH: Und jetzt sagen Sie: Ich wähle, *dieses Projekt in zehn Tagen fertig zu stellen. Fühlen Sie, wie sich das anfühlt.*

FÜHRUNGSKRAFT: Es ist deutlich leichter. Ich bin nicht mehr so unter Druck.

4.3 Leitsatz 2: Du kriegst, was du denkst

„Die Quelle aller Schöpfung ist das reine Bewusstsein ..., reines Potenzial, das seinen Ausdruck vom Nichtmanifesten zum Manifesten anstrebt."
Deepak Chopra

Die Macht der Gedanken

Jeder kennt sie; jeder spricht darüber; aber nur wenige verstehen es wirklich, sie zu nutzen. Die Rede ist von der „Self fulfilling prophecy", der Vorhersage, die sich durch sich selbst erfüllt.

Wir sagen: Es gibt sie nicht nur, solche Vorhersagen. Nein – unser ganzes Leben wird von Self fulfilling prophecies bestimmt. Denn den zweiten Leitsatz, der an dieser Stelle wichtig ist, formulieren wir so:

„DU KRIEGST, WAS DU DENKST!"

Soll heißen: Mit Ihren Gedanken, mit Ihren inneren Einstellungen nehmen Sie weitgehend Einfluss auf den Verlauf Ihres Lebens. Was Sie denken, wird – mehr oder weniger schnell, mehr oder weniger direkt – Wirklichkeit.

Wir können geradezu fühlen, wie an dieser Stelle Widerspruch in Ihnen hochkommt. Jeder von uns kann reihenweise Beispiele aus seinem Leben zitieren, in denen scheinbar *nicht* eingetreten ist, was er oder sie gedacht hat. „Da habe ich mir so sehr gewünscht, dass ...", sagt die Erinnerung – dass meine Rede die Mitarbeiter begeistert; dass die neue Werbekampagne ein Bomben-Erfolg wird; dass die Frau meiner Träume sich in mich verliebt. Aber am Ende trat das Gegenteil ein.

So ist es. Denn nicht nur die offensichtlichen, die oberflächlich-bewussten Gedanken werden Wirklichkeit. Mächtiger ist in der Regel das, was wir unbewusst für wahr halten. Und wenn Sie sich ehrlich erinnern, müssen Sie dann nicht zugeben, dass Ihnen in den zitierten Momenten Ihres Lebens Ihr Unterbewusstsein ein Bein gestellt hat? Dass Ihnen, als Sie vor jener Motivationsansprache mit feuchten Händen zum Rednerpult gingen, der Gedanke durch den Kopf schoss: „Meine Güte – ich glaube doch selbst nicht an das, was ich hier sagen will ..."? Oder dass am Grunde Ihres Herzens Gedanken brodelten wie: „Das kann doch nichts werden mit dieser Kampagne" und „Ich bin es doch gar nicht wert, dass eine Frau von diesem Format *mich* liebt"?

Es gibt einen Bereich in unserer Gesellschaft, in dem das Wissen um die Macht unbewusster Gedanken heute Allgemeingut ist: der Sport. In den fünfziger Jahren zum Beispiel galt es in der englischen Leichtathletik als völlig unmöglich, die Meile in weniger als vier Minuten zu laufen. Als Roger Bannister diese „magische" Grenze am 6. Mai 1954 doch unterbot, brachen geradezu Dämme. In der Folge wurde die Vier-Minuten-Marke immer wieder unterschritten, das erste Mal schon 46 Tage nach Bannisters Lauf. Mit verbesserten Trainingsmethoden allein war das nicht zu erklären; wohl aber mit gelösten Blockaden in den Köpfen der Athleten. Inzwischen stehen fast tausend Läufer mit Meilen-Bestzeiten unter vier Minuten zu Buche, und von der alten „Schallmauer" sprechen nur noch Historiker.

Auch sonst gilt es heute als anerkannt, dass „die Psyche" im Sport die Hauptrolle spielt. „Das Spiel wird im Kopf entschieden", sagen Trainer und Athleten; Boxer, Radfahrer, Tennis-Profis sprechen von ihrer „mentalen Fitness"; Reporter durchforsten das Liebesleben von Spitzensportlern nach möglichen Stressfaktoren und argumentieren wie selbstverständlich mit psychologischen Kausalketten: Wer Angst vorm Gegner hat, hat so gut wie verloren; wer den Gegner unterschätzt, kommt selbst leicht ins Schwimmen; wer Siegesgewissheit ausstrahlt, hat schon halb gewonnen. Und wenn Bayern München, Real Madrid oder die deutsche Fußball-Nationalmannschaft am Rand einer Niederlage stehen, spricht der Fernseh-Kommentator zwar auch über Taktik, Technik, Ausdauer; stärkstes Indiz ist für ihn aber der Geist der Spieler. „Wie schnell werden sie dieses Gegentor innerlich wegstecken können?", fragt er dann, und stellt fest: „Sie lassen sich hängen. Sie ziehen sich zurück. Da fehlt der Biss, der Zug zum Tor." – „Wir woll'n euch kämpfen seh'n!", skandieren derweil die Fans in der Südkurve. Sie rufen nicht: „Wir wollen Hackentricks und Fallrückzieher", denn sie spüren: Die Einstellung muss stimmen, dann stimmt am Ende auch das Produkt.

Wie ist es möglich, dass – im Gegensatz dazu – Manager und Mitarbeiter in vielen deutschen Unternehmen noch immer so tun, als hinge der Erfolg in erster Linie vom richtigen Umgang mit Zahlen ab, von rationalen Konzepten und Methoden, von Quotienten, Matrix-Plänen und Strukturanalysen?

Ihr Erfolg als Führungskraft – in welchem Unternehmen, auf welcher Ebene auch immer – hängt in erster Linie von Ihrer inneren Einstellung, von Ihren Gedanken ab. (Und von der Einstellung Ihrer Mitarbeiter, die Sie bewusst oder unbewusst mit Ihren Gedanken beeinflussen.)

Wenn Sie an Ihrer inneren Haltung arbeiten, wenn Sie unbewusste Gedanken bewusst machen, die Verantwortung für Ihren Umgang mit diesen Gedanken übernehmen und bei Bedarf anders mit ihnen umgehen als gewohnt – dann haben sie einen weiteren wichtigen und wirksamen Schritt zum Erfolg getan, zur Führung aus der Mitte, aus Ihrem Original heraus.

Was das im einzelnen bedeutet, werden wir im Folgenden näher beleuchten.

Energie und Materie – ein kosmisches Gesetz

Wie wir schon weiter oben erwähnt haben, sind Gedanken nichtmanifeste Energien, die die Tendenz haben, sich zu manifestieren.

Jeder Gedanke ist, physikalisch gesprochen, eine Energiewelle, und jede Energiewelle hat ihre eigene Frequenz und Wellenlänge. Viele gleichartige Wellen verstärken sich ständig. Wir kennen das: Je öfter wir ein und denselben Gedanken denken, desto vertrauter wird er uns, desto normaler erscheint er uns, und desto schneller ist er abrufbar. Aus dem anfänglich vielleicht kleinen Trampelpfad ist mit der Zeit eine neuronale Autobahn geworden. Gut befestigt, breit, stabil und jederzeit befahrbar.

Mit den Gedanken ist es ähnlich wie mit unserem Körper. Wenn wir den Körper trainieren, erlangen wir bestimmte körperliche Fähigkeiten, zu denen wir jederzeit Zugang haben. Wenn wir den Geist trainieren, erlangen wir geistige Fähigkeiten. Und wenn wir bestimmte Gedankengänge wiederholen, wenn wir uns also auf eine bestimmte Art konditionieren, entwickeln sich diese Konditionierungen zu einem – allerdings reversiblen, veränderbaren – Bestandteil unserer selbst.

Diese konditionierten Gedanken, diese Energien, haben die Tendenz, sich zu manifestieren. Wovon hier die Rede ist, wird sehr schön in dem berühmten Placebo-Effekt verdeutlicht. Der Effekt stellt sich ein, wenn Patienten nach der Einnahme von so genannten Placebos, von Medikamenten ohne Wirksubstanz, eine Linderung oder gar Heilung ihrer Leiden erfahren. Hier hat die positive Erwartungshaltung oder, anders ausgedrückt, die „Einbildung" geholfen. Doch was sind Einbildungen und Erwartungshaltungen anderes als Gedanken?

Wenn jeder Gedanke seine eigene „energetische Form" hat, ergibt sich daraus, dass die diesem Gedanken entspringende Manifestation der jeweils zugrunde liegenden „energetischen Form" des Gedankens entspricht. Mit anderen Worten: Das, was wir im Außen in unserem Leben wahrnehmen, entspricht in seiner Struktur der Struktur der zugrunde liegenden gedanklichen Energie. Sie nimmt in genau dieser äußerlichen Form Gestalt an. Ein bestimmter Gedanke, eine bestimmte Idee, eine bestimmte „Grundenergie“ führt zu einem entsprechenden sichtbaren Ergebnis.

Diese Entwicklung vom Nichtmanifesten zum Manifesten ist eine Gesetzmäßigkeit des Universums, der alles folgt, ob wir uns dessen bewusst sind oder nicht.

Sie sind der Regisseur Ihres Lebens

Was bedeutet das praktisch für uns? Wenn unsere Gedanken, Ideen und Einstellungen die ihnen entsprechenden Ergebnisse hervorrufen, haben wir die wunderbare Chance, diese Ergebnisse durch die vorausgehenden Gedanken und Einstellungen zu beeinflussen. Wenn es gelingt, das bewusst zu tun, werden wir wirklich zum Regisseur unseres Leben, zum bewussten „Mit-Schöpfer“ unserer Realität.

Es ist wichtig, dass wir uns eines klar machen: Wir sind immer schöpferisch tätig, meistens jedoch unbewusst.

Unsere Gedanken haben die Tendenz, sich zu manifestieren. Da wir ständig Gedanken produzieren, auch dann, wenn es uns nicht bewusst ist, erzeugen wir ständig „energetisches Material“ aus dem sich unsere Realität später zusammensetzen kann. Hier spielen besonders die Einstellungen und Überzeugungen eine Rolle, die quasi als latentes Hintergrundrauschen permanent mitlaufen, ohne dass wir sie bewusst wahrnehmen. Wir haben schon an Beispielen gesehen, wie mächtig dieses Hintergrundrauschen, dieses Unterbewusste, sein kann. Es kann uns blockieren, aber auch entfesseln. Es kann befreiend, aber auch einschränkend wirken.

Diese Macht der Gedanken können wir nicht hoch genug einschätzen. Wir alle sind deutlich mehr von prägenden Überzeugungen und Denkstrukturen dominiert, als uns das bewusst ist. Denken Sie nur daran, wie schwer es Ihnen fällt, Gedankengänge eines anderen – eines Kollegen, Partners oder Mitarbeiters – anzunehmen, die Ihren eigenen Vorstellungen von dem, was funktioniert oder nicht funktioniert und was richtig oder falsch ist, widersprechen. Nun gibt es aber fast so viele Ansichten, wie es Menschen gibt – und jeder kann gute Gründe für seine Ansicht anführen. Wenn Sie erkennen, dass Ihre Ansicht eine von vielen ist und dass alle anderen an die eigenen Ansichten den gleichen Anspruch an Funktionalität und Richtigkeit stellen wie Sie, dann können Sie ahnen, wie viele Möglichkeiten, wie viele Handlungsalternativen sie haben – vorausgesetzt Sie sind bereit, das Gewohnte in Frage zu stellen, die „neuronale Autobahn" Ihrer Gedanken zu verlassen und andere Denkmuster zumindest zu prüfen. Alle denkbaren Ansichten und Überzeugungen haben das Potenzial, sich zu manifestieren oder zu materialisieren. Was zur Materialisation kommt hängt von dem energetischen Potenzial ab, das sie hervorbringt. Das gilt kollektiv genauso wie individuell.

Für die aktive Veränderung unseres Lebens ergeben sich daraus drei wesentliche Erkenntnisse:

1. Wir erkennen, dass wir „Mitschöpfer" sind.
2. Wir haben deshalb die Verantwortung für die Ergebnisse, die wir erzielen, und für die Realität, in der wir leben.
3. Wir haben die Chance, durch bewussten Einsatz unserer steuernden Gedanken andere Ergebnisse zu erzielen.

Exkurs: Das Konzept der Vorbestimmung

Diese Ideen mögen provozierend erscheinen; auf jeden Fall kollidieren sie mit einer Vorstellung, der viele Menschen anhängen. Manche hängen ihr aus Bequemlichkeit an, andere aus Überzeugung. Wir reden von der Vorstellung der Vorherbestimmung, die unser Leben, unser „Schicksal", unabänderlich und von außen lenkt.

„Du kriegst, was du denkst", heißt, *ich* erschaffe mir meine Realität. Es stellt sich die Frage: Gibt es dann noch Vorherbestimmung, die so viele für ihr Schicksal verantwortlich machen? Wir möchten hier eine Gegenfrage stellen: Ist das wirklich wichtig?

Seit Jahrhunderten beschäftigen sich Philosophen mit dieser Frage. Schon vor fast 2000 Jahren stellte Plotin die Frage: „Jedoch, wenn die Seele dort oben Ihren Daimon und wenn sie ihr Leben wählt, wie haben wir dann noch irgendeine Entscheidung?"

Wenn alles vorherbestimmt ist, dann muss auch die Wahl, die ich treffe, müssen die Gedanken, die ich denke, vorherbestimmt sein. Dann ist alles, was mir in meinem Leben passiert, Teil eines festgelegten Plans, und mir bleibt nichts weiter, als mich dem hinzugeben. Haben wir hier nicht den Nährboden für eine fatalistische, eine resignierend passive Haltung?
Wo bleibt dann unser „Mit-Schöpfertum"?

Unsere Antwort lautet, kurz gefasst: Möglicherweise sind unsere Wahlmöglichkeiten nicht völlig unbegrenzt; aber sie sind bei weitem groß genug, um uns sowohl in unserem praktischen Erleben als auch in einem philosophischen Sinn als freie, selbstbestimmte Individuen zu verstehen.

Alles, was Menschen jemals tun und denken können, ist in diesem Universum potenziell angelegt. Unsere kreativen Möglichkeiten bestehen in der Wahl der Gedanken und Aktivitäten, die wir aus diesem unerschöpflichen Feld aller Möglichkeiten für uns herausnehmen. Diese Wahl führt zu Ergebnissen, auf die wir wieder durch die Selektion unserer persönlicher Reaktionen aus dem Feld des potenziell Angelegten reagieren. Auf diese Weise schaffen wir neue Szenarien, die zwar ebenfalls potenziell angelegt sind, in dieser Form aber nur durch unser Verhalten in die Manifestation kommen.

Das Beispiel eines Computerspiels auf CD-ROM mag ansatzweise illustrieren, worüber wir hier reden. Auf einer solchen CD-ROM sind alle denkbaren Spielmöglichkeiten gespeichert. Welche der scheinbar unzähligen Varianten wir erfahren, hängt ausschließlich davon ab, wie wir den Spielverlauf interaktiv gestalten. Welche Optionen aktivieren wir, welche lassen wir links liegen? Wir haben die Wahl.

Ähnlich wie eine solche CD-ROM dürfen wir uns das Universum vorstellen. Die Urenergie, die allem zugrunde liegt, die Energie, die manche auch göttliche Energie, kosmische Energie, Gott, Brahma, Allah, das Numinose oder das Absolute nennen – der Name spielt keine Rolle – bildet das Potenzial für alles, was je in Erscheinung getreten ist, tritt und treten wird. Nichts kann außerhalb dieser Energie entstehen. Nichts, das wir denken, fühlen und erschaffen, ist von dieser Energie getrennt. Das Potenzial ist unermesslich, und es liegt an uns, daraus auszuwählen. Genau das tun wir, wenn auch, wie gesagt, meistens unbewusst.

Ob hingegen die Wahl, die wir treffen, letztendlich vorherbestimmt ist, wissen wir nicht. Für unser Leben und für die Art und Weise, wie wir unser Leben aktiv gestalten, ist es auch nicht wichtig, denn es entzieht sich völlig unserem Einfluss. Eine Diskussion darüber hat bestenfalls philosophischen, jedoch keinen praktischen Wert.

Entscheidend für den Verlauf unseres Lebens sind lediglich die Auswirkungen, die unsere Gedanken und unser Verhalten haben. Entscheidend ist die Wahl, die wir mit unseren Gedanken treffen. Sie erinnern sich: Wir haben immer die Wahl. Egal, was wir tun – allem geht eine Wahl, eine Entscheidung voraus. Diese Entscheidungen nun bestimmen unser aller Dasein.

Entscheide ich mich für Glück oder für Pech? Entscheide ich mich für Armut oder für Reichtum? Entscheide ich mich für Freude oder für Leid? Wie auch immer: Meine Entscheidung, in Gedanken getroffen, wird sich manifestieren. Das bedeutet, dass jeder Gedanke eine Ursache für das, was daraus entsteht, für die Wirkung ist. Die dann ihrerseits wieder zur Ursache wird und eine Wirkung hervorbringt. Das ist ein ewiger Kreislauf, den wir aktiv mitgestalten. Es gibt keinen Zweifel daran, dass wir genau das tun.

Korrigieren Sie Ihre Erfahrungen

Die Frage ist nur: Treffen wir die Wahl bewusst, oder entscheiden wir unbewusst? Sind uns die zugrunde liegenden Gedankengänge kognitiv zugänglich, oder lassen wir uns beherrschen von dem schon erwähnten Hintergrundrauschen – von all den unbewussten Einstellungen und Überzeugungen, die ihre Wirkung entfalten, ohne dass wir gestalterisch eingreifen?

Wir sind Akteure in diesem Ursache-Wirkung-Spiel. Übernehmen wir also auch die Verantwortung! Und erkennen wir jene Momente, in denen wir uns aus der Verantwortung stehlen ...

Ein solcher Moment liegt sehr oft vor, wenn wir das Wort „Erfahrungen" benutzen. Die Auswirkungen, die die Wahl unserer Verhaltensweisen hervorgebracht haben, nennen wir Erfahrungen, und mit diesen Erfahrungen gehen wir häufig sehr konstruktivistisch um: Wir verdichten sie zu unserer persönlichen Welt und leiten bestimmte Gesetzmäßigkeiten daraus ab. „Ich weiß, dass dies und das passieren wird." – „Woher wissen Sie das?" – „Aus Erfahrung."

Dabei übersehen wir einen wesentlichen Punkt: Wir verwechseln Ursache und Wirkung. Wir machen eine Erfahrung, die ihrer Natur nach ein Ergebnis unserer Gedanken und Einstellungen ist, zur Ursache dieser Gedanken und Einstellungen. Wir glauben, aus Erfahrung zu wissen, dass ein bestimmtes Ereignis eintreten wird, und handeln entsprechend. Auf diese Weise reproduzieren wir immer wieder die gleichen Ergebnisse. Werden Sie also immer besonders aufmerksam, wenn Ihnen jemand – und sei es Ihr eigener Verstand – ein zukünftiges Ereignis, basierend auf seinen *Erfahrungen*, prognostiziert.

Wenn wir statt dessen erkennen, dass wir unsere Gedanken von bisher gemachten Erfahrungen lösen und jederzeit in neue Richtungen lenken können, werden wir andere Ergebnisse erzielen und somit neue Erfahrungen machen.

Warum nutzen Sie diese Erkenntnis nicht gezielt in Ihrem Leben? Wenn Sie wissen, dass Ihre Gedanken schöpferische Kräfte haben, tun Sie dann nicht gut daran, diese Kräfte konstruktiv im Sinne Ihrer Ziele und Wünsche zu nutzen?

„Du kriegst, was du denkst!" Machen Sie diesen Satz zu Ihrem Leitmotiv. Und zu einem Korrektiv. „Du kriegst, was du denkst", heißt nichts anderes als: „Was du jetzt hast, hast du vorher gedacht."

Dies ist keine Provokation, dies ist die Wahrheit!

Ja, es ist geradezu die logische Fortsetzung der oben behandelten ersten Regel: „Wir haben immer die Wahl." In jenem ersten Schritt beginnen wir auf der Reaktionsebene: Wir wählen, wie wir auf Erscheinungen, seien es äußere Erscheinungen in Form von Personen, Objekten oder Situationen oder innere Erscheinungen in Form von Gedanken und Gefühlen, reagieren.

Im zweiten Schritt gehen wir über auf die Aktionsebene: wir wählen, welche Erscheinungen wir „erschaffen" (wollen).

Und das tun wir, indem wir uns unserer schöpferischen Gedanken bewusst werden und sie so einsetzen, dass wir die Person mit den Erfahrungen erschaffen, die zu sein wir für uns gewählt haben.

Der Benediktiner Pater und Zen Mönch Willigis Jäger beschreibt die Lage so: „Unser Leben gleicht hier einem Schachspiel. Ein Zug ergibt sich aus dem anderen und keiner ist ohne Bedeutung für das ganze Spiel. Das Spiel folgt seinen immanenten Gesetzen, aber wir können diesen Gesetzen mit jedem Zug unseres Lebens Richtung geben und so auch der Einmaligkeit und Einzigartigkeit unserer Existenz, in der sich das Göttliche gerade so und nicht anders ausdrückt, die rechte Bedeutung verleihen."

Ist das für Sie ein Silberstreif am Horizont der Hoffung auf ein besseres Leben – oder der endgültige Zusammenbruch vom Traum des bequemen Lebens? Sie haben immer noch die Wahl ...

Stolpersteine: Wie das Ego arbeitet

Unsere Zweifel sind Verräter.
Sie lassen uns das Gute verlieren,
weil wir das Schlechte fürchten.
Shakespeare

Das alles wäre ja wunderbar, wenn nicht ... Ja, wenn es nicht so schwierig wäre.

Natürlich wünschen wir uns ein angenehmes Leben. Natürlich wünschen wir uns ein erfolgreiches Leben. Und natürlich ist es in unseren Gedanken und Absichten, genau das zu verwirklichen. Aber ganz offensichtlich scheint es ebenfalls natürlich zu sein, dass unsere Vorstellungen sich nicht immer so realisieren, wie wir es beabsichtigt haben.

Das liegt, wie gesagt, an jenem Hintergrundrauschen, an der Flut der unbewussten oder nur halb bewussten Gedanken, über die wir uns nicht im Klaren sind – und die uns deshalb immer wieder ein Bein stellen und uns Steine in den Weg legen können.

„Du kriegst, was du denkst“: Ein Fluch?

Die Antwort lautet „Ja“, wenn wir so weitermachen wollen wie bisher. Wenn wir das „Hintergrundrauschen“ unbeachtet lassen und ihm damit unterschwellige Macht über uns einräumen.

Sie lautet „Nein“, wenn wir uns entscheiden, unsere gedanklichen Strukturen und Handlungsmotive – auch die gewöhnlich unbewussten – zu ergründen und dadurch unser Leben in die Hand zu nehmen.

Woher kommt also das Hintergrundrauschen? Genauer: Wie kommt es, dass unsere bewussten Absichten und unsere unbewussten „Hintergedanken“ so im Widerstreit liegen? Wir werden uns dieser Frage langsam nähern und dazu noch einmal die Grundlagen klarstellen.

Nichts, was geschieht, geschieht einfach so oder aus Zufall. Alles, was geschieht, hat eine Ursache und folgt einer klaren Strukturierung. In dieser Struktur basieren die groben oder grobstofflichen Ebenen des Universums immer auf feineren Ebenen. So wie ein großer Baum aus einem kleinen Samenkorn entsteht, das wiederum abhängig ist von Licht, um sein volles Potenzial zu entfalten.

Analog hierzu liegen den groben Erscheinungsformen in unserem eigenen Leben feinere, generative Strukturen zu Grunde.

Wenn wir Ergebnisse erzielen, die nicht unseren „groben“, bewussten Vorstellungen entsprechen, dann widerlegt das nicht den Grundsatz „Du kriegst, was du denkst“. Nein – es ist ein sicheres Indiz dafür, dass es in unserem Innern unbewusste Steuerungsmechanismen gibt, die mächtiger sind, als unsere bewussten Gedanken. Und so ist es auch:

„Du kriegst, was du denkst“, bezieht sich immer auf das, was wir wirklich, wirklich für wahr und richtig halten. Das ist leider nicht immer das, was uns jetzt gerade bewusst ist. Der bewusste Verstand, beeinflusst von vielen äußeren Faktoren, erzählt uns eine

Geschichte von dem, was wir sein oder haben sollten. Und wir glauben diese Geschichte. Sie passt sich in der Regel den kollektiven Vorstellungen von richtigem Verhalten, von Erfolg, von Liebe und Freundschaft, von erstrebenswert und nicht erstrebenswert, von richtig und falsch an.

Wir übersehen dabei, dass diese Vorstellungen sich oft nicht mit unseren eigenen Erfahrungen der Welt decken; genauer gesagt: Sie decken sich nicht mit dem Bild, das wir tief im Innern von uns haben. Beispiele dürften jedem Leser geläufig sein. Viele Menschen träumen von Reichtum und tun alles, um viel Geld zu verdienen, befinden sich aber ständig in finanziellen Schwierigkeiten – und eine ehrliche Selbstprüfung würde zu Tage fördern, dass sie nicht wirklich daran glauben, dass Wohlstand auch ihnen zuteil werden könnte. Andere arbeiten hart an ihrer Karriere, kommen aber nicht wirklich weiter – weil die inneren Zweifel überwiegen. Wieder andere ersehnen nichts mehr als eine harmonische Beziehung, finden aber scheinbar nicht den richtigen Partner – weil sie nicht wirklich daran glauben, dass es harmonische Beziehungen geben kann.

All diese Überlegungen und Beispiele führen uns zurück zu unserem Ausgangspunkt: Wenn wir unser Leben und unseren beruflichen Alltag verändern wollen, reicht eine bloße Korrektur der bewusst gesetzten Ziele und Strategien nicht aus. Nein – wir müssen die Macht der unbewussten Gedanken brechen, um wirklich der Regisseur unseres Leben sein zu können.

Unmöglich ist das nicht. Denn unbewusste Gedanken, Bilder und Ideen beziehen ihre Macht gerade daraus, dass sie unbewusst sind. Das, was unbewusst ist, können wir schlicht nicht berücksichtigen, wenn wir Entscheidungen treffen; es kann (und wird) uns dann hinterrücks dazwischenfunken.

Diese Macht verliert das Unbewusste, sobald wir es bewusst machen. Und das, wie gesagt, ist möglich. Wann immer Sie spüren oder Indizien dafür erkennen, dass unbewusste, Ihnen unbekannte Mechanismen in Ihnen am Werk sind, lenken Sie Ihre Aufmerksamkeit nach innen; erforschen Sie sich, beobachten Sie sich, machen Sie sich mit diesen Mechanismen vertraut, machen Sie sich diese Mechanismen, diese Gedankenstrukturen bewusst. Machen Sie sich immer wieder klar: Sie haben die Wahl. Das, worauf Sie Ihre Aufmerksamkeit lenken, wird sich Ihnen erschließen. Das gilt auch für die Erforschung jener unbewussten Strukturen, die Ihr Verhalten prägen.

Allerdings geben wir zu, dass es Konsequenz und Geduld erfordert, Unbewusstes bewusst zu machen. Das „Unbewusste" versteckt sich; es will nicht erkannt werden; es hält uns nach Kräften davon ab, bewusster zu werden. Warum?

Wir haben bereits über die Struktur unseres „Ich" gesprochen. Dieses „Ich", dieses Bild von uns selbst, das wir aus unzähligen Prägungen, Einstellungen, Glaubenssätzen und Vorstellungen über uns gebildet haben, erleben wir in der Regel als etwas Unabänderliches. Aussagen wie „Ich bin halt so" oder „Das ist halt meine Art" weisen auf eine unreflektierte Identifikation mit diesem Ich hin: In der Regel machen wir uns keine ernsthaften Gedanken darüber, was genau „unsere Art" ist und woher sie kommt; meistens wissen wir nicht, warum wir uns so verhalten, wie wir uns verhalten. Wenn wir in unseren Gesprächen mit Führungskräften an diesem Punkt nachhaken und die Aussagen hinterfragen, bekommen wir nicht selten Antworten wie: „Das ist eben so." Oder: „So sind die Menschen nun mal, das liegt in der Natur des Menschen."

In dem Moment, in dem wir bewusst werden; in dem wir erkennen, dass wir selbst es sind, die diese „Natur des Menschen" erschaffen; in dem Moment, in dem Sie erkennen, dass das, was Sie als Ihre Natur beschreiben, ein Konstrukt Ihrer Gedanken und Vorstellungen ist – in diesem Moment entziehen Sie dem „Ich" den Boden, auf dem es läuft. Das, was Sie von sich glauben, ist nicht in Stein gemeißelt, es hat nichts mit der Realität zu tun! Sie können es ändern, wenn Sie sich dazu entschließen, und können sich ein Leben erschaffen, das Ihren höchsten Vorstellungen und Ideen entspricht, ein Leben in Harmonie mit Ihrem inneren Wesenskern und losgelöst von den egoistischen Interessen Ihres „Ich".

Das allerdings bedeutet das Ende dieses „Ich" oder Ego.

Dieses Ego, das, was wir die Fälschung genannt haben, hat aber den Wunsch zu überleben. In dem Moment, in dem wir die Fälschung als solche enttarnen, verliert sie ihre Bedeutung, sie „stirbt" zugunsten des Originals. Mit anderen Worten, wenn wir das Ego als Ego enttarnen, verliert es seine Macht über uns, und die Kraft aus dem inneren Wesenskern übernimmt die Führung.

Keine guten Aussichten für das Ego. Folglich tut es alles, um das zu verhindern.

Es versteckt sich. Es spielt mit allen denkbaren Tricks. Es gibt uns Gedanken ein, die dazu führen, dass wir uns im Kreis drehen. Dass wir glauben, wir suchen das Unbekannte und sind kurz davor, es zu finden – dabei sind wir meilenweit entfernt. Es lässt uns stets in dem Glauben zu suchen, hat aber nicht wirklich die Absicht, uns finden zu lassen.

Wenn Sie das feststellen, verzagen Sie nicht. Nehmen Sie es als sportliche Herausforderung. Als spannendes Versteckspiel. Freuen Sie sich darüber, dass Sie immer neue Fallen und Finten entdecken können, mit denen Ihr Ego arbeitet. Aber vergessen Sie nicht: Der Reiz an jedem Versteckspiel ist, das Versteckte zu finden.

Also: Machen Sie sich auf die Suche, und bleiben Sie hartnäckig. Wenn Sie unbewusste Strukturen entschlüsselt haben, werden Sie viele Hindernisse in Ihrem Leben bewältigen können. Schon Einstein hat darauf hingewiesen, dass wir Probleme nicht auf derselben Ebene lösen können, auf der wir sie wahrnehmen; wahre Lösungen finden sich immer auf tieferen, feineren Ebenen.

Wenn Sie zum Beispiel erkannt haben, welcher Widerspruch besteht zwischen Ihren bewusst formulierten Wünschen und Zielen und den unbewussten Glaubenssätzen, die Ihr Bild von sich selbst entscheidend mitprägen, dann können Sie eine Wahl, eine Entscheidung treffen.

1. Sie können – dieses Mal bewusst – alles so lassen, wie bisher. Eine Variante, die oft gewählt wird, sei es aus Unwissenheit oder aus Bequemlichkeit.
2. Sie können sich mit ihren bislang unbewussten Gedankenstrukturen, mit ihrem Bild von sich selbst auseinander setzen und

seine Ursprünge erforschen. Eine Variante, die neue Erkenntnisse bringt, aber auch die Gefahr, in der Erforschung stecken zu bleiben.

3. Oder Sie können Ihre bisher unbewussten Gedankenstrukturen bewusst machen, ihre Existenz anerkennen und die Entscheidung treffen, ihnen keine weitere Macht über sich zu geben. Eine Variante, die Mut und Entschlossenheit fordert und große Veränderungen ermöglicht.

Was das heißen kann, werden wir jetzt anhand des Konzeptes von Erfolg erläutern.

„Erfolg" – ein Beispiel aus dem Alltag

Ein Begriff, der unser Ego heutzutage häufig beschäftigt, ist „Erfolg". Wir wünschen uns Erfolg. Oder wir sehen uns als erfolgreiche Menschen – und wir wollen uns auch in Zukunft so sehen.

Das führt dazu, dass unsere unbewusste Gedankenmaschine sich ständig mit der Frage befasst: Wie kann ich erfolgreich sein? Unser Ego beschäftigt den Verstand damit, in (fast) jeder Lebenslage zu planen, zu analysieren und zu ergründen: Was kann und muss ich in dieser Situation tun, um für Erfolg zu sorgen?

Mit dieser Aufgabe ist der Verstand jedoch völlig überfordert. Denn unser Konzept von Erfolg ist wie ein verstecktes Moor. Ein Untergrund, der nicht trägt und denjenigen, der sich darauf begibt, verschlingt. Unaufhaltsam und gleichsam gierig. Immer, wenn Ihr Verstand glaubt, den Weg zum Erfolg geplant zu haben, wird der Boden unter den Füßen wieder weich, und eine neue Falle tut sich auf.

Der unsichere Boden beginnt schon bei der Frage: Was genau ist Erfolg? Nehmen Sie sich einen Augenblick Zeit, und reflektieren Sie, was Erfolg für Sie bedeutet.

Eine erfüllte Beziehung? Eine harmonische Familie?

Gesundheit?

Eine steile Karriere?

Finanzielle Unabhängigkeit?

Macht und Ansehen?

Anerkennung und Lob?

Ein schönes Haus?

Ein großer Garten?

Und wie gehen Sie mit Zielkonflikten um? Wenn Sie die Wahl haben, heute entweder den Umsatz Ihrer Firma zu steigern oder mit Ihren Kindern zu spielen – wonach entscheiden Sie?

Fragen Sie weiter: Wann ist für Sie der Erfolg eingetreten; wann sind Sie erfolgreich, also reich an Erfolg? Wann haben Sie zum Beispiel ein Projekt erfolgreich abgeschlossen? Wenn es fertig ist? Wenn andere begeistert sind? Wenn es finanziell honoriert wird? Und was macht den Erfolg dann aus? Die Fertigstellung des Projektes an sich? Oder die Anerkennung durch andere und/oder die Vergütung? Wer muss die Anerkennung aussprechen oder wie hoch muss die Vergütung sein, damit Sie das Projekt als erfolgreich betrachten? Wann sind Sie als Politiker erfolgreich? Wenn Ihre Partei als „Regierungsmacht" wiedergewählt wird und Sie Ihr Amt beibehalten? Wenn Sie Ihre politische Position gegen den „politischen Gegner" durchgesetzt haben?

Tausend Fragen, tausend Möglichkeiten.

Dazu kommen die Selbstzweifel, die Sie in sich tragen. Dazu kommt die Tatsache, dass Erfolgsstrategien immer von Prognosen abhängen und ein Wechsel auf eine unsichere Zukunft sind.

Und dazu kommt, dass die Kriterien für gesellschaftliche Anerkennung nicht von Ihnen festgelegt werden, sondern von anderen. Und diese Kriterien können sich schneller wandeln, als Ihnen lieb ist.

Wie bereits erwähnt, ist es noch nicht lange her, da war es ein Erfolgsbeweis für Unternehmen, wenn sie ihren Mitarbeiterstab halten und ausbauen konnten. Heute ist es teilweise umgekehrt, und unternehmerisches Handeln wird auch dann – manchmal gerade dann – als erfolgreich verstanden, wenn Personal abgebaut wird.

Oder: Noch vor fünfzig Jahren war ein Mensch im Privatleben erfolgreich, wenn er eine lebenslange Ehe führte. Heute gilt es als erfolgreich, sich aus einer schwierigen Beziehung zu lösen.

Erfolg – eine Funktion der Zeit und der Umstände?

Und wenn es so ist, haben wir dann überhaupt noch eine Chance auf Erfolg, da Zeit und Umstände sich zunehmend schneller ändern? Fragen über Fragen. Wie soll der Verstand sie alle verarbeiten?

Und nun kommen wir noch mit diesem Buch und verwirren den Verstand weiter, indem wir Sie ein bisschen schütteln und überkommene Denkstrukturen unter die Lupe nehmen. Indem wir Ihnen jetzt zum Beispiel empfehlen, „Erfolg" einmal ganz nüchtern als das zu betrachten, was das Wort ausdrückt: Es folgt etwas. Wenn etwas folgt, muss etwas vorangegangen sein. Das heißt: Erfolg ist das, was folgt – was folgerichtig ist.

Wir können auch sagen, „Erfolg" kommt von „erfolgen".

In diesem Sinne sind Sie immer erfolgreich; denn das, was Sie erleben, folgt immer auf das, was in Gedanken, bewusst oder unbewusst, vorher schon da war. Auch wenn wir Dinge erleben, die uns nicht wirklich gefallen, sind wir erfolgreich; denn wir können davon ausgehen, dass wir sie selbst kreiert haben: „Du kriegst, was du denkst." Noch einmal: Wie soll der Verstand das alles im Alltag bewältigen? Wie soll er „Erfolg" wirklich planen?

Die Antwort ist einfach: Er kann es nicht wirklich. Er verstrickt sich in all den bewussten oder unbewussten Grübeleien um Erfolg und Erfolglosigkeit und Versagensängste und ist damit überfordert. Er dreht sich im Kreis; er dreht – im Extremfall – durch. Damit sind wir auf dem besten Weg, nichts mehr bewusst zu entscheiden, sondern uns unseren unbewussten Denk- und Verhaltensweisen zu überlassen.

Was aber kann der Ausweg sein, wenn Sie diesen Mechanismus bei sich erkennen? Ganz einfach: Denken Sie nicht über Erfolg oder Misserfolg nach. Natürlich können Sie solche Gedanken nicht einfach „abstellen". Aber Sie können ihnen keine Bedeutung geben. Verfolgen Sie sie nicht weiter.

Statt dessen handeln Sie einfach. *Tun* Sie ganz einfach das, was Sie jetzt, in der gegebenen Situation, als sinnvoll und notwendig *empfinden*. Tun Sie das, von dem Sie aus tiefstem Herzen heraus spüren, dass es jetzt, in diesem Moment, „anliegt". Dass es das ist, was Sie jetzt tun können und tun sollten, um das Leben in Ihrem Umfeld, in Ihrem Verantwortungsbereich, voranzubringen.

Tun Sie es – aber phantasieren Sie nicht, wohin Ihr Tun Sie führen könnte. Nutzen Sie Ihren Verstand statt dessen, um praktische Aufgaben zu erledigen. Um die Bilanz zu lesen, das Redemanuskript zu überarbeiten, die richtige Autobahnausfahrt zu finden oder die Mathematik-Aufgaben Ihrer Tochter zu verstehen. Wenn Sie so vorgehen, werden Sie das Richtige tun – und Sie werden am Ende innere Befriedigung und aller Wahrscheinlichkeit nach auch äußere Anerkennung finden. Warum das so ist, werden wir gleich erläutern. Vorher wollen wir noch einmal an einem Beispiel aus dem Sport verdeutlichen, was wir meinen.

Stellen Sie sich vor, Sie verfolgen im Fernsehen ein Tennis-Match aus Wimbledon, Melbourne oder Paris. Ein Favorit spielt gegen einen krassen Außenseiter. Und der Außenseiter hat einen Bomben-Tag erwischt. Sein Spiel ist im Fluss; mühelos scheinen ihm die schwierigsten Schläge zu glücken; er ist eins mit sich, dem Platz und dem Ball. Nach kürzester Zeit hat er drei Satzbälle vor sich im ersten Satz.

Aber dann kippt das Spiel in Sekundenschnelle. Ein kleiner Patzer beim ersten Satzball; ein Doppelfehler beim zweiten Satzball. Und schon ist der Favorit zurück im Spiel. Er kämpft auch den dritten Satzball nieder und gewinnt wenig später doch noch den Satz und am Ende das Match.

Dann kann es sein, dass der TV-Kommentator in jener Phase, in der der Außenseiter die ersten Satzbälle überraschend verschlägt, den Satz formuliert: „Oh, jetzt fängt er an nachzudenken ...!“ Und dass der junge Außenseiter später im Interview zugibt, dass ihm in jener entscheidenden Phase des ersten Satzes plötzlich der Gedanke durch den Kopf geschossen sei: „Meine Güte – ich führe gegen *diesen* Favoriten. Kann das sein ...?“ Oder: „Was passiert mit mir, wenn ich hier gewinne?“

Tennisspieler kennen das: Schon der Gedanke allein, die Frage allein, reicht aus, um den Spielfluss zu stören und den nächsten Ball zu verschlagen.

Versetzen Sie sich bitte in diese Lage und versuchen Sie, das Beispiel auf Ihre berufliche Situation, auf die Lage in Ihrem Betrieb oder Ihrer Abteilung zu übertragen.

Was wäre, wenn es Ihnen gelänge, all die bewussten oder bestenfalls halb bewussten Gedanken und Grübeleien rund um Erfolg und Misserfolg beiseite zu lassen – und einfach zu tun, was anliegt? Wie viel nutzlos vergeudete (Gedanken-) Energie könnten Sie dann für Ihre eigentlichen Aufgaben nutzen? Ist das nicht etwas, wonach Sie sich insgeheim sehnen?

Vielleicht werden Sie jetzt einwenden, dass Ihre Lage im Betrieb viel schwieriger, viel komplexer sei als ein Tennis-Match. Mag sein. Aber Sie haben einen Vorteil gegenüber dem Tennisspieler. Sie haben Zeit. Sie haben oftmals viel mehr Zeit als der Tennisspieler beim Ballwechsel, um störende Gedanken zu erkennen und verstreichen zu lassen. Nutzen Sie Ihre Zeit!

Die Kraft des Originals

Wenn sie so handeln, wenn Sie der Energie des Augenblicks folgen, lassen Sie die Fälschung hinter sich und verbinden sich mit Ihrem Original.

Wenn Sie die Gedanken, Grübeleien und Glaubenssätze des Egos erkannt haben und vorüberziehen lassen und statt dessen das tun, was Sie „aus tiefstem Herzen" als stimmig empfinden, dann haben Sie die Fälschung entlarvt und handeln aus dem Original, aus Ihrem inneren Wesenskern heraus und nutzen dessen Kraft.

Das Original „tut das Richtige". Ein Leben aus dem inneren Wesenskern ist ein Leben in Klarheit, in Aufrichtigkeit, in Liebe. Es ist ein Leben in Harmonie mit der kosmischen Energie oder der schöpferischen Energie. Mit dem, was viele Gott nennen. Ein solches Leben folgt den umfassenden, universellen Gesetzen des Kosmos, in dem alles mit allem verbunden ist und sich gegenseitig unterstützt. Die moderne Naturwissenschaft lehrt uns, dass alles Teil der einen kosmischen Energie ist und, dass alles mit allem verbunden ist. Demzufolge hat ein Eingriff an einer Stelle Auswirkungen auf das ganze System. Das bedeutet, das etwas, das einem Teil des Systems „angetan“ wird, dem ganzen System „angetan“ wird. Eine Analogie hierzu finden wir schon in der Bibel in dem Jesus Wort: „Was ihr dem geringsten meiner Brüder angetan habt, habt ihr mir angetan.“

Ein Leben aus dem inneren Wesenskern berücksichtigt das alles wie von selbst.

Das Ego, die „Fälschung“, dagegen führt uns in die Irre oder verunsichert uns, indem es uns mit oberflächlichen Zielen wie Erfolg, Reichtum oder Macht beschäftigt.

Erinnern Sie sich an den bereits erwähnten Film „Im Auftrag des Teufels“? Das Motiv, das den Protagonisten führt und lockt, ist der Erfolg. Ein Leben in Glanz und Glamour. Dabei verkauft er buchstäblich seine Seele – ohne es zunächst zu merken.

Wir finden Hinweise auf dieses Thema auch in vielen Werken der Weltliteratur. So sagt beispielsweise Mephistopheles zu Gott im ersten Teil von Goethes Faust:

> *„Was wettet Ihr? Den [Faust] sollt Ihr noch verlieren,*
> *wenn Ihr mir die Erlaubnis gebt,*
> *ihn meine Strasse sacht zu führen.“*

Und weiter:

> *„Mir ist für meine Wette gar nicht bange.*
> *Wenn ich zu meinem Zweck gelange,*
> *erlaubt Ihr mir Triumph aus voller Brust.*
> *Staub soll er fressen und mit Lust,*
> *wie meine Muhme, die berühmte Schlange.“*

Was aber ist an Motiven wie Erfolg oder Reichtum so nachteilig?

Sie bringen uns nicht wirklich das Glück und die Befriedigung, die wir uns wünschen. Beides scheint uns nur so. Es scheint uns zu nähren, doch in Wirklichkeit bleiben wir hungrig. Es scheint unsere Wünsche zu erfüllen, doch in Wirklichkeit kommen immer wieder neue Wünsche hinzu. Äußere Macht und äußerer Reichtum, das, wonach so viele streben, wofür wirtschaftliche und politische Schlachten geschlagen werden, bringt – auch wenn die Schlachten gewonnen werden – keine nachhaltige Befriedigung. Die kommt erst dann, wenn die Motive nicht aus dem Ego, sondern aus dem inneren Wesenskern entspringen. An diese Befriedigung sind wahre Kraft und wahre Handlungsstärke gekoppelt. Diese im Innen verankerte Kraft ist die Voraussetzung für eine Führung, die Menschen inspiriert, miteinander zu arbeiten, sich gegenseitig zu unterstützen und gemeinsam ihr volles Potenzial zu entfalten. Immaterieller und auch materieller Reichtum, der *daraus* resultiert, ist dauerhaft und kann wirklich genossen werden.

Leider hat die Fälschung aber die Tendenz, sich zu behaupten – wenn wir sie nicht durchschauen. Das Ego möchte uns, wie wir schon gesehen haben, davon abhalten, mit dem inneren Wesenskern wieder bewusst in Kontakt zu treten. Es wird uns Gedanken und Ideen eingeben, die uns davon abhalten und genau die Interessen des Ego unterstützen. Es wird uns glauben lassen, auf dem richtigen Weg zu sein, und wird unsere Erfolge für seine Zwecke instrumentalisieren. Das ist, gemessen an der Natur des Ego, völlig natürlich und nicht weiter schlimm. Solange nicht schlimm, wie wir ehrlich und aufmerksam bemüht sind, die Tricks zu durchschauen und die Fallen zu erkennen.

Denken Sie daran: Es gibt Original und Fälschung und Sie allein haben die Wahl, ob Sie dem Zugang zum Original oder der Fälschung folgen. Die Kraft des Originals wird Sie unterstützen, das zu tun und zu erreichen, was Ihr volles Potenzial zum Ausdruck bringt und Ihnen hilft, die Dinge, mit denen Sie befasst sind, harmonisch zu entwickeln – so wie ein Tennisspieler, der „im Fluss" ist, wie von selbst die schwierigsten Bälle übers Netz bringt.

Die Fälschung verfolgt ihre eigenen, „egozentrischen" Interessen, die nicht mit der kosmischen Energie des Originals in Einklang stehen. Das führt unweigerlich zu Kampf – wir alle kennen das.

Deshalb ist es wichtig, nicht nur Handlungen, Verhaltensweisen und Gedankenstrukturen bewusst zu machen – sondern auch die (oft versteckten) Motive, die diese Strukturen hervorbringen. Sie wissen jetzt: Unsere schöpferischen Gedanken können wir so einsetzen, dass wir in uns die Person mit den Erfahrungen „erschaffen", die zu sein wir für uns gewählt haben. Welcher Form haben sie bisher Ausdruck verliehen, und welcher Form wollen Sie in Zukunft Ausdruck verleihen? Wenn Sie das bewusst entscheiden wollen, fragen Sie sich auch nach Ihren Motiven und danach, aus welcher Quelle die Motive kommen: Kommen Sie aus dem inneren Wesenskern? Oder aus dem Ego? Im zweiten Fall sind Zweifel angebracht, ob Sie Ihr Ziel nachhaltig erreichen, und wenn, ob Sie darin Befriedigung finden werden.

Sie entscheiden, ob Sie dem Original oder der Fälschung den Vorrang einräumen. Sie entscheiden, welchen Gedanken Sie folgen. Das können Sie jederzeit tun, jeden Tag, jede Stunde, in jedem Moment. Sie haben immer die Wahl, wirklich immer!

Praktische Übung: Am Scheideweg der Gedanken

War Ihnen das eben Gesagte zu abstrakt, zu abgehoben? Gut. Dann schalten wir einen Gang zurück und sprechen nicht mehr von der Wahl zwischen Original und Fälschung. Sondern ganz praktisch von der Wahl zwischen unterschiedlichen Gedanken.

„Du kriegst, was du denkst. Deshalb denke das Richtige."

So könnte das plakative Motto dieser Übung lauten – wenn wir nicht eine Klarstellung machen müssten. Gedanken sind niemals „richtig" oder „falsch": Diese (quasi moralische) Bewertung ist unpraktisch und führt in die Irre, wie wir später sehen werden.

Gedanken können aber, bezogen auf ein bestimmtes Ziel, zielführend oder nicht zielführend, konstruktiv oder destruktiv, produktiv oder kontraproduktiv sein. Also formulieren wir das Motto um:

„Du kriegst, was du denkst. Deshalb wähle konstruktive Gedanken."

Jeder Zeitpunkt, diese Wahl zu treffen, ist gut. Sie können sich in jedem Augenblick, wirklich in jedem Augenblick, für andere Gedanken entscheiden. In dem Moment, in dem Sie sich dabei ertappen, wie Sie destruktive Gedanken denken und sich mit diesen Gedanken beschäftigen – in genau diesem Moment haben Sie die Wahl, diese Gedanken weiter zu verfolgen oder fallen zu lassen.

Um das zu üben, bitten wir Sie: **Setzen Sie sich bewusst ein Ziel.** Am sinnvollsten wäre ein Ziel, das sich auf Sie selbst bezieht – eine Aufgabe, die Sie verändern kann. Setzen Sie sich dieses Ziel und beobachten Sie in den nächsten Tagen und Wochen die Handlungen, Verhaltensweisen und vor allem die Gedanken, die sich auf dieses Ziel beziehen. Fragen Sie sich bei jedem Gedanken, ob er – bezogen auf das Ziel – produktiv oder kontraproduktiv ist. Und entscheiden Sie dann, wie Sie mit dem Gedanken umgehen wollen: Ob Sie ihm nachgehen wollen und mehr Aufmerksamkeit auf ihn lenken. Oder ob sie ihn vorbeiziehen lassen und ihre Aufmerksamkeit den nächsten Gedanken zuwenden.

Wenn Sie diese Übung eine Zeit lang machen, werden Sie unweigerlich viel über sich und ihre Gedankenstrukturen lernen – und darüber, wie Sie Gedanken beeinflussen und verändern können.

Sie werden zum Beispiel feststellen, wie viele versteckte Zweifel in Ihnen hochkommen: Zweifel, ob Sie das Ziel wirklich erreichen können (und wollen). Sie werden sicherlich zu dem Schluss kommen, dass solche Zweifel destruktiv sind – es sei denn, Sie betrachten Sie als Warnsignal und überprüfen Ihre Strategie.

Sie werden hoffentlich feststellen, dass Sorgen kontraproduktiv sind; denn sie beziehen sich auf ein Ereignis in der Zukunft, das sie jetzt nicht beeinflussen können. Oder gibt es irgendetwas, das Sie jetzt tun können? Nein? Dann lassen Sie die Sorgen vorüberziehen.

Sie werden sicherlich erfahren, wie subjektiv die Frage ist, ob ein Gedanke „richtig" oder „falsch" ist. Wenn Sie sich entschieden haben, ein zuverlässiger Mensch zu sein, ist es konstruktiv, Vereinbarungen einzuhalten und Versprechen nicht zu brechen. Wenn Sie sich entschieden haben, ein liebevoller Ehepartner zu sein, ist es „richtig", Mitgefühl für den Partner zu entwickeln, und „falsch", seine Bedürfnisse zu ignorieren. Wenn Sie sich aber (wovon wir nicht ausgehen) entschieden hätten, Ihr Leben egoistisch zu leben, wäre es kontraproduktiv, Mitgefühl für andere zu entwickeln. Entscheiden Sie also, was Sie sein und erfahren wollen, und beachten Sie dann Ihre Verhaltensweisen, also Ihre Gedanken, Gefühle und Handlungen, um festzustellen, ob diese Verhaltensweisen im Sinne Ihrer Entscheidung konstruktiv und zielführend sind.

Je bewusster Sie sich mit dieser Übung befassen, desto stärker werden Sie erfahren, dass Sie tatsächlich die Wahl haben. Sie allein entscheiden, welchen Gedanken Sie Kraft und Energie einräumen – und welchen nicht. Sie haben die Wahl. Jetzt!

Die Wichtigkeit dieser Zusammenhänge kann nicht oft genug betont werden. Sie – und nur Sie – entscheiden darüber, wie es Ihnen geht. Wenn Sie sich entschieden haben, ein zufriedener Mensch zu sein, kann außer Ihnen selbst nichts und niemand Sie davon abhalten. Ob Sie zufrieden sind oder nicht, ist eine Frage Ihrer persönlichen Entscheidung. Denn es wird in Ihrem Verstand und in Ihrem Unterbewusstsein immer Gedanken geben, die Zufriedenheit suggerieren, und es wird immer Gedanken geben, die Unzufriedenheit suggerieren. Die Frage ist: Welchen Gedanken geben Sie Raum?

Es gibt einen kleinen Moment der Entscheidung, und den gibt es in jedem Augenblick neu. Stellen Sie sich vor, Sie stehen an einem Scheideweg. Zu der einen Seite vor Ihnen verläuft ein Gedankenstrang, ähnlich einem Wanderweg, der konstruktive Gedanken enthält, und zur anderen Seite verläuft ein anderer Gedankenstrang mit destruktiven Inhalten. Von Ihrer Position aus können Sie entscheiden, welchem der beiden Stränge, oder Wege, Sie folgen wollen. Bevor Sie weitergehen, respektive weiter denken, gibt es diesen winzigen Moment der Entscheidung. Immer.

Nun ertappt sich fast jeder dabei, dass er auf einem der beiden Gedankenstränge läuft, ohne zu wissen, wie er dorthin gekommen ist. Entscheidend ist dann nicht so sehr zu erkennen, *wann* Sie sich für eine Richtung entschieden haben – sondern sich einzugestehen, *dass* Sie sich entschieden haben. Sind Sie auf dem „falschen" Weg, entscheiden Sie sich einfach umzukehren.

Der Moment der Entscheidung

Zugegeben: Die Überlegungen, die wir Ihnen hier anbieten, sind ungewöhnlich, und es bedarf eines hohen Maßes an Aufmerksamkeit, diesen kleinen Moment der Entscheidung zu erkennen. Jeder Verstand ist auf eine bestimmte Richtung konditioniert. Jeder folgt bestimmten Vorstellungen und Überzeugungen, ohne sich dessen zunächst bewusst zu sein.

Wenn Sie sich nun entscheiden, einer bisher präferierten Vorstellung nicht weiter zu folgen, und bewusst eine andere Richtung wählen, werden Sie feststellen, welch ungeheure Anziehungskraft die alte, lieb gewordene Vorstellung hat. Sie werden sich möglicherweise dabei ertappen, dass Sie von dem neuen Gedankenstrang immer wieder einen Blick zurück über die Schulter werfen, um nachzusehen, ob die alte Vorstellung noch da ist. Und in dem Moment, in dem Sie nach ihr schauen, ist sie wieder präsent und drängt sich in den Vordergrund. Das Ganze erinnert an einen Spaziergang mit einem kleinen Kind. Das Kind läuft voraus oder bleibt zurück und trifft mutig die Entscheidung, dem Weg der Eltern nicht mehr zu folgen. Dennoch schaut es sich in regelmäßigen Abständen um, um sich zu vergewissern, dass die Eltern noch da sind. Die Eltern, die alten Vorstellungen, bleiben da. Was sich verändert hat, ist das Maß der Aufmerksamkeit, das Sie diesen Vorstellungen entgegenbringen. Sie können Ihre Aufmerksamkeit auf jede Art von Gedanken richten. Sie können Ihre Gedanken unterbrechen und in eine andere Richtung lenken, auch wenn Ihnen das zunächst schwer oder sogar unmöglich erscheint.

Ach übrigens, wann haben Sie das letzte Mal Affen im Zoo besucht, und in welchem Zoo waren Sie?

Sehen Sie, so schnell sind Sie von Ihrem Thema abgelenkt, sind irritiert oder denken an Affen in einem Zoo. Der Gedankenwechsel als solcher ist nicht das Problem. Das geschieht ständig, und wir lassen es in aller Regel zu. Der *bewusste* Gedankenwechsel ist die Herausforderung. Das, was gerade in unserem Kopf herumgeistert, ganz gezielt loszulassen zu Gunsten eines anderen Gedanken, der uns vielleicht weiter führt oder hilfreicher ist.

Unsere Gedanken kommen und gehen, kommen und gehen. Es ist ein ununterbrochener Prozess. Dennoch gibt es einen winzig kleinen Moment, in dem ein Gedanke entsteht und jeder nachfolgende Moment ist wieder ein neuer Augenblick, in dem der Gedanke fortgeführt wird. Aus der Hirnforschung wissen wir, das ein Gedanke kein kontinuierlicher Prozess ist, sondern sich aus unzähligen Einzelimpulsen zusammensetzt, die uns nur als kontinuierlich erscheinen. Wir haben in jedem Moment die Möglichkeit, zwischen den einzelnen Impulsen „einzuhaken" und den „Gedankenstrom" zu unterbrechen.

Machen wir das noch einmal am Beispiel des Begriffs „Sorgen" deutlich.

Sorgen sind nichts anderes als Gedanken. Es sind Gedanken über das, was geschehen wird. Sorgen betreffen immer die Zukunft und beschäftigen uns mit Dingen, die noch gar nicht da sind oder vielleicht nicht einmal eintreffen werden.

Nein halt, das stimmt nicht ganz. In Wirklichkeit beschäftigen die Sorgen nicht uns, sondern wir beschäftigen uns mit den Sorgen. Den Satz ganz bewusst umzuformulieren, macht einen gewaltigen Unterschied, im wahrsten Sinne der Worte. Wenn die Sorgen uns beschäftigen, haben sie Gewalt über uns. Wenn wir uns mit den Sorgen beschäftigen, haben wir Gewalt über sie.

In diesem Moment treten wir aus der passiven Haltung heraus und übernehmen aktiv die Gestaltung unserer Vorstellungen.

Noch einmal: Es geht – wie immer – darum, bewusst zu wählen. Seien Sie aufmerksam und nutzen Sie den winzig kleinen Moment zwischen zwei Gedanken, um sich zu entscheiden, welchem Sie Priorität einräumen.

Sie haben die Wahl, wählen Sie!

Wir befinden uns also an dem Punkt, an dem wir eine Entscheidung bezüglich unserer Gedanken treffen. Und wir wissen inzwischen, dass Gedanken schöpferische Kräfte haben. Wenn wir uns also in einer Situation befinden, die uns nicht gefällt, können wir davon ausgehen, dass wir durch unsere Gedanken in irgendeiner Form an der Entstehung der Situation beteiligt gewesen sind. Jetzt, an dem Punkt der Entscheidung, haben wir die Möglichkeit, andere Gedanken zu wählen oder zu generieren, um in der Zukunft zu anderen Ergebnissen zu kommen.

Das bedeutet ein hohes Maß an gedanklicher Flexibilität und Bereitschaft, aus den gewohnten Denkschemata herauszutreten, wie der folgende Dialog zeigt.

Die Macht der Gedanken im Dialog

FÜHRUNGSKRAFT: Aber ich muss doch Lösungen finden. Ich kann doch die Augen nicht vor dem Problem verschließen. Außerdem ist es völlig normal, sich Sorgen zu machen. Jeder intelligente Mensch macht sich Sorgen.

COACH: Ja, Sie haben recht, so denkt fast jeder. Aber wird es deshalb wahrer oder zielführender? Ist etwas nur deshalb richtig, weil alle es tun?

FÜHRUNGSKRAFT: Nein, natürlich nicht. Aber es geht darum, dass eine Lösung gefunden werden muss.

COACH: Vielleicht, vielleicht aber auch nicht? Was würde passieren, wenn Sie keine Lösung fänden? Erinnern Sie sich? Sie müssen *nicht wirklich, auch wenn es zunächst so scheinen mag. Sie haben die Wahl. Aber okay, bleiben wir dabei, dass eine Lösung gefunden wird, mit oder ohne „müssen". Warum aber glauben Sie, dass dazu Sorgen nötig sind?*

FÜHRUNGSKRAFT: Na ja, wenn ich mir keine Sorgen mache, bin ich auch nicht so motiviert, das ist doch normal.

COACH: Das heißt ja, die Sorgen sind ein Motivator, etwas zu tun. Hätten Sie keine Sorgen oder würden Sie die Situation als weniger bedrohlich oder schlimm ansehen, würden Sie nichts tun?

FÜHRUNGSKRAFT: Ich schätze schon. Wenn es weniger schlimm wäre, müsste nicht gleich etwas getan werden. Ich könnte mir vielleicht mehr Zeit lassen ...

COACH: ... und abwarten, bis es schlimmer wird?

FÜHRUNGSKRAFT: Nicht unbedingt, ich weiß ja nicht, wie schlimm es wird.

COACH: Das wissen Sie jetzt aber auch nicht. Sie haben Vorstellungen darüber, wie schlimm es ist oder werden wird, und diese Vorstellungen machen Ihnen Sorgen. Und dann kommt noch etwas hinzu: Diese Sorgen werden als normal angesehen. Sie bekommen das Etikett „normal", weil alle oder zumindest sehr viele die Dinge so sehen. Was aber ist normal? Sind Sorgen wirklich eine normale Erscheinung, oder sind sie nur ein Produkt bestimmter Gedankengänge, negativer Überlegungen, die Sie in Ihrem Kopf verarbeiten?

Noch einmal, was ist normal? Normal beinhaltet „Norm". Ist das normal, was den Normen entspricht? Und wer legt die Normen fest? Doch wir Menschen. Und nach welchen Kriterien? Und wer entscheidet über Sinn und Unsinn der Kriterien? Wiederum wir Menschen. Doch nach welchen Maßstäben?

Sie sehen, das ist alles sehr vage. Die Maßstäbe ändern sich, die Kriterien ändern sich, je nach organisatorischem, politischem, kulturellem oder religiösem Hintergrund. Ist Bigamie strafbar? Es kommt ganz darauf an, vor welchem Hintergrund Sie die Frage beantworten. Für Christen ist Bigamie strafbar, für Moslems nicht. Wer hat recht?

Selbst der Wert eines Menschen ist unterschiedlich belegt, je nach kulturellem Hintergrund. Im Mittelalter galten andere Regeln als heute. Hatten die Menschen damals alle Unrecht? Und woher wissen wir, dass unsere Sichtweisen von heute „richtig" sind? Vielleicht sind auch das alles nur Ideen, über die die Menschen in zweihundert Jahren lachen?

FÜHRUNGSKRAFT: Mag sein, aber das ist mir zu radikal. Das würde alles über Bord werfen, was wir heute für sinnvoll und gültig halten.

COACH: Ja, das stimmt. Doch es geht nicht darum, alles über Bord zu werfen. Wir brauchen Regeln und Orientierungshilfen, um uns zurechtzufinden. Ohne die sind wir sowohl individuell als auch kollektiv nicht lebensfähig. Es geht nur darum, Konzepte zu hinterfragen und zu überprüfen ob sie sinnvoll und hilfreich sind, gemessen an dem, was wir erreichen wollen.

FÜHRUNGSKRAFT: Ja. Und Sorgen sind hilfreich, weil sie motivieren.

COACH: Wie fühlen sich die Sorgen an?

FÜHRUNGSKRAFT: Nicht gut. Eigentlich will ich sie nicht haben, sie belasten mich.

COACH: Ja, und die Motivation, die Probleme zu lösen, bezieht sich nicht so sehr auf die Probleme, sondern darauf, die Sorgen los zu werden. Sorgen, negative Vorstellungen, Befürchtungen, all das fühlt sich nicht gut an. Es soll weg. Deshalb wenden wir uns den so genannten Problemen zu. Wir haben die Vorstellung, dass es uns besser geht, wenn bestimmte Dinge anders laufen. Aber das sind nur Vorstellungen. Wir wissen gar nicht, ob das stimmt. Oder können Sie wissen, wie Sie sich fühlen, wenn Sie Ihr „Problem" gelöst haben?

FÜHRUNGSKRAFT: Ja, ich denke, dann geht es mir besser.

COACH: Sie denken es, aber wissen Sie es auch?

FÜHRUNGSKRAFT: Nein, natürlich nicht.

COACH: Und da liegt das Missverständnis. Wir haben bestimmte Vorstellungen, und wenn sie sich nicht erfüllen, machen wir uns Sorgen. Mit anderen Worten, wir machen uns ein schlechtes Gefühl und halten das für normal. Weil es alle genauso machen. Um das schlechte Gefühl wieder loszuwerden, versuchen wir dann, die Dinge so zu gestalten, dass sie unseren Vorstellungen entsprechen, in der Annahme, dass es uns dann besser geht. Das Ganze nennen wir dann Motivation.

In Wirklichkeit ist noch gar nichts passiert – außer einer Vorstellung in unserem Kopf, die sich auf ein mögliches Ereignis in der Zukunft bezieht. Und das alles garnieren wir mit Begriffen wie normal und Motivation und schaffen uns so die Legitimation für unser Verhalten.

Wenn es wirklich nur darum geht, bestimmte Dinge zu tun, dann können Sie sich die Sorgen doch gut sparen und sich gleich besser fühlen, oder?

FÜHRUNGSKRAFT: Sie sagen, ich konstruiere mir die Szenarien selber?

COACH: Ja, können Sie das sehen?

Können Sie denn wirklich wissen, wie die fragliche Situation ausgehen wird? Wissen Sie, was passieren wird?

FÜHRUNGSKRAFT: Nein, aber ich kann es mir vorstellen.

COACH: Ja, es sind positive und negative Ergebnisse möglich. Aber Sie wissen es nicht.

FÜHRUNGSKRAFT: Wenn es aber negativ ist ...

COACH: ... dann ist es immer noch früh genug, sich schlecht zu fühlen, wenn die negative Situation wirklich eingetroffen ist. Jetzt ist es ein bisschen früh, denn es könnte ja auch positiv ausgehen – oder?

FÜHRUNGSKRAFT: Da haben sie Recht. Aber die Sorgen kommen so blitzschnell.

COACH: Stimmt, und das geht fast jedem von uns so. Doch die Sorgen sind ein Produkt unserer Gedanken, und jetzt geht es darum, genau das zu erkennen. Wenn Sie sich unbedingt Sorgen machen wollen, tun Sie es. Aber erkennen Sie, dass Sie es selbst sind, der diese Sorgen regelrecht produziert. Und das ist nicht besonders hilfreich.

Wenn Sie sich jetzt vorstellen, Ihr Projekt läuft schief, was ist dann?

FÜHRUNGSKRAFT: Dann sind die Sorgen sofort da. Mein Magen zieht sich zusammen.

COACH: Und in welcher Stimmung gehen Sie dann an die Arbeit?

FÜHRUNGSKRAFT: In einer schlechten natürlich.

COACH: Ja, und das nennen Sie Motivation!?

Wenn Sie sich jetzt vorstellen, wirklich lebhaft vorstellen, Ihr Projekt wird ein voller Erfolg, wie fühlt sich das an?

FÜHRUNGSKRAFT: Gut.

COACH: Was ist mit Ihrem Bauch, was ist mit Ihren Sorgen?

FÜHRUNGSKRAFT: Es stimmt, mein Bauch ist entspannt. Keine Sorgen.

COACH: Und das nur, weil Sie sich entschieden haben, anders zu denken. Oder, mit anderen Worten, weil Sie einer anderen gedanklichen Vorstellung gefolgt sind...

4.4 Leitsatz 3: Es gibt keine Zufälle

„Zufälle sind das, was Gott uns schickt, wenn er sein Wirken nicht offensichtlich machen will."
Paul Baumann

Wegweiser in Ihrem Leben

„Du hast immer die Wahl." Und: „Du kriegst, was du denkst." Mit diesen beiden gedanklichen Herausforderungen haben wir Sie zuletzt konfrontiert. Doch es gibt noch eine dritte Herausforderung, die Ihre bisherigen Denkstrukturen sprengt und die in das große Themengebiet Eigenverantwortung gehört: **„Es gibt keine Zufälle".**

Wie viele Ereignisse in Ihrem Leben schreiben Sie dem „Kollegen Zufall" zu? Sie brauchen eine Information – und schlagen ein dickes Fachbuch genau an der Stelle auf, die Ihnen weiterhilft. Sie brauchen einen Partner für ein Projekt – und treffen beim Einkaufen auf der Straße einen Kollegen wieder, mit dem Sie früher gut zusammengearbeitet haben, den Sie aber vor Jahren aus den Augen verloren hatten. Oder, umgekehrt: Sie wollten mit dem ersten ICE zu einem wichtigen Geschäftstermin fahren – aber ausgerechnet heute ist Ihr Wecker kaputt, und Sie haben verschlafen.

Nennen Sie das Zufall? Etwas, das „einfach so passiert"? Manchmal scheint es lästig zu sein, manchmal hilfreich, immer unvorhergesehen und meistens ohne Bedeutung: So könnte eine gängige Definition unseres alltäglichen Begriffs vom „Zufall“ lauten.

Wir empfehlen Ihnen dringend: Lösen Sie sich von diesem Verständnis. Hören Sie am besten ganz auf, solche Ereignisse „Zufall“ zu nennen. Denn Zufälle sind weit mehr als zusammenhanglose, unbedeutende Ereignisse. So genannte Zufälle sind Hinweise und Signale, die das Leben uns gibt: Hinweise, was wir tun und lassen könnten, wo der leichteste Weg zu einem Ziel sein könnte und wo sich uns unerwartete Chancen eröffnen.

„Zufälle“ sind gewissermaßen die Fortsetzung des Grundsatzes: „Du kriegst, was du denkst.“ Sie denken; Sie handeln; und das Leben – oder „das Schicksal“, Gott, das Universum, die kosmische Energie, wie immer Sie diese Kraft für sich benennen – antwortet Ihnen.

Kurz: Zufälle gehören zu Ihrem Leben. Sie können wichtige Tipps und Hinweise für Sie sein; Tipps, die Ihnen von außen „zu-fallen“. Achten Sie bewusst auf so genannte Zufälle in Ihrem Leben. Seien Sie offen für solche Ereignisse; wehren Sie sie nicht ab, gehen sie nicht leichtfertig über sie hinweg; und versuchen Sie zu ergründen, was „das Schicksal“ Ihnen mit diesen Ereignissen sagen will. Wenn Sie das tun und üben, werden Sie feststellen, dass Ihnen manches im Leben leichter fällt – und dass Sie auch Ihrem Original näher kommen.

Denn Zufälle geschehen nicht ziellos. Zufälle können – und das ist unsere Definition – betrachtet werden als Hilfsmittel, mit dem uns „das Schicksal“ hilft, unser Leben entsprechend unserer „Lebensaufgabe“ zu leben. In diesem Licht betrachtet, geschieht Zufall eben nicht „zufällig“ sondern ist ein Phänomen, das sinngebenden Parametern folgt.

Synchronizität: Ein Erklärungsansatz

Unser naturwissenschaftlich geschulter Geist tut sich meist schwer mit den Aussagen, die wir eben formuliert haben. „Das kann doch nicht sein!“, mag er jetzt aufbegehren; und zumindest wird er fordernd fragen: „Wie kann ich mir das erklären?“

Wenn Sie nachforschen, werden Sie aber feststellen, dass nicht nur große Philosophen und Literaten, seien sie religiös oder aufklärerisch geprägt, diese Thesen immer für richtig gehalten haben. Auch moderne Naturwissenschaftler gehen heute davon aus oder können sich zumindest vorstellen, dass ein Sinn – oder mindestens ein Zusammenhang – zwischen scheinbar zusammenhanglosen Ereignissen im Universum besteht.

Vor 350 Jahren zum Beispiel gab der große jüdische Philosoph Benedictus de Spinoza (1632–1677) seiner Überzeugung Ausdruck, dass es keine Zufälle gibt, sondern nur Ereignisse, die den Gesetzmäßigkeiten der Natur oder, das ist für ihn dasselbe, dem Willen Gottes folgen. Für ihn „... geschieht in der Natur nichts, was mit ihren allgemeinen Gesetzen in Widerspruch steht, aber auch nichts, was mit denselben nicht übereinstimmte oder aus denselben nicht folgte. Denn alles, was geschieht, geschieht durch den Willen und ewigen Ratschluss Gottes."

Moderne Auffassungen formulieren anders, aber mit dem gleichen Ergebnis. Sie gehen davon aus, dass alles im Universum über das allem zugrunde liegende Potenzial, über die alles bestimmende Urenergie, miteinander verbunden ist. Das bedeutet, dass ein Ereignis an einer Stelle Auswirkungen auf alles andere haben muss.

Naturwissenschaftler wie der britische Biologe Rupert Sheldrake haben erste Ansätze für Theorien formuliert, die Zusammenhänge zwischen scheinbar Zusammenhanglosem erklären könnten.

Sheldrake verwendet dazu das Konzept des Feldes, das die Naturwissenschaft aus anderen Fachgebieten kennt. Sie erinnern sich an den Physikunterricht? Das Gravitationsfeld (als Summe aller Gravitationskräfte) bestimmt, auf welcher Bahn ein Apfel zum Boden oder ein Raumschiff zurück zur Erde fällt. Oder: Das elektromagnetische Feld (als Summe aller elektromagnetischen Kräfte) bestimmt, wie Eisenspäne sich rund um einen Magneten anordnen.

Sheldrake postuliert nun höchst plausibel, dass es so genannte „morphogenetische Felder" geben muss, die (als Summe einer noch unbekannten, näher zu beschreibenden schöpferischen Ur-Kraft) bestimmen, in welchen Formen sich das Leben auf unserem Planeten abspielt. Diese Kraft könnte dann auch die Verbindung zwischen Ereignissen sein, die, auf den ersten Blick, noch so zusammenhanglos zu sein scheinen.

Andere Wissenschaftler bezeichnen „Zufälle" als „Synchronizitäten". Der Begriff geht auf den Schweizer Psychologen C. G. Jung zurück, der allerdings nicht naturwissenschaftlich argumentiert hat.

Das Ergebnis seiner Überlegungen zum Thema Zufall war, dass materielle und psychische Systeme **über den Sinn** miteinander verbunden sein können. Jung nennt diesen Vorgang **Synchronizität.** Das bedeutet, dass ein Mensch, wenn es ihm sehr wichtig erscheint, (mit der Kraft seines Unbewussten) in der materiellen Ebene Geschehnisse hervorrufen kann, die seine Probleme lösen oder die psychischen Spannungen abbauen helfen. Ganz ausdrücklich schließt Jung dabei kausale Vorgänge aus; die Basisannahme Jungs war die enge, indirekte Verbindung zwischen Geist und Materie über den Sinn.

Erinnert Sie das nicht stark an: „Du kriegst was Du denkst"?

Die amerikanische Psychologin und Autorin Carol Adrienne schreibt dazu: „Eine Synchronizität ist eine scheinbar zufällige Begegnung, die gleichzeitig kosmisch arrangiert scheint. Wenn wir mit unserer Lebensaufgabe in Übereinstimmung kommen wollen, ist es notwendig, diese katalysierenden Ereignisse zu erkennen und uns ihnen zu öffnen."

Sprechen wir also nicht mehr von „Zufall", wenn wir uns diese Hintergründe bewusst machen wollen, sondern von „Synchronizität".

Im Alltag können wir Synchronizitäten leichter erkennen, wenn wir unseren Fokus, unseren Blickwinkel, verändern. Anstatt, wie wir es gewohnt sind, auf die einzelnen Ereignisse in unserem Leben zu achten, sollten wir bewusst nach dem Ausschau halten, was diese Ereignisse verbindet. Stellen Sie sich eine Perlenkette vor: Sie können sich auf die einzelnen Perlen konzentrieren oder auf den Faden, der die Perlen zusammenhält. Egal an welcher Stelle Einfluss auf den Faden genommen wird, dieser Einfluss betrifft die gesamte Kette.

Willigis Jäger benutzt ein anderes Bild und vergleicht das Leben mit einem Netz. Dieses Netz setzt sich zusammen aus vielen einzelnen Maschen, von denen jede ihre Funktion hat. Wird jedoch an einer einzelnen Masche gezogen, so hat das Auswirkungen auf das gesamte Netz. Wenn wir dieses Wissen nutzen, argumentiert Jäger, können wir wichtige Erkenntnisse über unser ganz persönliches Leben gewinnen.

Wie wir Zufälle im Alltag nutzen

Was heißt das in der Praxis? Wir wollen uns dieser Frage langsam nähern.

Jeder von uns hat Synchronizitäten erlebt. Einfache Beispiele hatten wir schon erwähnt. Sie denken an jemanden, und genau in diesem Moment ruft die Person an. Sie merken, dass Sie in einer fremden Stadt die Orientierung verloren haben, aber schon nach wenigen Metern stehen Sie „wie durch Zufall" an der richtigen Straßenecke. Und so weiter.

Aber Synchronizitäten können komplizierter sein und verstecktere Botschaften in sich tragen. Wie können wir lernen, sie wahrzunehmen und zu interpretieren?

Im ersten Schritt hilft eine einfache Unterteilung. Wir unterscheiden hier drei verschiedene Kategorien von „Zufällen":

1. Ereignisse, die mittelbar oder unmittelbar zu einem wichtigen oder bedeutsamen Ergebnis führen, das unserem Leben eine leicht veränderte oder neue Richtung geben kann.
2. Ereignisse, die Hinweise auf einen persönlichen Entwicklungsschritt geben, der für uns anliegt und den wir jetzt vollziehen können.
3. Ereignisse, die Antworten auf drängende Fragen geben.

Lassen Sie uns jede Kategorie anhand eines Beispiels verdeutlichen. Eine sehr schöne Begebenheit der ersten Kategorie beschreibt einer unserer Klienten aus der Zeit kurz nach seinem Studium.

„Als ich mit meinem Studium fertig war, fand ich zunächst keine Stelle. Ich war völlig frustriert und beschloss, ein Praktikum zu beginnen in der Hoffnung, auf diesem Weg in einem Unternehmen Fuß zu fassen. Zu der Zeit fuhr ich eine „Ente", die mich während des ganzen Studiums begleitet hatte und an der ich sehr hing. Eines Abends bat mich ein Kollege, ihn auf dem Heimweg an einem Hotel abzusetzen, in dem eine Vortragsveranstaltung stattfand. Nachdem er ausgestiegen war, wollte ich nach Hause fahren, doch mein Wagen startete nicht. Ich versuchte es mehrmals, vergeblich. Da es für jede Werkstatt schon zu spät war und ich weder in einem Automobilclub war noch eine andere Form von Schutzbrief besaß, beschloss ich, meine Kollegen zu begleiten und anschließend meinen Ärger bei einem Glas Bier mit ihm zu dämpfen.

Erst jetzt wurde mir klar, dass der Vortrag, gehalten von einem Manager eines Wettbewerbers, von dem Fachgebiet handelte, das mich schon während des Studiums begeistert hatte, zu dem ich aber leider keinen beruflichen Zugang hatte bekommen können.

Mein Kollege kannte den Referenten und machte uns nach der Veranstaltung miteinander bekannt. Ich äußerte meine Begeisterung über den Vortrag und meinen heimlichen Wunsch, in diesem Fachgebiet tätig zu sein. Es erschien mir wie ein Wunder, als der Referent mir von den Plänen seines Unternehmens erzählte: der entsprechende Fachbereich sollte ausgeweitetet werden und einige interessante Forschungsprojekte, die er natürlich nicht näher benannte, waren in der Planung. Er könne mir keine Anstellung versprechen, aber wenn ich interessiert sei, könne er mir einen Praktikumsplatz verschaffen. Ich zögerte nicht den Bruchteil einer Sekunde und sagte zu. Inzwischen bin ich zehn Jahre in diesem Unternehmen beschäftigt und habe buchstäblich den Job meiner Träume.

Nach dem Gespräch ging ich zurück zum Parkplatz, um noch einmal nachzusehen, was mit meiner „Ente" los war. Ich wollte sie am nächsten Tag abschleppen lassen doch siehe da, der Motor startete ohne Probleme, so als sei nie etwas gewesen."

Diese Geschichte ist ein Beispiel für eine sehr energetische Synchronizität. Ein unerklärliches Ereignis – der Ausfall des Wagens – führt zu einschneidenden, in diesem Fall lebensverändernden Folgen, ohne dass der offensichtliche Initiator (das „streikende" Auto) hinterher noch erkennbar ist.

Dann gibt es die „versteckten" Botschaften der zweiten Kategorie: Hinweise, die unsere persönliche Entwicklung unterstützen. Hinweise, die uns helfen, eigene Muster und Verhaltensweisen zu erkennen. Diese Muster und Verhaltensweisen können uns behindern, ohne dass wir uns dessen bewusst sind, allein deshalb, weil wir sie als normal empfinden. Sie scheinen zu uns zu gehören wie unsere Gedanken und Gefühle, weshalb wir gar nicht auf die Idee kommen, sie zu hinterfragen, geschweige denn anzunehmen, dass sie uns hinderlich sein könnten. „Zufälle" können uns hier die Augen öffnen.

In seinem Buch „Bewusstsein im Beruf" gibt uns der ehemalige Manager eines deutschen Konzerns, der Unternehmensberater und Buchautor Rudolf Mann, zu dieser Kategorie der Synchronizitäten ein anschauliches Beispiel aus eigenem Erleben.

„Sie [meine Frau] bat mich, ihr zu helfen, weil sie mit unserem neuen Videorecorder nicht zurechtkam. Ich ging hinunter, versuchte, etwas ärgerlich, das Gerät in Gang zu bringen. Aber nichts ging mehr. Kein Knopf reagierte. Alles, was ich an Unterweisung in der Gebrauchsanweisung fand, half nicht weiter. Ich rief also unseren Händler an, der mir per telefonischer Ferndiagnose zur Seite stand. Da gibt es unter einer Klappe, die ich noch gar nicht entdeckt hatte, einen Schalter für die Zeitprogrammierung. Es ist die so genannte Timer-Taste. Wenn sie gedrückt ist, ist alles auf die nächste programmierte Aufzeichnung ausgerichtet. Keine Taste springt mehr an bis zu diesem Zeitpunkt. Ich löste diesen versehentlich eingeschalteten Schalter, und alles funktionierte wieder normal.

Etwas verärgert wegen der Unterbrechung ging ich wieder zurück zu meinen Aufzeichnungen. Und mitten auf der Treppe, ich war noch nicht in meinem Büro, kam mir plötzlich die Erkenntnis: Diese Zeitprogrammierung ist [ein Symbol für] deine eigene Fessel.

Mir wurde bewusst, dass ich oftmals Aktivitäten starte und gleichzeitig so konkrete Erwartungen an diese Aktivitäten binde, dass ich, was geschehen könnte, nicht mehr zulasse. Ich bin selbst durch meine festen Erwartungen so programmiert, dass ich etwas anderes gar nicht mehr aufnehmen kann. So hatte ich mitten in meinem Suchprozess durch ein scheinbar völlig zusammenhangloses Ereignis eine Entdeckung gemacht, die mich in meiner eigenen Suche einen großen Schritt weiterbrachte."

Synchronizitäten der dritten Kategorie sind Fingerzeige, die uns helfen, Fragen zu beantworten und Entscheidungen zu treffen, die uns auf Basis unseres normalen Unterscheidungsvermögens nicht zugänglich sind. Hierzu ein sehr persönliches Beispiel aus unserem privaten Leben, das Barbara folgendermaßen schildert:

„Es war vor einigen Jahren. Michael und ich hatten uns langfristig zu einem Kongress in Süddeutschland angemeldet, der uns für unsere persönliche und berufliche Entwicklung sehr wichtig war. Kurze Zeit nach der Anmeldung erkrankte meine Mutter an Leukämie. Ihr Zustand verschlechterte sich rapide, und wir mussten hilflos mit ansehen, wie sie immer mehr abfiel. Die behandelnde Ärztin machte uns keine Hoffnungen, und wir rechneten ständig damit, dass es mit ihr zu Ende ging. Selbstverständlich dachte keiner mehr daran, zu dem Kongress zu fahren.

Doch wie durch ein Wunder erholte sie sich, und unsere Kongressreise erschien uns wieder möglich. Wir stornierten also nicht, in der Hoffnung, doch teilnehmen zu können. In den folgenden Wochen – der Kongress rückte näher – wechselte der Zustand meiner Mutter ständig. Michael drängte auf eine Entscheidung, doch ich konnte sie nicht geben. Ich wollte auf keinen Fall wegfahren, wenn das bedeutet hätte, dass ich nicht bis zum Schluss hätte bei ihr bleiben können. Gleichzeitig war uns der Kongress für unsere weitere Entwicklung sehr wichtig. Was sollte ich tun? Ich hatte nicht die geringste Ahnung, wie ich mich entscheiden sollte. Ich fühlte mich völlig überfordert, hin- und hergerissen zwischen zwei Alternativen, von denen ich die eine fürchtete und die andere erhoffte.

Am Vortag des Kongressbeginns ging es meiner Mutter, wie man so schön sagt, den Umständen entsprechend, doch ich konnte mich nicht reinen Gewissens für eine Abreise entscheiden. Ich wusste nur eines: Ich würde einen Hinweis auf eine eindeutige Entscheidung bekommen. Ich hatte keine Ahnung, wie sie aussehen würde, aber ich war völlig sicher, die Antwort auf die Frage: „Fahren oder nicht fahren?", würde kommen – rechtzeitig. Und wir hatten noch vierundzwanzig Stunden. Die Antwort kam. In Form eines Gespräches in der Apotheke gegen Abend. Die Apothekerin konnte meine Situation gut nachvollziehen. Sie hatte Ähnliches mit ihrer Mutter erlebt und erzählte beiläufig, dass ihre Mutter etwa zwei Jahre länger gelebt hat, als alle Ärzte es prognostiziert hatten.

In diesem Moment, als sie mir das berichtete, *wusste* ich, dass das die Antwort auf meine Frage war. Ich habe nicht darüber nachgedacht, ich habe die Worte der Apothekerin nicht mit dem Verstand interpretiert. Ich war mir von dem Moment an in meinem Herzen absolut sicher.

Wir fuhren zu dem Kongress. Meine Mutter hat diesen Zeitpunkt noch um einige Wochen überlebt und ich konnte sie bis zu ihrem Ende begleiten."

Haben Sie verstanden, was in diesem Beispiel passiert ist? Barbara formuliert es wie folgt: „Der so genannte Zufall geschah, nachdem ich aufgehört hatte, zu grübeln. Ich vertraute statt dessen darauf, dass das Leben mir eine Antwort (ein-)geben würde, und für diese Antwort hatte ich mich geöffnet. Die Worte der Apothekerin waren dann Auslöser für eine Klarheit, die sich im Innern, im Herzen, herausgebildet hatte."

Dieses Verfahren kann jeder von uns jederzeit nutzen. Die Schwierigkeit liegt nicht darin, dass wir keine Antworten auf unsere Fragen im Leben bekämen. Sie liegt darin, dass wir erstens nicht geduldig genug warten. Dass wir zweites immer selbst vorher festlegen wollen, in welcher Form die Antwort kommt. Das funktioniert so gut wie nie. Das Universum gibt immer Antwort, jedoch auf seine Weise, nicht auf unsere. Und drittens bezweifelt der Verstand, der glaubt, alles besser zu wissen, die Antwort und verhindert so, dass wir Synchronizitäten erkennen und uns ihrer bewusst bedienen.

Wenn Sie die hier erwähnten Beispiele und Mechanismen durchdenken und im Hinterkopf behalten, wird es ihnen immer leichter fallen, Synchronizitäten in Ihrem eigenen Leben zu erkennen und zu nutzen.

Der rote Faden: Wozu bin ich hier?

Noch leichter wird Ihnen das fallen, wenn Sie einen Zusammenhang beachten, den wir bislang nur am Rande erwähnt haben.

Synchronizität bedeutet: Das Leben gibt Ihnen nicht irgendwelche Hinweise. Nein: Die Hinweise, die Ihnen das Leben gibt, liegen auf einer Linie. Ihre Botschaften folgen einer Richtung, einem roten Faden.

Wie hat C. G. Jung es formuliert? Materielle und psychische Systeme können „über den Sinn" miteinander verbunden sein.

Wir formulieren etwas anders. Wir sagen: Die Hinweise, die Ihnen das Leben mit seinen Synchronizitäten gibt, unterstützen Sie auf Ihrem Lebensweg. Sie erinnern Sie daran, was wirklich wichtig ist in Ihrem Leben. Sie führen Sie letztendlich zu Ihrer eigentlichen Lebensaufgabe hin und sind Ihnen bei der Erfüllung dieser Lebensaufgabe behilflich.

Anders gesagt: Es *fallen* uns die Dinge *zu*, die, vorausgesetzt wir bemerken sie, einen Beitrag zur Erfüllung unserer Lebensaufgabe leisten können.

Was aber ist unsere Lebensaufgabe? Was hat sie mit unserer täglichen Beschäftigung zu tun? Was mit dem Thema „Führung"?

Zweifellos sind wir während unseres Lebens mit einer Reihe von Aufgaben konfrontiert, die es zu bewältigen gilt. Viele dieser Aufgaben sind zeitlich begrenzt und an einen bestimmten Lebensabschnitt gebunden. Das heißt, sie sind niemals statisch; sie sind im Gegenteil einem ständigen Wandel unterzogen und abhängig von den äußeren Lebensumständen und von unserer jeweiligen persönlichen Entwicklungsstufe und Reife. Von all diesen Aufgaben ist hier jedoch nicht die Rede. Die Lebensaufgabe von der wir hier sprechen, ist die Antwort auf die Tausende von Jahren alte Frage:

Wozu bin ich hier? Was soll dieses ganze Abenteuer Leben? Was ist der Sinn und Zweck?

Durch die Jahrhunderte hat es immer wieder andere Antworten auf diese Frage gegeben. Sie waren abhängig von der jeweiligen Zeit und abhängig von der jeweils vorherrschenden theologischen und philosophischen Sichtweise.

Heute, in unserer sehr materiell geprägten Zeit, werden die Antworten häufig in materiellen Errungenschaften gesucht. Der Sinn und Zweck ist es, erfolgreich zu sein. Wobei wir Erfolg an Faktoren wie finanziellem Wohlstand, Karriere, Partnerschaft messen. In der ersten Hälfte des Lebens spielen diese Faktoren eine dominierende Rolle. Erst wenn wir es „geschafft" haben; wenn die tägliche Erwerbsarbeit nicht mehr Abenteuer, sondern Routine geworden ist; wenn sich möglicherweise der erhoffte Erfolg eingestellt hat, taucht die Frage auf: „War das alles?"

Erst jetzt wird klar, dass in dem reinen Objektbezug, also in der Orientierung nach Errungenschaften im Außen, nicht wirkliche Befriedigung zu finden ist. Jetzt fängt die Suche nach dem an, was es noch gibt. Meist drängt sich erst jetzt die Frage nach der Lebensaufgabe in den Vordergrund.

Wenn also die äußeren Errungenschaften keine wirkliche, anhaltende Befriedigung bringen, was bringt sie dann? Es muss etwas anderes sein – etwas, das nicht von außen kommt. Konsequenterweise bleibt nur noch das Innen.

Die Lebensaufgabe besteht darin, wieder zurückzukommen zu allem, was ist. Wieder in Verbindung zu kommen mit der Urenergie, die alles bestimmt und durchdringt, also auch jeden und jede von uns. Mit anderen Worten: Wieder Verbindung aufzunehmen mit dem inneren Wesenskern. Wieder zum Original zu werden.

„Und dann?", werden Sie fragen. Die Antwort ist verblüffend einfach: Wenn Sie wirklich Ihr Original freigelegt haben und mit ihm in Verbindung sind, dann werden Sie aufhören, solche Fragen zu stellen. Dann werden Sie einfach nur leben und die Dinge tun, die Sie aus Ihrem tiefsten Herzen heraus für wichtig halten. Das ist der Sinn Ihres Lebens – und der Kern Ihrer Führungsqualitäten.

Also: „Zufälle" helfen uns, zurück zu unserem Original zu finden. Wie wir wissen, ist die Fälschung fest etabliert, das Ego überlässt dem Original nicht freiwillig den Platz. Also bekommen wir Hilfe. Aus scheinbar heiterem Himmel fallen uns Dinge zu, die uns weiterhelfen. Das können sehr praktische Fingerzeige sein; das können Ahnungen oder Intuitionen sein. Das können aber auch sehr versteckte Hinweise sein, die auf den ersten Blick nicht erkennbar sind und unserer Interpretation bedürfen.

Grundsätzlich aber gilt: Wie offen oder versteckt auch immer die Hinweise sind, wir bemerken sie nur, wenn wir erstens annehmen, dass wir überhaupt Hinweise bekommen; und wenn wir zweitens aufmerksam sind. Wer den Wald vor lauter Bäumen nicht sieht, braucht sich einen Waldspaziergang gar nicht erst vorzunehmen. Wenn wir Hinweise und Fügungen, die sich ereignen, als reinen Zufall abtun, werden uns „Hilfestellungen vom Universum" nicht erreichen.

Ihre zentrale Weichenstellung

Auf diese Hilfestellung sollten Sie aber nicht verzichten. Starten Sie also zu Ihrem persönlichen „Waldspaziergang".

Wenn Sie sich jetzt einen Augenblick Zeit nehmen, werden Sie sicherlich viele Beispiele für Synchronizitäten in Ihrem eigenen Leben finden.

Noch spannender wird es, wenn Sie Ihre Wahrnehmung für Synchronizitäten schärfen und zukünftig Ihre Gewinne daraus ziehen. Es ist nicht nur interessant, es ist auch berührend zu sehen, wie sehr uns Personen, Objekte und Situationen zu-fallen, die uns helfen, unser Leben in eine gewünschte Richtung zu lenken und uns persönlich weiterzuentwickeln.

Am leichtesten fällt der Einstieg, wenn Sie auf die scheinbar sinnlosen und merkwürdigen Dinge achten. Wie ein Auto, das nicht anspringt. Ein Anruf, der fehlgeleitet ist, eine E-Mail, die sich nicht verschicken lässt. Als wir neulich nach einer bestimmten Information suchten, fiel uns rein „zufällig" ein Buch aus dem Regal.

Beinahe unnötig zu sagen, dass die gewünschte Information in diesem Buch zu finden war.

Je mehr wir üben, aufmerksam die kleinen und großen Merkwürdigkeiten in unserem Leben wahrzunehmen, desto mehr Hinweise auf das, was wir suchen, werden wir finden.

Nun kann es durchaus sein, dass Ihnen Merkwürdigkeiten oder auch Missgeschicke passieren, in denen Sie beim besten Willen keinen Sinn entdecken können. Dann stören Sie sich nicht daran; bleiben Sie trotzdem auf dem Weg. Denn:

Allein die Annahme „Es gibt keine Zufälle", impliziert einen Sinn, auch wenn Sie ihn im Moment nicht sehen können. Das allein erleichtert Ihnen im jeweiligen Moment die Situation und schärft Ihre Wahrnehmung für Synchronizitäten, also für sinngebende Begebenheiten in der Zukunft.

Durch die Annahme „Es gibt keine Zufälle" haben Sie die Wahl getroffen, konstruktiv mit der jeweiligen Situation umzugehen und mag sie noch so ärgerlich oder verwirrend sein.

Sehen Sie, wie alles miteinander verzahnt ist – und wie dieses Wissen Ihnen helfen kann, Ihr Leben souverän zu führen? Sie haben die Wahl, Zufälle ernst zu nehmen; und Sie haben die Freiheit, aus versteckten Hinweisen des Schicksals überraschende Schlussfolgerungen zu ziehen. Nutzen Sie diese Möglichkeit!

4.5 Zusammenfassung

Eigenverantwortung ist mehr als ein Schlagwort und weniger als Zauberei. Wenn Sie drei Leitsätze zu Ihrer zweiten Natur werden lassen, sind Sie auf dem besten Weg zu einem souveränen, selbstbestimmten Leben. Die Leitsätze lauten:

1. Du hast immer die Wahl
2. Du kriegst, was du denkst
3. Es gibt keine Zufälle

Diese drei Leitsätze beinhalten eine herausfordernde Steigerung.

„Du hast immer die Wahl" bezieht sich auf eine oder mehrere Komponenten, die Ihnen direkt zugänglich sind und zwischen denen Sie sich entscheiden können. Es bezieht sich auf eine rein internale Vorgehensweise. Der Handlungsraum liegt ausschließlich bei Ihnen. Es handelt sich um eine Abfolge, die wir als internal – internal bezeichnen können.

„Du kriegst, was Du denkst", bezieht sich auf Ihren persönlichen Input, mental und psychisch, bewusst und unbewusst, auf Ihre Einspeisung in das morphogenetische Feld. Der Handlungsraum bezieht sich auf Ihre Aktivität und auf ein Ergebnis, das aus dem Raum, in dem Sie sich befinden und in den Sie einspeisen, erscheint. Es gibt ein Konzept, das steuernde Wirkung hat. Es geht um das Prinzip von Ursache und Wirkung. Wir sprechen hier von einer Abfolge, die wir internal – external nennen.

„Es gibt keine Zufälle" verlagert das „Feedback" auf eine höhere Ebene. Es bezieht sich auf Ihren – in den meisten Fällen unbewussten – Input in das morphogenetische Feld und auf einen Hinweis, der sich Ihrem aktiven Beitrag entzieht. Hier greift eine Instanz ein, die Ihnen Ihr Konzept, das für Sie steuernde Wirkung hat („Du kriegst, was Du denkst"), bewusst macht und/oder eine Veränderung in Ihrem Leben einleitet. Wir sprechen hier von einem internal/external – externalen System. Je öfter Sie daran denken und, besser noch, je mehr Sie danach handeln, desto deutlicher wird Ihnen die transformatorische Bedeutung dieser drei Aussagen bewusst werden.

Sie erinnern sich, es geht darum, die eigene Fälschung zu entlarven und sich auf das Abenteuer einer weiten Reise einzulassen: der Reise zu sich selbst.

Sie haben jetzt die ersten drei Grundprinzipien kennen gelernt, die die Voraussetzung für diese Reise bilden.

5.
Was ist zu tun?
Das magische Dreieck

In unserem Haus in Wuppertal hat es, in den Wochen der Arbeit an diesem Buch, eine auffallende Veränderung gegeben.

Nein, richtiger ist natürlich zu sagen: Wir haben eine Veränderung herbeigeführt. Das Büro und inzwischen auch das Wohnzimmer haben sich nach und nach in eine Bibliothek der chaotischen Art verwandelt. Wir haben Berge von gedrucktem Material – Bücher, Fachzeitschriften, Publikationen aller Art – zu einem wunderbaren Chaos arrangiert, das darauf wartet, wieder in einen Kosmos verwandelt zu werden. So sieht es also aus, wenn man ein Buch schreibt, denken wir oft; zumindest wenn wir ein Buch schreiben.

Heute morgen, gerade als wir mit diesem Kapitel beginnen wollten und uns überlegten, wie die nächsten Schritte verständlich dargestellt werden könnten, fiel uns aus einem der Stapel ein Artikel über das Bermuda-Dreieck in die Hände, der sich – aus welchen Gründen auch immer – in dem Chaos verborgen hatte. Wir mussten schmunzeln: Schöner hätte der Grundsatz „Es gibt keine Zufälle" sich kaum bewahrheiten können. Denn das Bild vom Bermuda-Dreieck ist bestens geeignet, um den nun folgenden zweiten Teil des Weges zum inneren Wesenskern zu illustrieren.

Das Bermuda-Dreieck ist eine ungefähr dreieckige Region im Atlantik, in der angeblich magische Kräfte Schiffe und Flugzeuge verschwinden lassen. Angeblich. Wie magisch das Bermuda-Dreieck wirklich ist, weiß niemand.

Wir dagegen werden Sie mit einem wirklich magischen Dreieck vertraut machen – mit einer Magie, die Sie nicht ins Verderben, sondern auf fantastische Weise an Ihr Ziel führt.

Wir sprechen von einem magischen Dreieck, weil jetzt, auf der Basis der Eigenverantwortung, die wir im vorangegangenen Kapitel wiedergewonnen haben, nur noch drei Schritte nötig sind, um die bewusste Verbindung mit unserem inneren Wesenskern wieder aufzunehmen, um uns in die Kraft und Geborgenheit dieses inneren Wesenskerns fallen zu lassen.

Es sind drei Schritte oder drei Eckpunkte, die das Dreieck bilden. Wenn wir uns ständig dieser Eckpunkte bewusst sind, wenn wir sie in unser Verhalten integrieren und wie eine Schablone über drei Kernbestandteile unseres Lebens legen – über unser Denken, Fühlen und Handeln –, dann verändert sich unser Leben auf wunderbare Weise.

Dann ist auch das Führen von Menschen und Unternehmen ein natürlicher Prozess, der – allen vermeintlichen Schwierigkeiten zum Trotz – leicht und erfolgreich verläuft und für alle Beteiligten eine Bereicherung ist.

Hier sind die drei Eckpunkte, die das Dreieck bilden:

Aufmerksam sein.

Nicht bewerten.

Loslassen.

In diesem Dreieck lösen sich alle Fälschungen auf. In diesem Dreieck verschwinden die Schattenseiten des Ego ohne Anstrengung. Ganz einfach – wie auf magische Art und Weise. Deshalb nennen wir es das magische Dreieck.

Bevor wir uns näher ansehen, was sich hinter den Begriffen *Aufmerksam sein*, *Nicht bewerten* und *Loslassen* verbirgt, machen Sie sich bitte noch einmal bewusst: Alles, worüber wir hier schreiben, betrifft *Sie*, und es liegt nur und ausschließlich an Ihnen, ob Sie es nutzen. Weder die Menschen in Ihrer Umgebung noch die äußeren Umstände, sondern nur Sie allein bestimmen über die Qualität Ihres Lebens und über das, was Sie aus Ihrem Leben machen. Sie haben die volle Verantwortung für sich.

Nutzen Sie sie kreativ und konstruktiv. Sie selbst erschaffen den Film Ihres Lebens. Sie sind der Drehbuchautor, Sie sind der Regisseur, Sie sind der Hauptdarsteller, Sie führen die Kamera. Wir gehen sogar noch einen Schritt weiter: Sie bedienen den Projektor und – Sie sind der Zuchauer im Saal. Je aufmerksamer Sie zuschauen, desto besser können Sie erkennen, was der Film über Sie sagt.

Machen Sie sich dabei bewusst, dass Sie nur in dem Moment, in dem Sie den Film betrachten, erfahren können, wovon der Film erzählt. Sie können ihn nur in dem Augenblick ansehen, in dem Sie auf die Leinwand schauen. Nicht vorher und nicht nachher. Dieser Moment, dieser Augenblick des aufmerksamen Hinschauens und Wahrnehmens ist der magische Augenblick, von dem am ersten Punkt des Dreiecks die Rede ist: JETZT!

5.1 Punkt 1: Aufmerksam sein

„Seine Aufmerksamkeit auf das JETZT zu richten, bedeutet nicht, das zu verleugnen, was im Leben nötig ist. Es bedeutet, das zu erkennen, was vordringlich ist.“
Eckart Tolle

Alles, was zählt, ist Jetzt

Eine Grundvoraussetzung für den bewussten Ungang mit der Eigenverantwortung – und für den Rückweg zu unserem Original – ist Aufmerksamkeit.

Wenn wir aufmerksam sind, wenn wir beobachten, was gerade passiert, sowohl außerhalb, als auch innerhalb von uns – also in unserer Gedanken- und Gefühlswelt –, dann und erst dann haben wir die Chance, Dinge zu verändern und weiterzuentwickeln. Nur das, was wir erkennen, was wir ans Tageslicht holen, also das, was wir wirklich bei Licht besehen, steht uns für eine aktive und selbstbestimmte Behandlung zur Verfügung. Alles, was hingegen nebulös im Dunkeln bleibt, entzieht sich unserem Zugriff.

Diese Tatsache an sich haben wir schon mehrfach erwähnt. Jetzt ist es an der Zeit, näher zu betrachten, was Aufmerksamkeit bedeutet. Denn „aufmerksam sein“ ist weit mehr als ein Appell oder eine Methode. Das Thema Aufmerksamkeit führt uns zu einer zentralen Erkenntnis.

Denn aufmerksam sein heißt registrieren, was *jetzt* gerade passiert, heißt gewahr werden, was sich *in diesem Moment* abspielt. Und das kann immer nur *jetzt* erfolgen. Nur in der Gegenwart, nur im Jetzt geschehen die Dinge. Nur im Jetzt kann gedacht, gehandelt und gefühlt werden.

Haben Sie schon einmal versucht, in der Zukunft zu handeln? Völlig unmöglich, nicht wahr? Vielleicht sagen Sie: Ja, aber morgen tue ich dies oder jenes. Mag sein; doch wenn Sie dies oder jenes morgen tatsächlich tun (wie viel könnte dazwischen kommen?), ist es dann auch wieder jetzt.

Und haben Sie schon einmal versucht, in der Vergangenheit zu fühlen? Auch wenn alte Gefühle wieder hochkommen, wenn beispielsweise der Ärger über ein schlechtes Geschäft wieder auftaucht, dann taucht er dennoch jetzt auf. Was immer geschieht, es geschieht nur und ausschließlich jetzt.

Dieser Gedankengang führt uns zu einer These, die für viele von Ihnen ungewohnt und eine echte Herausforderung sein mag. Er führt Sie zu einer Sichtweise, zu einer neuen Einstellung, die Ihr Leben völlig verändern kann. Zum Positiven verändern kann. Es geht hier um uralte Weisheiten, die uns den Weg zu unserem inneren Wesenskern weisen – die nur leider in unserer Zeit in Vergessenheit geraten sind.

Wir erwarten nicht, dass Sie die folgende These sofort glauben. Wir möchten Sie aber bitten, Ihre eigenen Erfahrungen zu machen. Geben Sie sich die Chance und probieren Sie aus, was hier geschrieben steht – auch wenn es ungewohnte Überlegungen sind, gegen die sich der Verstand zunächst einmal wehrt.

Dies ist die These:

Nur das Jetzt ist wirklich real.
Alles andere ist ein Konstrukt unseres Verstandes!

Damit berühren wir einen zentralen Punkt, der Ihr Leben auf einen Schlag verändern kann. Deshalb noch einmal, damit es unmissverständlich klar wird:

Nur das JETZT ist wirklich real!

Alles andere, alles, was nicht jetzt ist – und das ist alles, was in der Vergangenheit geschehen ist und alles, was in der Zukunft geschehen wird – sind Erinnerungen und Vorstellungen. Es sind Ideen und Bilder, die sich nur und ausschließlich in unserem Kopf abspielen. Der Verstand erzählt uns Geschichten. Solche, die wir für wahr halten, weil wir sie so erlebt haben; und solche, die wir für wahr halten, weil wir ihr Erscheinen in der Zukunft so erwarten, wie unser Verstand es gerade konstruiert. All diese Geschichten über Vergangenheit und Zukunft sind in unserem Geist *konstruiert*. Sie sind nicht real!

Nehmen Sie sich ein wenig Zeit, um die Tragweite dieser Aussage zu erfassen. In dem Moment, in dem Sie beispielsweise an ein Ereignis aus der Vergangenheit denken, beschäftigen Sie sich nur mit Ihren Gedanken – nicht mit dem Ereignis selbst. Ihre Eindrücke, Erlebnisse, Erfahrungen, Erinnerungen – all das sind Gedanken. Das Geschehen, das diese Gedanken repräsentieren, findet im aktuellen Moment nicht statt. Die Gedanken lassen in Ihrem Kopf eine Geschichte entstehen. Genauer gesagt, sie lassen unzählige Geschichten entstehen, und an diese Geschichten klammern Sie Ihr Leben, so wie jeder andere sein Leben an seine individuellen Geschichten klammert.

Nehmen wir einmal an, Sie würden einige Komponenten aus Ihrer persönlichen Geschichte weglassen oder verändern. Hätten Sie dann nicht eine ganz andere Geschichte? Und wenn Sie sich an diese andere Geschichte klammerten, sähe Ihr Leben dann nicht anders aus? Vielleicht sagen Sie jetzt: das stimmt alles nicht. Schließlich hat sich das Ereignis in der Vergangenheit so ereignet, wie es sich ereignet hat, und Sie waren dabei. Wir könnten auch sagen: Sie haben es auf eine bestimmte Art und Weise wahrgenommen. Aber was bedeutet das für diesen Moment? Ändert das etwas an *diesem* Moment, so wie er jetzt ist?

Nicht wirklich, oder? Es ändert nur etwas an der Vorstellung, die Sie von diesem Moment und von den folgenden Momenten haben. Aber merken Sie es? Sie befinden Sich immer noch oder schon wieder im Reich der Vorstellungen, im Reich der Gedanken über vergangene oder zukünftige Ereignisse. Sie haben sich wieder hinauskatapultiert aus dem, was wirklich ist, aus dem einzigen, was tatsächlich real existent ist: aus dem Jetzt. Sie haben wieder vergessen, dass Sie jetzt die Möglichkeit haben, all Ihre Erfahrungen aus vergangenen Ereignissen über Bord zu werfen und anders zu denken, anders zu handeln, als sie es damals taten oder als sie es „aus Erfahrung" gewöhnlich tun.

Wenn es aber nur das Jetzt gibt, wenn alles andere Illusion ist, dann kann das, was wir suchen – Kraft, Stärke, Freude, Liebe, Anerkennung, all das, was uns wirklich wichtig ist –, auch nur im Jetzt existieren. All die wunderbaren Eigenschaften und Fähigkeiten, um die wir uns so sehr bemühen, sind in uns angelegt. Sie sind vorhanden in unserem inneren Wesenskern, und es bedarf nichts weiter als unserer absoluten Präsenz in diesem Moment, um Zugang zu ihnen zu bekommen.

Es gibt nur diesen Moment; es gibt nur das Jetzt, in dem wir denken, fühlen und handeln können, in dem wir also den Zugang zu uns selbst wahrnehmen können. Wenn wir realisieren, dass der jetzige Moment der entscheidende Moment ist; wenn wir realisieren, dass weder Vergangenheit noch Zukunft wirklich existent sind, dann können wir uns dem, was in diesem Moment präsent ist, dem einzigen, was wirklich existiert, hingeben. Wenn wir das erst einmal verstanden haben, verändert sich unser Leben. Dann leben wir nicht mehr nur aus dem begrenzten Vorstellungsvermögen unseres Ego heraus, sondern werden geführt von der Weisheit des inneren Wesenskerns.

Zunehmend mehr Menschen werden sich derzeit der unglaublichen Kraft und Freiheit des jeweiligen Momentes bewusst; zunehmend mehr Menschen versuchen, diese natürliche Kraft in ihr Leben zu integrieren.

Für uns heißt das konkret: **Die Führungspersönlichkeit, die aus ihrer inneren Mitte heraus führen will, kann das nur im Jetzt.**

Kraft, Authentizität, Leidenschaft – all das, was Führung in ihrem wahren Kern ausmacht –, existiert für jeden; doch es existiert nur an einem Ort und nur zu einem Zeitpunkt: im Hier und Jetzt, in der Gegenwart.

Die kreative Kraft der Gegenwart

Was aber ist die Gegenwart?

Schauen Sie auf den Sekundenzeiger Ihrer Uhr, wie er sich gleichmäßig weiterbewegt. Jede Stellung des Zeigers ist schon im nächsten Moment Vergangenheit, und die Zukunft ist bereits da. Die Gegenwart, das Jetzt, ist der winzig kleine Moment zwischen zwei Zeigerbewegungen, vielleicht so breit wie der Sekundenzeiger, den Sie gerade beobachten. Der Zeiger bewegt sich von der Vergangenheit in die Zukunft, und das tut er immer jetzt.

Beobachten Sie noch einen Moment diesen Sekundenzeiger, wirklich nur beobachten. Folgen Sie ihm, wie er sich über das Zifferblatt schiebt. Geben Sie sich ganz Ihrer Beobachtung hin, tun Sie ansonsten nichts weiter. Was geschieht mit Ihren Gedanken?

Sie verschwinden, nicht wahr? Wenn Sie in Ihrer Beobachtung ganz bei dem Zeiger sind, gibt es nichts außer diesem Zeiger, nichts außer diesem kleinen Stückchen Metall, das in diesem Augenblick die Gegenwart symbolisiert.

Warum verschwinden die Gedanken? Weil Gedanken ein Produkt der Vergangenheit sind, und die ist in der Gegenwart nicht existent.

Weil diese Aussage so ungeheuer wichtig ist, wiederholen wir sie noch einmal: Die Vergangenheit ist in der Gegenwart nicht existent!

Möglicherweise denken Sie jetzt an die Vergangenheit. Sie machen sich ein Bild von ihr, und damit erscheint sie in Ihren Gedanken präsent. Das aber sind nur die Gedanken. Die Vergangenheit ist in diesem Moment nicht wirklich real existent. Der Mensch, an den Sie vielleicht denken, ist jetzt nicht da; die Situation, die Sie in Ihrer Erinnerung erleben, ist nicht das, was Sie in diesem Moment erleben, an dem Ort, an dem Sie sich jetzt befinden. Sie erinnern sich nur an ein vergangenes Ereignis, während Sie jetzt ein neues erleben.

Das zu tun, ist für Ihren Geist Routine. Ja, das ist der Mechanismus, wie Ihr Geist, Ihr Verstand, funktioniert.

Im Laufe Ihres Lebens haben Sie unzählige Sinneseindrücke wahrgenommen, die Ihr Verstand aufgenommen und anschließend im Speicher, in Ihrem Gedächtnis, abgelegt hat. Jeder neue Eindruck wurde (und wird) mit den Inhalten des Speichers verglichen, identifiziert und einsortiert. Das bedeutet: Alles, was geschieht und was wir wahrgenommen haben, ist immer – nachdem es bereits geschehen war – durch den Filter unseres Verstandes gelaufen. Er hat die Wahrnehmungen analysiert, abgeglichen, katalogisiert und abgelegt. Neue Eindrücke werden ihrerseits mit den im Speicher vorhandenen verglichen und können erst dann identifiziert werden, wenn eine Referenzerfahrung existent ist. Anders gesagt: Alle Eindrücke, die wir mit unseren Sinnen aufnehmen, werden in ihre Einzelteile zerlegt, die dann blitzschnell abgeglichen und zu einem neuen Bild zusammengesetzt werden. Erst dann meldet unser Gehirn: Objekt oder Situation erkannt, es handelt sich um X oder Y.

Dabei können durchaus neue Gebilde konstruiert werden, aber nur aus bereits vorhandenen Komponenten. Sie können sich zum Beispiel die berühmt-berüchtigte eierlegende Wollmilchsau vorstellen. Das aber nur deshalb, weil Ihr Gehirn die einzelnen Bestandteile, nämlich die Sau, Eier, Wolle, Milch und den Vorgang des Eierlegens, bereits identifiziert und abgelegt hat. Das Bild dieser eierlegenden Wollmilchsau, das Sie jetzt im Kopf haben, zeigt vermutlich ein vierbeiniges Tier in Gestalt eines Schweins, dessen Haut mit Wolle bedeckt ist. Das ist die nächst liegende Assoziation, die unser Gehirn aufgrund der bekannten Komponenten anbietet. Eine andere Variante, beispielweise die eines nur zweibeinigen Geschöpfes, dem Eier aus dem Maul herausrollen, müsste bewusst und willentlich konstruiert werden, und auch dieses Konstrukt setzt sich wieder aus bereits bekannten Einzelteilen zusammen.

Sie sehen, wie schnell unser Gehirn Assoziationen bildet – und wie schnell es bereit ist, diese als „wahr" in die bereits vorhandene Datenmenge zu integrieren und abzuspeichern. Dieser Prozess vollzieht sich unbewusst und so schnell, dass wir in der Regel gar nicht auf die Idee kommen, das so entstandene Endprodukt zu hinterfragen.

Halten wir diesen Gedanken noch einmal fest: Unser Verstand kann sich nur Dinge vorstellen, die er bereits kennt oder aus bekannten Komponenten zusammensetzt. Unser Vorstellungsvermögen endet da, wo gänzlich Neues, noch nie Dagewesenes beginnt. Wir sind nicht in der Lage, mentale Konstruktionen zu erstellen, die in die Kategorie „völlig neu“ passen, denn dazu müssten wir aus unserem geistigen Speicher Komponenten abrufen, die in ihm bisher nicht vorhanden sind. Und das ist schlichtweg unmöglich.

Sie können das überprüfen, indem Sie zum Beispiel versuchen, sich das unendliche Weltall vorzustellen. Wie stellen Sie sich Unendlichkeit vor, wenn nicht als mathematische Formel? Haben Sie ein Bild von Unendlichkeit? Von etwas, das wirklich ohne Grenzen ist? Ein Bild, das nirgendwo anfängt und nirgendwo aufhört? Und wenn Sie hier noch mitgehen, können Sie sich vorstellen, dass unser Weltall mit seinen Milliarden von Galaxien, die ihrerseits wieder aus Hunderten Milliarden von Sternen bestehen, nur eine einzelne Zelle innerhalb eines weitaus größeren Organismus sein könnte?

Vermutlich ist das erste, was an dieser Stelle aufhört, Ihr Vorstellungsvermögen. Und das geht nicht nur Ihnen so.

Alles, was wir wahrnehmen, muss den geistigen Filter passieren, wird dort identifiziert und als Information zurückgemeldet und steht erst dann als Gedanke zur Verfügung. Allein dieser Prozess, auch wenn er in winzigen Bruchteilen von Sekunden abläuft, macht deutlich, dass unser gesamtes Gedankengut ein Konstrukt aus Komponenten der Vergangenheit ist. Das gilt für alle Gedanken, auch für solche an die Zukunft. Jedes Bild, das wir uns von der Zukunft machen, setzt sich aus bekannten Komponenten zusammen. Etwas völlig Neues ist undenkbar. Sollte es dennoch entstehen, können wir es gedanklich nicht erfassen, weil es keine Referenzerfahrungen gibt.

Das heißt auch: Jede wie auch immer geartete Wirklichkeit erfahren wir als ein Zerrbild, zusammengesetzt aus unseren individuellen Speicherkomponenten. Unsere „Erfahrung“, unser Bild von der Welt zeigt immer nur unsere vielfach verarbeitete und gefilterte Wahrnehmung der Wirklichkeit, niemals die Wirklichkeit selbst. Das gilt auch für das Bild, das wir von uns selbst haben.

Das, was wir Erinnerung nennen, das, was wir Erfahrung nennen, alle Gedanken, die wir uns über uns selbst machen, haben wir zu dem verdichtet, was wir das Ich, das Ego nennen. Ich bin die Summe meiner Erfahrungen, meiner Erinnerungen, meiner Vorstellungen, Überzeugungen und Glaubenssätze. Und – ich bin aufgrund der Natur dieser Gedanken ein Kind der Vergangenheit.

Das klingt deprimierend? Nein, keineswegs! Es birgt Chance und Hoffnung in sich. Denn es gibt mir die Wahl. Durch eine bewusste Veränderung der Inhalte und neue Zusammenstellung der einzelnen Komponenten in meinem Gehirn kann ich ein anderes „Ich" erschaffen, kann anders denken und vor allem anders handeln, als es den ausgefahrenen Gleisen meines Verstandes entspricht. Das geht aber nur im Jetzt, in diesem winzigen Augenblick der Gegenwart, bevor der Abgleich im Gehirn wieder die alt bekannten Bilder erschafft.

Aus diesem Grund ist die Gegenwart, ist das Jetzt so wichtig. Es ist der einzige Moment, in dem Veränderungen stattfinden können, weil es der einzige Moment ist, der neutral ist. Nur wenn ich nicht an bekannten Strukturen anhafte, kann Neues entstehen. Nur wenn ich etwas anders mache als bisher, können andere Ergebnisse erzielt werden. Wenn die alte, eingefahrene Gedankenmaschinerie erst einmal läuft, tut sie das, was sie immer tut: Sie reproduziert die Vergangenheit. Und nicht nur das, sie projiziert die Vergangenheit auch auf die Zukunft. Auf diese Weise wiederholt sich unser Leben immer wieder in den gleichen Bahnen, machen wir immer wieder die gleichen Erfahrungen.

Das alles ist recht abstrakt und theoretisch. Lassen Sie uns drei Beispiele entwickeln, die klar machen werden, was wir meinen.

Beisp.

Stellen Sie sich einen Mann vor – vielleicht einen Freund von Ihnen oder eine Figur aus einem Spielfilm –, der folgendes Beziehungsproblem hat. (Weibliche Leser mögen das Beispiel mit vertauschten Geschlechterrollen lesen.) Er trägt unbewusst oder halbbewusst den Glaubenssatz mit sich herum: Alle Frauen sind ... so oder so – was bestimmte Reaktionen bei ihm herausfordert. Und jede neue Beziehung belastet er damit, weil er seiner Partnerin – unbewusst – dieses Bild überstülpt und ihr gar nicht die Chance gibt zu beweisen, dass sie vielleicht anders ist. Als Freund und als Kinobesucher kennen Sie das Muster bald und ahnen schon, dass auch die nächste Beziehung unseres Helden auf ähnliche Weise scheitern wird wie die vorangegangenen.

Was wäre nun, wenn dieser Freund beim nächsten Date mit der nächsten „Frau seiner Träume" in der Lage wäre, seinem Glaubenssatz nicht länger zu folgen und zu erkennen, dass diese Frau wirklich anders ist? Oder, besser noch: zu erkennen, dass diese Frau in der Tat so oder so ist – aber dass *er* die Möglichkeit hat, diesmal anders zu reagieren, anders mit diesen Eigenschaften umzugehen?

Sie sehen die Chance, die in unserem Ansatz steckt?

Pirschen wir uns nun näher an Ihren beruflichen Alltag heran. Wenn Sie darüber nachdenken, werden Sie zugeben, dass alle Methoden des Managements und der Unternehmensführung, die auf mathematisch-statistischen oder auf strukturanalytischen Denkmodellen beruhen, genau so funktionieren wie unser Verstand und unser Ego: Sie erfassen, katalogisieren und speichern die Vergangenheit und versuchen, die Ergebnisse in die Zukunft fortzuschreiben.

Nun fragen Sie sich bitte: Welche Unternehmer und Manager bewundern Sie? Diejenigen, die solide bis virtuos mit solchen Verfahren umgehen und auf diese Weise ihr Unternehmen immer „auf der sicheren Seite" führen? Oder diejenigen, die plötzlich mit einer genialen, überraschenden Idee auf den Markt gekommen sind und die damit neue Märkte erschlossen oder sich eine interessante Wettbewerbsposition verschafft haben?

Wir vermuten, dass zumindest Ihre heimliche Bewunderung der zweiten Gruppe gilt – jener, die in der Lage ist, das Gewohnte als nicht zwangsläufig, nicht unabänderlich zu betrachten.

Drittes Beispiel. Vielleicht waren Sie schon einmal dabei, als eine Werbeagentur neue Ideen, neue Slogans, neue Kampagnen präsentiert hat. Und als plötzlich diese eine geniale Idee dabei war, von der alle sofort dachten: Das ist es! Jene Idee, die Ihre Marke, Ihre Werbung, Ihre Vertriebsstrategie aus einem Winkel beleuchtete, an den bis dahin offenbar noch niemand gedacht hatte. Und Sie haben sich gefragt: Wie haben die das gemacht? Wie sind sie darauf gekommen?

Nun, vielleicht haben sie einfach einen Trick angewandt und Erfahrungen aus anderen Branchen oder anderen Unternehmen auf Ihres übertragen. Vielleicht hat aber auch einer ihrer Kreativen einen jener magischen Momente erlebt, in denen alles vorher Gedachte, alle Briefings und Konzepte plötzlich aus seinem Kopf verschwunden waren und er in der Lage war, die Situation Ihrer Marke oder Ihres Unternehmens ganz neu zu betrachten, neu zu „er-spüren".

Der Volksmund spricht in solchen Fällen von einem Gedankenblitz, ein Wort, das uns ausnehmend gut gefällt. Denn es macht klar, worauf wir hier aufmerksam machen: Neues entsteht nie in langen Analysen, im Festhalten an der Vergangenheit. Neues, wirklich Kreatives entsteht immer „blitzartig", in winzigen Momenten – nämlich in jenem Moment, der jetzt ist, den wir die Gegenwart nennen.

Aufmerksamkeit heißt, im Jetzt zu sein

In diesem Buch beschäftigen wir uns damit, wie wir wieder in unsere Mitte kommen und das Ego entlarven. Das können wir nur jetzt. Nur jetzt, in dem jeweiligen Moment, können wir Strukturen und Gewohnheiten erkennen, nur jetzt können wir sie loslassen oder anders kombinieren.

Das Ego, das sich aus der unendlichen Vielfalt unserer Gedanken, unserer Vorstellungen und Überzeugungen über uns selbst zusammensetzt, versucht natürlich – sozusagen im eigenen Überlebensinteresse – diese Entlarvung zu verhindern.

Wie macht es das? Sie kennen es alle; es ist Ihnen möglicherweise nur so noch nicht bewusst geworden: Das Ego produziert Gedanken. Beobachten Sie sich selbst: Sind Ihre Gedanken nicht pausenlos aktiv? Haben Sie nicht auch das Gefühl, sich in einem Hamsterrad zu bewegen, das von einem permanenten Gedankenstrom angetrieben wird? Es denkt und denkt und denkt, und das Hamsterrad dreht sich oft sehr schnell. Manchmal möchten Sie aussteigen, aber Sie wissen nicht wie.

Wie lange gelingt es Ihnen, ohne Gedanken zu sein? Eine Minute? Dreißig Sekunden? Zehn Sekunden? Probieren Sie es aus. Lassen Sie jetzt Ihre Gedanken fallen. Jetzt sofort! Hat es geklappt?

Es scheint unmöglich zu sein, nicht wahr? Unsere Gedanken sind ständig aktiv. Sie produzieren pausenlos Bilder und Vorstellungen, die wir für wahr halten. Wir haben uns so an dieses Gedankenbombardement gewöhnt, dass es uns meist gar nicht mehr auffällt. Erst wenn die Gedanken zu unangenehm werden, möchten wir sie gern abstellen; doch leider fehlt uns der Knopf zum Ausschalten. Unsere Gedanken produzieren pausenlos Bilder und Geschichten, die wir später unser Leben nennen. Unser Leben, das sich aus Erinnerungen zusammensetzt.

Erinnerungen sind *unsere* Erinnerungen. Wir identifizieren uns mit Ihnen und machen sie so zu einem Teil von uns. Aus dem, was wir einmal erfahren haben, machen wir – wenn wir nicht aufpassen – aktuell das, was wir jetzt glauben zu sein. Wir nehmen Bilder aus der Vergangenheit und übertragen sie nahtlos in die Zukunft – und vergessen dabei die Gegenwart.

Dabei ist es im Grunde leicht, in der Gegenwart zu leben – auch für Ungeübte. Und ungeübt sind wir fast alle, so paradox das auch klingt.

Das Paradoxe – und zugleich das größte Hindernis an der Sache – ist, dass wir in der Regel fest davon überzeugt sind, bereits in der Gegenwart zu leben. Für unseren Körper trifft das auch zu. Er kann niemals an einem anderen Ort sein als hier; er kann niemals in einer anderen Zeit sein als jetzt. Doch unsere Gedanken ...? Sie schweifen ab. Und weil das allen anderen Menschen auch passiert, erscheint es uns völlig normal, wir halten es nicht für wichtig.

Das aber ist ein Irrtum. Aus dem voraus Gesagten haben Sie bereits erkannt, dass es sehr bedeutsam ist, wo wir gerade mit unseren Gedanken sind und was wir *jetzt* wahrnehmen. Bleibt nur die Frage, wie wir das machen – in der Gegenwart zu sein?

Im Prinzip ist das wirklich leicht und jederzeit machbar. Es braucht nur das Werkzeug, von dem wir zu einem früheren Zeitpunkt schon gesprochen haben: Es braucht unsere volle Aufmerksamkeit. Erst wenn wir wirklich aufmerksam beobachten, was geschieht, außerhalb von uns und innerhalb von uns, haben wir die Chance zu bemerken, wo wir uns gerade aufhalten. In der Vergangenheit, an der wir nichts mehr ändern können? In der Zukunft, die noch gar nicht da ist und von der wir nicht einmal wissen, ob sie so eintritt, wie wir es wünschen oder befürchten? Oder in der Gegenwart, der einzigen Zeit, in der unser volles Potenzial liegt?

Es ist einfach, das zu erkennen, und doch so schwer, danach zu handeln.

Das folgende Gespräch macht deutlich, wie schnell unser Verstand von dem ablenkt, was jetzt real ist, indem er uns immer wieder in der Vergangenheit oder der Zukunft festhält. Lassen Sie sich auf dieses Gespräch ein, setzen Sie sich selbst an die Stelle der hier sprechenden Führungskraft. Das gibt Ihnen die Chance, die weitreichenden Auswirkungen dieser Sichtweise direkt zu erfahren.

Die Gegenwart im Dialog

COACH: Sie sagen, es ist Ihnen nicht gelungen, Ihr Konzept überzeugend darzustellen. Sie konnten sich nicht durchsetzen. Was bedeutet das für Sie?

FÜHRUNGSKRAFT: Ich bin sicher, dass mein Konzept zielführend ist. Wir werden jetzt, wenn wir es nicht anwenden, mehr Zeit und Kosten aufwenden müssen.

COACH: Was hat das mit Ihnen zu tun?

FÜHRUNGSKRAFT: Nun ja, ich habe viel Mühe und Zeit investiert, und ich habe das Gefühl, ich soll hier ausgebremst werden.

COACH: Woran machen Sie das fest?

FÜHRUNGSKRAFT: Ich weiß nicht. Es ist so ein Gefühl. Es ist schon mehrmals passiert, dass mein Kollege sich gegen mich durchgesetzt hat.

COACH: Und was bedeutet das für Sie?

FÜHRUNGSKRAFT: Ich fühle mich nicht akzeptiert.

COACH: Heißt das, Sie fühlen sich nicht wertgeschätzt?

FÜHRUNGSKRAFT: Ja, so kann man es sagen.

COACH: Die Besprechung, in der Ihr Konzept abgelehnt wurde, war letzte Woche. Was ist jetzt?

FÜHRUNGSKRAFT: Ich überlege, was ich hätte anders machen können. Manche Stellen hätte ich besser anders formuliert, und ich hatte auch nicht alle notwendigen Informationen.

COACH: Unser Verstand schickt uns immer wieder in die gleiche Falle und die heißt: Hätte ich doch ... Wenn Sie überlegen, was Sie hätten anders machen können, sind Sie gedanklich in der Vergangenheit. Doch das Konzept ist besprochen, und an der Besprechung können Sie nichts mehr ändern, sie ist vorbei. Wir können eine Menge Dinge verändern, aber was wir ganz sicher nicht verändern können, ist die Vergangenheit.

FÜHRUNGSKRAFT: Okay. Aber wenn nichts getan wird, werden wir Probleme bekommen. Ich glaube nicht, dass die Dinge weiter so funktionieren werden, wie bisher.

COACH: Sehen Sie, was passiert? Sie halten sich gedanklich entweder in der Vergangenheit oder in der Zukunft auf. Handeln, etwas verändern, können Sie aber nur jetzt. Also überprüfen Sie noch einmal: Was ist jetzt?

FÜHRUNGSKRAFT: Jetzt kann ich das Konzept ändern und einen neuen Versuch starten. Ich möchte das Thema beenden, und ich weiß, dass ich Recht habe.

COACH: Recht haben, gemessen an was?

FÜHRUNGSKRAFT: Gemessen an meinen Erfahrungen.

COACH: Erfahrungen sind auch ein Produkt der Vergangenheit. Es bleibt die Frage, was ist jetzt, in diesem Moment. Sie sagen, Sie können das Konzept noch einmal bearbeiten.

FÜHRUNGSKRAFT: Ja, das werde ich.

COACH: Genau, das werden Sie. Aber was ist jetzt, in diesem Moment. Jetzt, wo wir beide hier sitzen? Gibt es irgendetwas, das jetzt in diesem Moment an dem Konzept getan werden muss?

FÜHRUNGSKRAFT: Jetzt, genau in diesem Moment? – Nein.

COACH: Gibt es irgendetwas, das jetzt, in diesem Moment fehlt?

FÜHRUNGSKRAFT: Ich fühle mich nicht wohl bei der Sache.

COACH: Das kann gut sein. Aber fühlen Sie genau hin. Darf das Unwohlsein in diesem Moment da sein? Nur in diesem Moment?

FÜHRUNGSKRAFT: Ja, wenn es bald weggeht.

COACH: Es geht nur um diesen Moment. Ist es in diesem Moment in Ordnung, so wie es ist? Fehlt in diesem Moment etwas?

FÜHRUNGSKRAFT: Nein aber ich weiß genau, dass später ...

COACH: Nicht später. Was ist in diesem Moment? Fehlt etwas?

FÜHRUNGSKRAFT: Nein.

COACH: Und was ist jetzt, in diesem *Moment?*

FÜHRUNGSKRAFT: Alles in Ordnung, wenn ich nicht an später denke.

COACH: Genau, das ist der Punkt. Wenn Sie in dem jeweiligen Moment sind, wenn Sie nicht an später denken, also an die Zukunft, und wenn Sie nicht an früher denken, also an die Vergangenheit, dann ist alles in Ordnung. Und machen Sie sich immer bewusst, die Vergangenheit ist vorbei. Weg, abgelegt. Die Zukunft ist noch nicht da, und Sie wissen gar nicht, was sie bringt. Sie können es nicht wissen. Und ist es nicht absolut sinnlos, sich Sorgen zu machen über etwas, von dem Sie noch nicht einmal wissen, ob es eintreffen wird?

Sie konstruieren in Ihrem Kopf ein Bild, eine Vorstellung von dem, was sein wird. Dann verleihen Sie dieser Vorstellung Realität – und das, obwohl es sich um etwas handelt, das noch gar nicht da ist, also gar nicht wirklich real sein kann. Und dann machen Sie sich deswegen auch noch ein schlechtes Gefühl. Und bei all dem vergessen Sie völlig, was jetzt ist. Sie glauben, es fehlt Ihnen etwas, doch ist das wahr? Überprüfen Sie es noch einmal, jetzt.

FÜHRUNGSKRAFT: Nein, im Moment fehlt nichts, es ist alles in Ordnung.

COACH: Ja, es kann nichts fehlen. Fehlen kann etwas nur gemessen an einem Maßstab. Dieser Maßstab kommt aber immer aus der Vergangenheit.

Wenn wir im Jetzt sind, also genau in diesem Moment, dann gibt es keine Vergangenheit. Also gibt es auch keinen Maßstab, und also gibt es auch nichts, was fehlen könnte.

FÜHRUNGSKRAFT: Bedeutet das nicht, dass wir dann nur noch die Hände in den Schoß legen und nichts mehr tun?

COACH: Sehen Sie, da ist schon wieder ein Konzept. Es gibt ein gedankliches Konzept, das sagt, wenn alles in Ordnung ist, tue ich nichts mehr, dann ist Stillstand. Wenn Sie genau hinsehen, ist aber auch das nur eine Vorstellung. Wie viele Dinge haben Sie schon getan, obwohl alles in Ordnung war? Sie gehen Ihrem Hobby auch nicht nach, weil Sie ein Defizit haben, sondern weil sie es gern tun. Sie erledigen möglicherweise ganz komplexe und komplizierte Dinge, und es macht Ihnen Freude. Das ist der einzige Grund, warum Sie es tun. Und wie ist das Ergebnis, wenn Sie Dinge mit Freude oder zumindest ohne innerliche Belastung tun?

FÜHRUNGSKRAFT: Ja, gut natürlich. Ich fange an zu verstehen, was Sie sagen wollen. Wenn wir ganz im Moment leben, denken wir nicht an die Vergangenheit oder an die Zukunft, beide sind dann für uns nicht vorhanden. Ich kann mich noch gut an mein erstes Rendezvous erinnern ... Da gab es nichts anderes als diesen Moment.

Allerdings im Business ...? Stellt das nicht alles auf den Kopf, was wir bisher geglaubt haben?

COACH: Ja, weil wir so sehr daran gewöhnt sind, uns gedanklich in der Vergangenheit oder in der Zukunft aufzuhalten. Übrigens, das geht wirklich nur in Gedanken. Mit Ihrem Körper können Sie das nicht und würden wohl auch nicht auf die Idee kommen. Körperlich anwesend, geistig abwesend. Das scheint der Normalzustand zu sein, auch deshalb, weil es fast alle machen und wir es schon deshalb nicht einmal mehr bemerken.

Doch Sie haben die Wahl, Sie können sich jetzt, in diesem Moment entscheiden, damit aufzuhören. Wenn Sie wirklich im Hier und Jetzt sind, lösen sich die Probleme auf. Überprüfen Sie es. Was ist jetzt, in diesem Moment. Gibt es etwas, das fehlt? Fühlen Sie in sich hinein.

FÜHRUNGSKRAFT: Nein, es fehlt nichts, alles in Ordnung.

COACH: Wie fühlt sich das an?

FÜHRUNGSKRAFT: Irgendwie leichter. Der Ärger und die Sorge um das Konzept sind weg.

COACH: Und was bedeutet das für Ihre Tatkraft, jetzt?

FÜHRUNGSKRAFT: Oh, die ist da, und im Moment habe ich den Kopf frei für Neues. Ich würde am liebsten sofort loslegen. Ich bin ganz zuversichtlich.

COACH: Ja, im Moment haben Sie den Kopf frei. Wenn Sie im Jetzt sind und den Kopf nicht auffüllen mit Gedanken aus der Vergangenheit oder Sorgen um die Zukunft, dann haben Sie immer den Kopf frei für das, was jetzt ist und was jetzt zu tun ist.

Und das Leben findet niemals in der Vergangenheit oder der Zukunft statt, immer nur jetzt. Es gibt nichts anderes.

Aufmerksamkeit im Alltag

Fassen wir noch einmal zusammen: Der Schlüssel zum bewussten Leben im Jetzt ist die Aufmerksamkeit. Aufmerksam sein heißt, in der Gegenwart zu sein. Heißt, genau bei dem zu sein, was gerade geschieht, ganz aktuell. Und in der Gegenwart, im Jetzt, zu leben, ist schon deshalb wichtig, weil es nur das Jetzt gibt: Nur *jetzt* haben wir die Chance, Entscheidungen zu treffen und selbstbestimmt zu handeln.

Bleibt die Frage: Wie mach' ich das denn – wirklich immer aufmerksam sein? Wie kann ich das im Alltag üben?

Beginnen wir mit einer einfachen Unterteilung. Wir unterscheiden zwei Richtungen von Aufmerksamkeit:

Erstens die nach außen gerichtete Aufmerksamkeit.

Zweitens die nach innen gerichtete Aufmerksamkeit.

Auf den ersten Blick scheint die nach außen gerichtete Aufmerksamkeit das Leichtere, das Gewohnte, das Normale zu sein. Jeder von uns beobachtet seine nahe und ferne Umgebung, um zu registrieren, was gerade geschieht – in der Familie, im Unternehmen oder in der weiteren Umgebung, in der Gemeinde, im Land, in der Welt. Der überwiegende Teil unserer Aufmerksamkeit scheint diesen äußeren Themen gewidmet zu sein.

Und doch trügt der Schein. Echte, vollständige Aufmerksamkeit geschieht in Wirklichkeit und entgegen unserer vorgefertigten Meinung vergleichsweise selten. Abschweifen aus der Gegenwart ist ein allzu häufiges Phänomen. Da ist zum Beispiel die Führungskraft, die den Mitarbeiter anhört, aber in Gedanken schon im nächsten Meeting ist. Da ist der Familienvater, der sich die Schulsorgen seiner Tochter anhört, aber in Gedanken bei den „wirklich wichtigen" Dingen, bei seinen Herausforderungen im Büro ist. Selbst Diskussionen um Wirtschaft oder Politik lassen uns weniger bei dem sein, was die aktuelle Situation tatsächlich bedeutet oder in uns auslöst, als vielmehr bei den Befürchtungen, die wir aus dem Geschehen für die Zukunft ableiten. Jeder Leser mag die Beispiele für sich fortsetzen.

Die erste Übung für den Alltag ist deshalb: Nehmen Sie sich vor, in allen möglichen Lebenslagen so oft wie möglich darauf zu achten und sich zu fragen, ob Sie mit Ihrer Aufmerksamkeit wirklich in der Situation sind, die gerade geschieht, oder ob Ihre Aufmerksamkeit abgeschweift ist.

Wenn Sie feststellen, dass Sie abgeschweift sind, ist das nicht verwerflich: Es kann passieren, und zum Glück ist jeder Moment neu, und Sie haben in jedem Moment die Chance, mit Ihrer Aufmerksamkeit in die Gegenwart zurückzukommen.

Es ist wirklich hilfreich, sich diese Zusammenhänge immer wieder ins Gedächtnis zu rufen. Es ist nicht schlimm, wenn Sie abschweifen; das passiert – Sie sind deshalb kein Versager. Aber wann immer Sie ein Abschweifen beobachten, ist es erstrebenswert, ganz bewusst die Aufmerksamkeit zurückzuholen in die Gegenwart – zu dem, was hier und jetzt geschieht. Denn, um es noch einmal zu betonen: Wenn wir abschweifen, verpassen wir das Leben.

Nur im Jetzt, nur wenn wir absolut präsent sind, können wir handeln. Nur im Jetzt haben wir auch Zugang zu der Energie, die unseren inneren Wesenskern definiert. Zu der Energie, die alles durchdringt, jeden Einzelnen von uns, also auch Sie, und aus der alles entsteht. Hier, in dieser Energie, liegt die Kraft, hier liegt das wahre Potenzial, das Ihr Leben so steuert, wie es für Sie richtig ist, ohne dass Sie pausenlos um vorgestellte Ergebnisse kämpfen müssen. Halten Sie den Zugang zu dieser Energie offen, und Sie werden ein Leben in Fülle und Freude haben. Das einfach deshalb, weil Fülle und Freude eine Funktion dieser kosmischen Energie sind. Der Zugang ist immer da, in jedem Moment – aber eben auch zu keinem anderen Zeitpunkt, als in dem jeweiligen Moment.

Wenn wir abwesend sind, weil wir uns in der Vergangenheit oder der Zukunft befinden, haben wir den Zugang verpasst. Das ist nicht wirklich schlimm, weil er ja jeden Moment vorhanden ist. Wenn wir aber darauf „bestehen", ihn immer wieder zu verpassen, versäumen wir unsere Entwicklungschancen.

Also: **Seien Sie aufmerksam;** dann erkennen Sie, wo Sie sich gerade befinden, in der Gegenwart oder jenseits von ihr.

Aber nicht nur das: Sie erkennen auch, was Sie in der jeweiligen Situation daran hindert, in der Gegenwart, im Jetzt zu sein.

Und das führt uns direkt zur zweiten Kategorie der Aufmerksamkeit: zu der Aufmerksamkeit, die nach innen gerichtet ist. Um die Hindernisse zu erkennen, die Sie vom wahren Leben – vom Jetzt – ablenken, richten Sie Ihre Aufmerksamkeit auf das, was in Ihrem Innern geschieht – auf Ihre Gedanken und Ihre Gefühle.

Gedanken – Bausteine der persönlichen Welt

Beginnen wir mit den Gedanken. Wieder einmal helfen uns drei Schritte weiter, die wir schon aus dem Kapitel Original und Fälschung kennen:

Erstens, erkennen, was ist; zweitens, überprüfen der Bereitschaft zur Veränderung und drittens, lernen und handeln. In dem jetzigen Kontext besteht der erste Schritt folglich darin, die Gedanken zu beobachten. Der zweite Schritt besteht darin, bewusst zu wählen, ob Sie den Gedanken, die ihnen gerade durch den Kopf gehen, folgen. Der dritte Schritt besteht darin, eine – gemessen an Ihrer Absicht – sinnvolle Konsequenz zu ziehen.

Aufmerksam sein, heißt also, nach innen zu blicken und sich zu fragen:

1. Welche Gedanken sind da?
2. Lohnt es im Sinne meiner Absicht, diese Gedanken weiter zu verfolgen?
3. Welche alternativen Gedanken – wenn nötig – sind sinnvoller?

Diese drei Schritte der Achtsamkeit sind nötig, um bewusst zu werden. Sie sind der Schlüssel zu Bewusstheit. Und wir haben bereits gesehen: Erst der bewusste Umgang mit unseren mentalen und emotionalen Ressourcen erlaubt ein sinnvolles und zielgerichtetes Leben. Und der einzige wirkliche Sinn, das einzige wirkliche Ziel in unserem Leben besteht in der Rückverbindung, in einem Leben in Harmonie mit unserem inneren Wesenskern. Alles andere gleicht eher einem Dämmerschlaf, den wir zwar mitbekommen, in dem wir aber in passiver Lethargie verharren und uns selbst zu Opfern der Umstände machen.

Sehen wir uns die drei Schritte näher an.

Der erste Schritt, die Beobachtung unserer Gedanken, führt uns in einen bewussten Zustand. Wenn Sie ihre Gedanken beobachten, erkennen Sie deren pausenlose Aktivität. Ohne Unterlass werden Szenarien konstruiert, laufen Bilder und Vorstellungen ab, die Ihnen sagen, was jetzt zu tun ist, worüber Sie sich Sorgen machen sollten, wer Sie sind, was Sie können und was nicht, wie Sie einen guten Eindruck machen, wie Sie sich verteidigen können, was andere von Ihnen denken sollen, was Sie brauchen, um anerkannt und geachtet zu sein – und so weiter, und so weiter.

Erst wenn Sie den Inhalt Ihrer Gedanken und deren Tragweite erkennen, erst wenn Sie das „Theater“ in Ihrem Kopf wirklich anschauen, können Sie zum zweiten Schritt kommen.

Dann können Sie entscheiden, wie Sie mit diesen Gedanken umgehen. Geben Sie ihnen Raum, lassen Sie die Gedanken sich weiter entwickeln – oder setzen Sie ihnen ein Ende? Was das heißen kann, wissen Sie garantiert aus eigener Erfahrung – zumindest in der „positiven" Variante. Ein bewusstes: „Ja, es ist sinnvoll, in diese Richtung weiterzudenken", hat eine ungeheure Schubkraft. Es vermittelt umgehend ein Gefühl von „Ich bin auf dem richtigen Weg". Es gibt kaum etwas, das mehr motiviert, als die innere Überzeugung, eine erfolgversprechende Richtung eingeschlagen zu haben.

Umgekehrt können Sie mit der gleichen Klarheit sagen: „Nein, dieser Gedanke bringt mich nicht weiter, ich lasse ihn fallen." Oder: „Nein, es hilft nichts, mir Sorgen um ungelegte Eier zu machen. Ich konzentriere mich auf das, was im Moment gerade ansteht." Das alles ist keine moderne „Erfindung"; es sind uralte Wahrheiten, die auch in den großen Schriften aller Traditionen nachzulesen sind. In der Bibel beispielsweise lesen wir: „Darum sorgt nicht für morgen, denn der morgige Tag wird für das Seine sorgen." *Matthäus 6,34*

Oft fällt es uns schwerer, destruktive Gedanken zu verwerfen, als uns für konstruktive Gedanken zu begeistern. Wenn es gelingt, sind die Folgen aber äußerst machtvoll. Die bewusste Abkehr von destruktiven Gedanken lässt Sie sinnbildlich und auch buchstäblich kraftvoller werden. Die erdrückende Last von negativen Gedanken, die wie ein schweres Gewicht auf Ihren Schultern gelegen hat, ist von Ihnen genommen, Sie können befreit und aufrecht weitermachen. Welche Erleichterung!

Probieren Sie es aus, gleich jetzt, indem Sie sich Ihrer Gedanken bewusst werden, eine aktive Entscheidung für oder gegen diese Gedanken treffen und dann – wir kommen zum dritten Schritt – dieser Entscheidung folgen.

Wenn Sie Gedanken identifiziert haben, die Ihnen jetzt wenig hilfreich erscheinen, beachten Sie sie nicht weiter. Es ist ungefähr so, als ob Sie jemanden, der Ihnen in der Fußgängerzone einen Flyer in die Hand drücken will, einfach stehen lassen. Sie beschimpfen ihn nicht, Sie „bekämpfen" ihn nicht, Sie lassen sich nicht einmal auf eine Diskussion ein. Sie beachten ihn einfach nicht, gehen vorüber und lenken Ihr Augenmerk auf das, was Sie interessiert. Genauso machen Sie es mit den Gedanken, die nicht hilfreich für Sie sind. Sie beachten sie nicht, sondern wenden sich anderen, konstruktiveren Überlegungen zu.

Sie werden überrascht sein, wie schnell Sie zu neuen Möglichkeiten finden. Es ist niemals ein Mangel an Gedanken, unter dem wir leiden: Es ist immer nur ein Mangel an Klarheit. Klarheit, die hinter den dicken Nebelschwaden unserer sich wie ein Perpetuum mobile drehenden Gedanken verschwunden ist.

Interessant ist in diesem Zusammenhang, dass wir uns den „Luxus“ erlauben, überwiegend alte Gedanken zu rekapitulieren, mit dem Effekt, alte Ergebnisse zu reproduzieren. Ob Sie es glauben oder nicht: Neunzig Prozent der täglichen Gedanken sind „alte Hüte“ – Gedanken, die wir schon mehrfach gedacht haben oder immer wieder denken. Nur zehn Prozent sind wirklich neu und somit in der Lage, neue Resultate hervorzubringen.

Noch einmal: Nur wenn wir im Hier und Jetzt sind, können wir aufmerksam sein und beobachten, was in und um uns herum geschieht. Und umgekehrt: Unsere Aufmerksamkeit eröffnet uns den Zugang zum Hier und Jetzt. Verrichten wir die unzähligen Kleinigkeiten des täglichen Lebens aufmerksam und bewusst – oder schlafwandlerisch und unbewusst? Wo sind Sie, wenn Sie Auto fahren, telefonieren, E-Mails lesen oder Gespräche führen? Sind Sie voll und ganz bei der Sache? Sind Sie präsent bei dem, was Sie gerade tun? Kraftvolles Handeln kann nur und ausschließlich aus der Einheit mit dem Augenblick heraus geschehen.

Jeder negative Gedanke bezüglich der aktuellen Aktivität, jede Unlust, jedes Missfallen, jede Ablehnung ist ein Zeichen von Widerstand gegen das, was ist. Durch den Widerstand fallen Sie aus der Verbindung mit dem Augenblick heraus. Sie legen einen Maßstab an, anhand dessen Sie das aktuelle Ereignis bewerten, und greifen zurück auf vergangene Parameter. Die Parameter nämlich, aus denen sich der Maßstab zusammensetzt. Und schon sind Sie, ohne dass es Ihnen bewusst geworden ist, wieder in der Vergangenheit. Das ist nicht schlimm, es ist nur – für diesen Moment – eine ungenutzte

Chance. Wenn Sie das – aufmerksam – feststellen, haben Sie sofort die Möglichkeit, wieder ins Jetzt zurückzukehren und Ihre hundertprozentige Kraft und Energie auf das auszurichten, womit Sie gerade beschäftigt sind.

Von der Leichtigkeit des Sehens

„Puuhh", werden Sie an dieser Stelle vielleicht denken: Das klingt alles anstrengend! Da soll ich also – zusätzlich zu allen Themen, mit denen ich zu tun habe – mich auch noch ständig zwingen, mich selbst und mein Innenleben bewusst zu beobachten und zu analysieren!? Wo soll die Kraft, die Zeit, die Energie herkommen?

Wir können den Einwand verstehen, und in gewisser Weise haben Sie Recht. Am Anfang mag diese „Aufmerksamkeit" einige Anstrengungen erfordern. Das liegt daran, dass wir es nicht gewohnt, so bewusst mit unseren Gedanken (und unserer Umwelt) umzugehen. Wir brauchen Training, wir müssen das üben. Und das kann heißen, dass wir zunächst unsere Aufmerksamkeit bewusst lenken müssen; dass wir uns von Zeit zu Zeit „zwingen", hinzuschauen und uns an unsere Wahlmöglichkeiten zu erinnern.

Die gute Nachricht ist jedoch: Je mehr Sie üben, desto leichter und selbstverständlicher wird Ihnen das Aufmerksam-sein fallen. Und am Ende werden Sie erkennen, dass es (fast) mühelos geht. Denn das, was Sie „tun", ist Beobachten. Und Beobachten in seiner eigentlichen Bedeutung ist kein aktives Tun, sondern passives Geschehenlassen.

Wer jemals – aus welchen Gründen auch immer – eine Seh-Schule absolviert hat, dem ist dieser Gedanke vertraut. Denn Sehen, das wird dort als zentrale Lektion vermittelt, ist kein aktives Tun. Wer sich anstrengt hinzugucken, sieht weniger als der, der Auge und Gehirn einfach „aufnehmen" lässt.

Wenn Ihnen dieses Beispiel nicht geläufig ist, kennen Sie die Zusammenhänge bestimmt aus anderen Alltagssituationen. Stellen Sie sich zum Beispiel vor, Sie sind bei einem Gruppengespräch mit drei Bewerbern für eine Position in Ihrem Unternehmen dabei, und

Sie sind derjenige, der am Ende einen Bericht über das Gespräch schreiben soll. Wenn Sie sich anstrengen; wenn Sie sich immer und immer wieder sagen: „Ich muss jetzt genau beobachten; ich muss an alle Kriterien denken, die wir anlegen wollen; ich darf nichts übersehen" – dann werden Sie möglicherweise nervös, kriegen manches Detail nicht mit und neigen dazu, später alles in Frage zu stellen, was Sie beobachtet haben.

Wenn Sie dagegen keinen Druck aufbauen, wenn Sie nichts anderes tun, als locker, wach und offen in das Gespräch zu gehen: Dann werden Sie wie von selbst eine Fülle von Eindrücken wahrnehmen, die einen informativen Bericht über die Bewerber ergeben.

Lassen Sie uns an einem dritten Beispiel deutlich machen, was wir mit „Gedanken beobachten" meinen.

Stellen Sie sich vor, Sie haben die Absicht, demnächst vielleicht ein neues Auto zu kaufen. Dann kann es passieren, dass Sie – wann immer Sie in der Stadt unterwegs sind – Autos beobachten. Was aber heißt das? Was genau tun Sie dann?

Sie lassen die schier endlose Reihe fahrender Wagen an sich vorbeiziehen und reagieren spontan darauf. Das heißt: Auf die meisten Wagen werden Sie gar nicht reagieren; die lassen Sie einfach vorbeiziehen. Dann wird es Autos geben, die Ihnen unangenehm auffallen. Sie denken vielleicht: „Komisches Auto!" Vielleicht blicken Sie ihm kurz nach und denken noch: „Was hat der Hersteller sich dabei gedacht?" Aber das war's dann auch: Das Auto ist vorbei; es lohnt nicht, länger daran zu denken; Sie lassen es vorbeiziehen.

Und dann wird es Autos geben, die Ihnen angenehm auffallen. Diesen Wagen werden Sie länger nachblicken und länger über sie nachdenken. „Ja, das ist dieses und jenes Modell", denken Sie dann: „Das könnte in Frage kommen. So einen fährt doch Norbert Meier aus dem Vertrieb; ich werd' ihn mal fragen, ob er damit zufrieden ist ..."

Das heißt: Sie haben nicht mehr getan, als Ihre Aufmerksamkeit auf das Thema Autos zu lenken und dann die Dinge geschehen zu lassen. Genauer gesagt: Auch das Lenken der Aufmerksamkeit haben Sie nicht wirklich „getan". Ihre Aufmerksamkeit war auf Autos gelenkt, weil dieses Thema für Sie gerade aktuell und spannend war.

Ist es für Sie nicht genauso spannend wahrzunehmen, was für banale, komische oder faszinierende Gedanken ständig durch Ihren Kopf ziehen?

Wenn Sie diese Frage erst einmal mit Ja beantworten, dann sind Sie auf dem besten Weg dazu, ihre Gedanken genauso mühelos zu beobachten wie die Autos in der Stadt: Sie lassen Sie einfach vorüberziehen und wählen spontan aus.

Nur eine Voraussetzung müssten Sie dafür noch erfüllen: Identifizieren Sie sich nicht mit Ihren Gedanken. Es ist wie mit den Autos. Sie selbst sind kein Auto; soll heißen: Sie sind nicht identisch mit Ihren Gedanken. Sie selbst sind der Beobachter, der die Gedanken betrachten und frei aus ihnen auswählen kann.

Wenn Sie Aufmerksamkeit in dieser Form praktizieren, werden sich Ihnen Möglichkeiten eröffnen, mit denen Sie in Ihren kühnsten Träumen nicht gerechnet haben. Sie werden die Kraft des Augenblicks immer wieder neu nutzen können und mit seiner Hilfe Lösungen für Ihre Aufgaben und Herausforderungen finden, die alle bisherigen Problemlösungsstrategien in den Schatten stellen. Aber damit nicht genug. Der aufmerksame Umgang mit dem Augenblick eröffnet auch den Zugang zu einer wirklich nachhaltigen Veränderung der Egostrukturen und schafft die Transformation von der Fälschung zum Original.

Gedankenmuster – die Krücken des Ego

Denn wenn Sie wirklich aufmerksam sind, gehen Sie nicht nur anders mit einzelnen Gedanken um. Sie lernen auch, die Hintergründe Ihrer Gedanken, Ihre tiefer liegenden Gedankenmuster und Strukturen zu erkennen. Und das ist ein Meilenstein auf dem Weg zurück zum Original.

Wir hatten es schon angedeutet: Die Verbindung mit dem inneren Wesenskern, mit dem Original, liegt im Jetzt. Das Ego oder die Fälschung hat als Gegenspieler des inneren Wesenskerns ein Interesse daran, diese Verbindung zu verhindern. Solange es ihm gelingt, uns mit seinem Gedankenbombardement von der Gegenwart abzulenken und in seinen Denkstrukturen gefangen zu halten, ist die Fälschung nicht in Gefahr.

Wenn wir aber wachsam mit den Gedanken umgehen und uns dabei nicht aus der Gegenwart entführen lassen, bringen wir die Fälschung ins Wanken. Dazu ist im Prinzip nur eine einfache Frage nötig: **Welchen Sinn und Zweck haben diese Gedanken?**

Wenn Sie aufmerksam sind, werden Sie feststellen, dass sich vieles wiederholt. Sie wissen ja, neunzig Prozent der Gedanken sind alt. Achten Sie jetzt darauf, welche Art von Gedanken Sie immer wieder vorfinden. Was sind Ihre „Favoriten"? Sind die Gedanken eher negativ oder eher positiv? Sehen Sie eher Katastrophen oder eher Erfolge? Welche Befürchtungen, welche Vorurteile oder Vorfreuden tauchen immer wieder auf?

Und jetzt kommt die spannende Frage: Welches Bild, das Sie von sich haben, wird durch diese sich ständig wiederholenden Gedanken gefestigt?

Hier bietet sich die wunderbare Gelegenheit, die funktionale Struktur Ihres Ego zu erkennen. Jetzt endlich können Sie ihm buchstäblich auf die Schliche kommen. Und – Sie können entscheiden, ob Sie an diesem Bild von sich selbst festhalten wollen oder nicht. Es ist nur ein Bild, nur eine Vorstellung, der Sie immer wieder Realität verleihen, mit den immer gleichen Gedanken, Überzeugungen, Vorlieben.

Mit diesen immer gleichen Gedanken reproduziert sich das Ego ständig selbst, ohne dass wir uns dessen bewusst sind. Die einzige Möglichkeit, den Prozess zu durchbrechen besteht in fokussierter Aufmerksamkeit. Fokussiert auf die Strategie des Ego, die Sie erkennen können, wenn Sie zwischen einzelnen, in ihrem jeweiligen Moment identifizierten Gedanken Linie ziehen und quasi beobachten, wohin sich der rote Faden entwickelt.

Nehmen wir ein typisches Beispiel. Eine Gedankenlinie, die Sie bei sich feststellen, könnte zum Beispiel heißen: „Ich muss alles unter Kontrolle halten." Vielleicht gehören Sie zu den Menschen, die alles sehr genau planen und fest im Griff behalten, um sicher zu gehen, dass die Dinge in der vorgesehenen und gewünschten Art und Weise ablaufen.

Sie sind, um es anders zu formulieren, ein strategischer Denker. Sie beziehen alle Eventualitäten in Ihre Überlegungen ein und erstellen eine Ziel- und Ablaufplanung. Solche Planungen geben Ihnen das Gefühl, die Dinge unter Kontrolle zu haben, und deshalb legen Sie auch großen Wert darauf, dass Pläne eingehalten werden. Das ist wichtig für Sie, denn Ihr Eindruck, alles unter Kontrolle zu haben, gibt Ihnen ein Gefühl von Sicherheit. Und die wiederum garantiert Wohlbefinden. Um den Erfolg Ihrer Vorhaben nicht zu gefährden, beziehen Sie auch alle anderen Betroffenen ein und erwarten von ihnen, dass der Plan zu möglichst einhundert Prozent erfüllt wird. Sie glauben, aus *Erfahrung* zu wissen, dass diese Vorgehensweise sinnvoll und hilfreich ist.

Sie sehen: Diese kurze Beschreibung zeigt uns schon ein konkretes Bild eines Menschen – ein Bild, mit dem Sie, während Sie dies lesen, möglicherweise sich selbst oder eine andere Person, die Sie kennen, identifizieren. Es ist aber nur das Bild eines Menschen. Es ist nicht der Mensch selbst. Es sind Eigenschaften und Gedankengänge beschrieben, die etwas über die betreffende Person aussagen – die aber nicht diese Person *sind*.

Dennoch stellt unser Verstand Identifikationen her, die immer wieder gleichgeartete Gedanken und Vorstellungen hervorbringen und damit ihrerseits die Identifikation bestärken. Die Identifikation und die daraus resultierenden Gedanken verbinden sich zu einem sich selbst erhaltenden System, das besonders deshalb so viel Kraft hat, weil es unbewusst abläuft.

In unserem Beispiel könnte die Identifikation lauten: Ich bin strategisch, zielgerichtet, ein guter Planer, halte alles unter Kontrolle. Solange alles reibungslos läuft, dürfte dieser Planer wenig Probleme mit seinem Selbstbild haben. Was aber, wenn Ereignisse eintreten, die die Planung gefährden?

Dann könnte sich dieses Selbstbild als unpraktisch erweisen. Wenn Sie jemand sind, der genau nach Plan arbeitet, werden Sie dazu neigen, trotz widriger Umstände an Ihrem Plan festzuhalten. Ihre primären Gedankengänge sagen Ihnen, dass die Einhaltung des Plans wichtig ist. Sie erlauben Ihnen keine Alternativen, mit der

Konsequenz, dass Sie möglicherweise für etwas kämpfen, das jetzt in dieser Form nicht mehr realisierbar ist.

Ihre fokussierte Aufmerksamkeit an dieser Stelle lässt Sie zwei fundamentale Punkte erkennen.

Die Frage „Was ist jetzt?" erhellt erstens, dass die Situation sich geändert hat und dass Ihre Überlegungen nicht mehr stichhaltig sind, dass es also zwischen Ihren Vorstellungen (Plan) und der Realität eine Diskrepanz gibt. Daraus ergibt sich wahrscheinlich Handlungsbedarf, der jedoch leicht zu befriedigen ist, wenn Sie sich „beobachtend" auf das einlassen, was der aktuelle Augenblick fordert, und registrieren, welche neuen Ideen Ihnen schon bald in den Sinn kommen werden. Mit anderen Worten: wenn Sie im Hier und Jetzt sind und die Vorstellung, was sein sollte, loslassen.

Zweitens ermöglicht Ihnen die Aufmerksamkeit, Ihre Identifikation zu erkennen: „Ich bin jemand, der strategisch denkt und an Planungen festhält." Gerade wenn Schwierigkeiten auftauchen, sollten Sie das als Signal benutzen und ihre Gedanken besonders aufmerksam beobachten, um Ihre Identifikation und die damit verbundenen Folgen zu erkennen. Erst dann, wenn diese Identifikation bewusst wahrgenommen ist, können Sie sie hinterfragen oder lockern. Nun müssen sie nicht länger als etwas Naturgegebenes hingenommen werden.

Erkennen Sie jetzt, dass Sie sich mit einem Gedankenkonstrukt verwechselt haben? Sie sind kein strategischer Denker. Sie sind ein Mensch, der unter bestimmten Umständen strategisch denkt. Und Sie können entscheiden, ob und unter welchen Umständen Sie strategisch denken, oder unter welchen Umständen Sie das nicht tun.

Wenn Sie das verstanden haben, können Sie den Teil des Ego, der den strategischen Planer verkörpert, modifizieren, und damit modifizieren Sie alle aus dieser Identifikation resultierenden Gedankengänge.

In unserem Beispiel könnten Sie etwa zu folgendem Schluss kommen. „Ich bin ein strategischer Planer", und in der Folge: „Ich bin jemand, der an Planungen festhält", ist eine sehr rigide Aussage, die nur wenig Flexibilität zulässt. „Ich bin jemand, der Planungen berücksichtigt, aber jederzeit flexibel reagieren kann", ist dagegen eine Identifikation, die nicht nur Ihren aktuellen Spielraum, sondern auch Ihr gedankliches Repertoire erheblich erweitert.

Denken Sie daran: Ihre wahre Kraft liegt in dem jeweiligen Moment, und er ist immer unabhängig von Planungen. Wenn Sie Ihre Identität mit „Planung" verknüpfen, begeben Sie sich der Chance, diese wahre Kraft voll und ganz zu nutzen.

Fassen wir dieses Kapitel zusammen:

Jeder von uns hat sich eine Menge unterschiedlicher Identitäten aufgebaut. Je aufmerksamer wir sind und je mehr wir unseren immer wiederkehrenden Gedankenfluss beobachten, desto eher können wir diese Scheinidentitäten erkennen und modifizieren oder loslassen.

Aufmerksamkeit, Bewusstheit für den Augenblick, hilft Ihnen,

1. sich mit der Kraft des Augenblicks zu verbinden und
2. die Strategie des Ego, mit der es versucht, Sie von dieser Kraft fernzuhalten, zu erkennen.

Mehr ist nicht erforderlich – aber auch nicht weniger. Hier liegt der entscheidende Schritt.

Während Sie anfangs jeweils von Moment zu Moment die Diskrepanz zwischen dem Jetzt und Ihren Gedanken erkennen und Ihr Verhalten von Moment zu Moment verändern, können Sie nun auch die diesen Gedanken zugrunde liegende Egostruktur erkennen. Allein schon das bewusste Erkennen dieser Struktur ist geeignet, ihr den Nährboden zu entziehen.

Erkennen Sie den Fortschritt? Sie doktern nicht mehr wie bisher an den einzelnen Symptomen herum, Sie befassen sich mit einem ganzheitlichen Heilungsprozess.

Gefühle – Mörtel der persönlichen Welt

Gehen wir noch einen Schritt weiter, dann merken wir: Das aufmerksame Leben im Augenblick gibt uns nicht nur Einblick in unsere Gedanken, sondern auch in unsere Gefühle.

Das ergibt sich logisch und ganz natürlich aus dem bisher Gesagten, denn das Denken ist nicht vom Fühlen zu trennen. Gedanken produzieren Gefühle, und Gefühle bringen Gedanken hervor. Es ist ein Wechselspiel, dem wir uns zum Glück nicht entziehen können, auch wenn uns das manchmal vielleicht angenehm wäre. Zum Glück deshalb, weil genau dieses Wechselspiel, diese Einheit von Verstand und Gefühl, von Kopf und Bauch der Schlüssel zu dem ist, was wir wirklich sind, der Schlüssel zu unserem Original.

Anders gesagt: Wenn Sie aufmerksam in der Gegenwart sind, haben sie die Chance, auch mit Ihren Gefühlen bewusster umzugehen. Und das ist ein Thema, das wir ausführlicher angehen wollen.

Descarte hat postuliert: „Ich denke, also bin ich." Heute gehen Wissenschaftler und Philosophen davon aus, das die umgekehrte Reihenfolge richtig ist: Ich bin – deshalb denke ich. Aber nicht nur das. Wenn Sie Ihre eigenen Erfahrungen zugrunde legen, werden Sie sicherlich der Erkenntnis zustimmen: Der Beweis, dass Sie sind, liegt nicht alleine in Ihrem Denken, sondern auch in Ihrem *Fühlen*.

Was hier klingt wie ein Wortspiel am Rande, ist in Wirklichkeit ein philosophischer Disput, der unsere westliche Kultur entscheidend geprägt hat. Jeder Mensch ist eine Einheit aus Materie, Geist und Emotion – also aus Körper, Verstand und Gefühl. Trotz dieser Tatsache, die jeder aus eigenem Erleben kennt, setzt die westliche Kultur der Neuzeit vorrangig auf den Verstand. Die meisten von uns sind gelehrt worden, Gefühle zu ignorieren oder gar zu leugnen – besonders die Männer in unserer Gesellschaft. Es gilt als besonders kompetent und diszipliniert, Gefühle nicht zu zeigen.

Haben Sie jemals realisiert, wie grausam diese Einstellung ist? Ist Ihnen schon einmal bewusst geworden, welche Gewalt Sie sich damit antun? Ohne Frage kämen Sie niemals auf die Idee, sich einen Arm oder ein Bein abzuschneiden. Warum schneiden sich dann so viele Menschen von ihren Gefühlen ab, die ein mindestens ebenso wichtiger Bestandteil von ihnen sind wie ihr Arm oder ihr Bein?

Wir Menschen bestehen aus Verstand *und* Gefühl. Erst wenn beide Komponenten zusammenkommen, sind wir ganz und heil. Unsere Gefühle sind ein wesentliches Hilfsmittel. Sie helfen uns zu erkennen, wo wir aus dem Gleichgewicht geraten sind. Sie helfen uns zu erkennen, wo wir den Kontakt zu unserem inneren Wesenskern verloren haben.

Allein – wir müssen aufmerksam sein und hinschauen, um ihre Hilfestellung zu nutzen.

Gerade in der Wirtschaft, und ganz besonders in Führungspositionen, heißt das, dass wir umdenken müssen. Unsere gewohnten Managementmethoden sind in besonderer Weise geprägt von dem westlichen, Newton'schen Weltbild mit seiner Überbetonung des Verstandes unter Negierung aller rational nicht erfassbaren Phänomene. Zahlen, Daten, Fakten, messen, zählen, wiegen – all dies bestimmt unseren Alltag, und wir übersehen dabei, dass wir erstens nur zählen, messen oder wiegen können, was bereits existiert – was also der Vergangenheit angehört – und dass zweitens dies alles materieller Natur ist.

Was aber ist mit „all den Dingen zwischen Himmel und Erde, von denen sich die Schulweisheit nichts träumen lässt", wie William Shakespeare es formuliert hat – und die dennoch existent sind? Was ist mit unseren Gefühlen? Warum trennen wir uns von ihnen ab und halten das sogar für cool und für professionell? Weil wir sie nicht erklären können? Weil wir sie nicht messen können? Weil wir Sie nicht beweisen können?

Gleichzeitig erklären immer mehr Menschen – auch in Unternehmen und Organisationen –, dass sie sich bei wesentlichen Entscheidungen von Ihren Gefühlen leiten lassen. Sie treffen „Bauchentscheidungen". Viele dieser Menschen halten es aber dennoch für notwendig, „Beweise" für ihre Bauchentscheidungen vorzulegen – auch wenn es nur zu dem Zweck dient, diese Entscheidungen nach außen besser kommunizieren zu können, zu legitimieren oder einfach nur, weil es „männlicher" wirkt.

Solange „der Bauch" produktiv eingesetzt werden kann, ist er willkommen. Wenn der Bauch, also die Gefühle, aber als kontraproduktiv eingeschätzt werden, werden sie blitzschnell verdrängt oder als irrational ausgeblendet, weil sie sachlichen Entscheidungen abträglich seien.

Unser Problem ist, dass nach wie vor das Primat des Beweises herrscht – und Gefühle können nicht bewiesen werden. Hier ein einfacher Test: Denken Sie an eine Person, die Sie lieben. Visualisieren Sie diese Person und konzentrieren Sie sich auf Ihre Liebe zu diesem Menschen. Und jetzt – beweisen Sie diese Liebe! Nehmen Sie sich Zeit und prüfen Sie sorgfältig. Haben Sie Beweise gefunden oder haben Sie gleich aufgegeben? Und wenn Sie Beweise gefunden haben, halten diese tatsächlich einer Überprüfung stand? Stellt sich nicht vielmehr heraus, dass sie lediglich ein Ausdruck bestimmter Vorstellungen sind, die aber nicht zwingend mit Liebe in Verbindung gebracht werden müssen oder können?

Gefühle sind nicht messbar und nicht beweisbar. Doch Gefühle, diese unfassbaren Gebilde, sind immer und überall dabei. Mehr noch – sie sind die treibende Kraft hinter all unseren Überlegungen und Handlungen. Denn das Ziel aller Bemühungen eines jeden von uns ist Wohlbefinden, Zufriedenheit, Glück, Liebe, Freude ... – alles emotionale Zustände, die rational nicht erklärbar, ja nicht einmal erfassbar sind.

Es ist an der Zeit, dass wir den Stellenwert, den wir unseren Gefühlen im täglichen Leben geben, näher beleuchten und ein neues Verhältnis zu ihnen entwickeln.

Das Problem mit dem Kompass

Interessanterweise verknüpfen wir mit der Vorstellung, ein gesetztes Ziel zu erreichen, immer einen emotional positiven Zustand. Der kann von geradezu euphorisch bis zu dem Gefühl des „kleineren Übels" reichen; er liegt aber immer – gemessen an der aktuellen Position – im positiven Bereich. Der Gedanke dahinter lautet: Wenn ich mein Ziel erreicht habe, wird es mir gut oder zumindest besser gehen. Mit anderen Worten: Damit es mir gut geht, muss noch dies und jenes geschehen. Muss ich noch Karriere machen, muss ich mehr Geld verdienen, muss ich meinen Traumpartner finden, Kinder haben und so weiter.

Das ist ein typisches Muster, das wir im Alltag pflegen. Wir verfangen uns in einer Kette von Tun-Haben-Sein. Ich muss in den nächsten Wochen viel arbeiten, um Zeit zu haben, in Urlaub zu fahren, um dann glücklich oder entspannt zu sein. Ich muss Karriere machen, um Anerkennung zu bekommen, um dann zufrieden zu sein. All unseren Erfahrungen zum Trotz machen wir unser Wohlbefinden von einer Kette von Aktionen abhängig, die diesem Wohlbefinden vorausgegangen sein müssen.

Interessanterweise erleben wir aber immer wieder, dass Wohlbefinden auch dann eintreten kann, wenn vorher keine entsprechende Aktionskette abgelaufen ist. Es geht uns gut – einfach so, wir sind grundlos glücklich. Das ist erstaunlich, und es fällt uns schwer, das zu akzeptieren. Es muss doch einen Grund geben. Wir suchen nach ihm, und wenn wir ihn nicht finden, erscheinen die Glücksgefühle oftmals deplaziert. Für uns selbst und vielleicht auch für andere.

Welche Tragik! Welcher Irrtum! Anstatt das anzunehmen, was ist – das Glück – suchen wir im Rahmen unserer Egostrukturen nach Erklärungen. Im Extremfall sagt uns das Ego, es gibt keinen Grund, glücklich zu sein, und wir verderben uns selbst diese wunderbare Erfahrung (Du kriegst, was Du denkst.). Wir verlieren uns in Gedanken und Vorstellungen und verpassen buchstäblich das, was jetzt ist, weil es nicht ins Konzept passt. **Was aber *ist jetzt*?**

Bei der oben zitierten Vorgehensweise Tun-Haben-Sein, die wir so häufig praktizieren, verlieren wir uns in der Zukunft. Wir sind nicht mehr in der Gegenwart und nicht mehr aufmerksam für das, was jetzt ist. Wo in dieser Kette sind aber die Gefühle angesiedelt? Wir *sind* glücklich; wir *sind* traurig; wir *sind* fröhlich – und diese Empfindungen *sind* jetzt! Die Gefühle sind also immer im letzten Punkt der genannten Kette, im „Sein" angesiedelt. Und das Sein ist jetzt!

Wenn jetzt ein Gefühl da ist, ist jetzt ein Gefühl da – selbst dann, wenn es ein unangenehmes ist. Es macht keinen Sinn, das Gefühl zu bekämpfen, denn es ist ja bereits da. Widerstand aufzubringen gegen etwas, das bereits in Erscheinung getreten und damit Realität ist, ist nicht nur sinnlos, es ist auch nicht besonders intelligent. Was ist, ist. Alles, was wir tun können, ist zu beachten – nicht zu bekämpfen (!) –, was gerade ist.

Kurz gesagt: Auch bei den Gefühlen geht es immer wieder nur darum, aufmerksam zu sein und wahrzunehmen, was jetzt, in diesem Augenblick gerade real ist. Und – es geht darum, das anzunehmen!

Nur wenn wir unsere Gefühle annehmen, können wir sie nutzen als das, was sie sind: als Navigationsinstrumente, die uns helfen, durch unser Leben zu steuern.

Gefühle sind wie ein Kompass, der uns dabei hilft, unsere innere Mitte zu finden. Wir aber haben mit diesem Instrument ein Problem: Wir ignorieren es, wenn die Anzeige uns nicht gefällt. Da wir unangenehme Gefühle in der Regel nicht haben wollen und also versuchen, uns unmittelbar von ihnen zu befreien, verkennen wir meistens ihre Botschaften. Wir sind wie der Pilot, der einen falschen Kurs fliegt und den Kompass, der das eindeutig anzeigt, missachtet – vielleicht mit dem Gedanken im Kopf: „Da muss der Kompass kaputt sein!" Auf diese Weise sind einige der schwersten Flugunfälle der Geschichte entstanden.

Konzentrieren wir uns also auf die unangenehmen Gefühle, die wir um jeden Preis vermeiden wollen. Sie sind der Schlüssel für unseren Umgang mit Gefühlen im Ganzen.

Unangenehme Gefühle wie Angst, Traurigkeit oder Zorn zeigen uns eine Diskrepanz auf. Eine Diskrepanz zwischen dem, was wir sein oder darstellen wollen, zwischen dem, wie wir glauben zu sein und wie wir die Welt sehen – und dem, was tatsächlich ist. Da auch die Gefühle in der Regel aus dem Unterbewusstsein kommen, kann unser Verstand sie nur schwer einordnen und neigt dazu, sie als unerwünscht oder überflüssig abzuweisen.

Es gilt also, diesem Impuls des Verstandes zu widerstehen und die Gefühle zunächst einmal ganz einfach zu beobachten. Die Beobachtung liefert uns, genau wie die Beobachtung der Gedanken, wertvolle Hinweise auf das, was sich in unseren Denk- und Gefühlsstrukturen abspielt. Die Beobachtung der Gefühle vertieft die Erkenntnisse, die wir aus der Beobachtung unserer Gedanken über die Funktionsweise und Struktur unseres Ego gewinnen können.

Dazu allerdings brauchen wir eine Hilfestellung. Und deshalb werden wir den Gedankengang im nächsten Kapitel fortsetzen. Denn diese Hilfe stellt uns der zweite Punkt im magischen Dreieck zur Verfügung:

ES GEHT DARUM, NICHT ZU BEWERTEN!

5.2 Punkt 2: Nicht bewerten

An sich ist nichts weder gut noch böse;
das Denken macht es erst dazu.
William Shakespeare

Die Fallen der Be-Deutung

„Nicht bewerten!", fordert der zweite Punkt des magischen Dreiecks. Soll heißen: Beobachten Sie nur, nehmen Sie nur wahr und messen Sie dem, was Sie wahrnehmen, keinen Wert bei. Erst wenn Sie das, was Sie durch aufmerksames Hinschauen sehen und erkennen, nicht bewerten, wird Ihnen eine reine, wirkliche Beobachtung gelingen.

Wir geben zu, dass dieser Punkt des magischen Dreiecks noch ein wenig herausfordernder ist als der erste.

Und wir könnten es gut verstehen, wenn Sie auf den ersten Blick jetzt sagen: „Das ist völlig paradox! Ich soll doch Entscheidungen treffen. Bewusste Entscheidungen zwischen Gedanken, Ideen, Handlungsalternativen. Und um zu entscheiden, muss ich bewerten!"

Der Einwand ist verständlich. Denn reine Beobachtung fällt uns schwer, weil wir in einer Gesellschaft leben, in der ständig bewertet wird, in der Bewertung als notwendig gilt, als impliziter Bestandteil fast aller persönlicher und unternehmerischer Entscheidungen. Warum hat sich das festgesetzt? Weil Bewertung für das Ego zur Überlebensstrategie gehört. Wir erinnern uns: Das Ego lebt davon, anders, besonders zu sein. Das Ego sagt uns: Ich bin ein eigenständiges Individuum, das sich von anderen abgrenzt, das – vorzugsweise – besser ist als andere. Das ist seine Strategie, und um diese Strategie umzusetzen, greift es zur Bewertung.

Es geht aber auch anders. Einfacher und natürlicher.

Wir sagen: Ja – Sie sollen entscheiden, selbstbestimmt und eigenverantwortlich. Aber nicht aus dem grübelnden Verstand heraus; nicht aus der Fälschung, nicht aus der Bewertung – sondern aus Ihrer inneren Mitte heraus.

Der Unterschied wird deutlich, wenn wir näher betrachten, was „Bewerten" eigentlich ist.

In dem Wort Bewertung steckt der Begriff „Wert". Eine Bewertung misst demnach einer Person, einem Objekt oder einer Situation einen Wert bei. Eine Bewertung lässt sich in ihrer Substanz reduzieren auf Aussagen wie:

Das ist gut oder schlecht.

Das ist richtig oder falsch.

Das ist schön oder hässlich.

Das darf sein oder darf nicht sein.

Das ist „wert-voll" oder „wert-los".

In dem Moment, in dem wir eine dieser Klassifizierungen nutzen, sind wir in der Bewertung. Sobald wir einen Wert identifiziert haben, messen wir ihm eine Bedeutung bei; er bekommt mehr oder weniger Gewicht. „Bedeutung" heißt jedoch nichts anderes, als dass wir etwas deuten, also interpretieren. **Und damit beginnen die Schwierigkeiten.**

Denn „deuten" können wir nur anhand von kollektiven und individuellen Maßstäben. Und das hat zwei problematische Konsequenzen.

Erstens sind Bewertungen immer subjektive Aussagen. Ob etwas *wirklich* gut oder schlecht ist, können wir nicht absolut sagen. Wir können diese Aussagen immer und ausschließlich nur anhand eines persönlichen Maßstabs treffen.

Und zweitens sind Bewertungen eine Flucht aus der Gegenwart, aus dem Jetzt. Doch zunächst zu dem ersten Problem: dem subjektiven Maßstab.

Obwohl jeder Maßstab ein individueller ist, wurde und wird er geprägt von der Kultur, in der wir leben. Elternhaus, familiäres und persönliches Umfeld, beruflicher Kontext, politisches System und Religion, all das sind Faktoren, die unseren persönlich-subjektiven Maßstab prägen. Unser „ richtig" oder „falsch" ist abhängig von den Vorstellungen, an denen wir uns orientieren. Vorstellungen aber, das haben wir schon mehrfach betont, sind nur das, was der Begriff beschreibt: Ideen und Gedanken, die wir vor unser geistiges Auge stellen. Es sind Konzepte, die wir als Orientierungshilfen erdacht haben. Es ist niemals die absolute Wahrheit!

Wenn Sie also unbedingt Bewertungen vornehmen wollen, vergessen Sie nicht, dass diese Bewertungen nur in Relation zu Ihren persönlichen gedanklichen Konzepten Bestand haben. Die Dinge sind nicht wirklich so; sie sind lediglich in Ihren Augen so. Das ist ein wesentlicher Unterschied, dessen Berücksichtigung viele Konflikte verhindern hilft.

Ein einfaches Beispiel verdeutlicht diesen Tatbestand. Ist der Tisch, den Sie im Schaufenster eines Möbelhauses sehen, schön oder hässlich? Er ist weder noch. Er ist einfach nur ein Tisch. Sie können ihn beschreiben hinsichtlich Form und Material; dann kann auch ein Fremder sehen, welchen Tisch Sie meinen. Schön oder hässlich dagegen ist keine objektiv zulässige Aussage über den Tisch – es ist eine Aussage über Ihre persönliche Ansicht. Und genau die sollten Sie auch ausdrücken, wenn Sie eine differenzierte und konstruktive Kommunikation führen wollen. „Ich finde den Tisch hässlich", zeugt von wesentlich höherem gedanklicher Klarheit als der Satz: „Der Tisch ist hässlich".

Selbstverständlich ist der Tisch hier nur exemplarisch gewählt und jederzeit austauschbar. Nutzen Sie ihn als Referenz und beobachten Sie, wie oft Sie aus einer subjektiven Wahrnehmung einen objektiven Tatbestand formulieren – einfach dadurch, dass Sie Ihre persönliche Betrachtung als „allgemein gültig" ansehen.

Es gilt, sehr sorgfältig zu trennen zwischen einer Beobachtung und einer Bewertung. Die Beobachtung nimmt auf, was ist. Die Bewertung gibt dem, was ist, einen Wert, eine Bedeutung. Ich kann sehr wohl Dinge beobachten, ich kann Unterschiede feststellen – etwa bei einem Soll-Ist-Vergleich –, ohne jedoch zu bewerten, ohne ihnen eine besondere Bedeutung zu geben.

Ein typisches Beispiel aus dem Berufsalltag macht das überdeutlich.

Achten Sie auf den Unterschied in den beiden folgenden Aussagen:

1. Die Umsatzentwicklung ist schlecht.

2. Die Umsatzentwicklung weicht von der Planung ab.

Die zweite Aussage ist eine Beobachtung. Die erste dagegen enthält eine Bewertung – und zwar eine äußerst subjektive. Denn woher wollen Sie wissen und woran wollen Sie messen, dass die Umsatzentwicklung wirklich „schlecht" ist. Vielleicht ist die Tatsache, dass der Umsatz hinter den Planzahlen zurückbleibt, eine große Chance für Sie? Die Chance, Ihre Strategie zu überdenken und zu verbessern; Ihre Zielgruppen besser zu verstehen, Produkte, Werbung und Vertrieb zu optimieren? Vielleicht werden Sie in zwei Jahren sagen: „Gut, dass der Umsatzknick uns damals einen Tritt in den Hintern versetzt hat ...!"

Doch viele Menschen differenzieren nicht zwischen Beobachtung und Bewertung; sie setzen zum Beispiel eine „Planabweichung" instinktiv mit etwas Gutem oder Schlechtem gleich. Mit anderen Worten: Eine Abweichung vom Plan wird sofort bewertet. Eine solche Vorgehensweise ist nur deshalb möglich, weil ein Plan, der nichts anderes ist als ein Konstrukt aus der Vergangenheit, welches in die Zukunft extrapoliert wurde, einen Status objektiver Gültigkeit erhält. Eine Abweichung vom Plan wird bewertet, weil das Gehirn auch da Verknüpfungen herstellt, wo es – logischerweise – gar keine geben kann. Ein Plan ist ein Plan, und ein Ergebnis ist ein Ergebnis. Beides existiert losgelöst voneinander. Deshalb ist an dieser Stelle große Aufmerksamkeit geboten!

Dazu kommt das zweite Problem: Bewertungen führen uns weg aus der Gegenwart, aus dem Jetzt. Denn jeder Maßstab, den wir zur Bewertung anlegen, ist ein Produkt der Vergangenheit – wie alle Bilder und Vorstellungen, die unser Verstand produziert. Jede Bewertung katapultiert uns somit augenblicklich in die Vergangenheit und verführt uns dazu, an den Kriterien und Erfahrungen der Vergangenheit festzuhalten. Wir orientieren uns an einem Maßstab, der aus dem „Damals" kommt, statt auf die Gegenwart zu reagieren, auf das was in diesem Moment ist. Kurz: Wir sind nicht mehr im Jetzt.

Dass dadurch die kreativen Möglichkeiten (und auch das Tempo möglicher Veränderungen) eingeschränkt werden, leuchtet ohne weiteres ein. Wer an der Bewertung festhält, die Umsatzentwicklung sei „schlecht", wird notwendigerweise auch von der emotionalen Komponente eingefangen, die jeder Bewertung anhaften. Unsicherheit, Angst oder auch Zorn auf die angeblich Schuldigen könnten in diesem Fall die Gefühle sein, die von der Bewertung „schlecht" ausgelöst werden und die weitere neutrale Beobachtung erschweren.

Wem es dagegen gelingt, von vornherein anders zu denken und zu formulieren – nämlich: „Der Umsatz bleibt hinter den Planungen zurück; lasst uns nachforschen, woran das liegen kann und was wir folglich tun können" –, der hat die Kraft, schnell und konstruktiv zu handeln.

Was ist, ist!

Also: Nicht bewerten. Um den praktischen Einstieg in diese Aufgabe zu erleichtern, unterscheiden wir zunächst zwei Arten der Bewertung:

1. Die Bewertung äußerer Erscheinungsformen – von Personen, Objekten und Situationen.
2. Die Bewertung innerer Erscheinungsformen – nämlich der eigenen Gedanken und Gefühle.

Die erste Art der Bewertung haben wir schon angesprochen; sie ist die bekannte, offensichtliche: Der Tisch oder die Umsatzentwicklung sind zwei Beispiele, die stellvertretend für unzählig viele andere Objekte oder Situationen stehen, über die wir ein Werturteil abgeben, ohne uns über die wahre Bedeutung unseres Verhaltens bewusst zu sein.

Und wenn wir uns dessen bewusst werden, sehen wir meist keine Alternative dazu. Jeder, mit dem wir in den vergangenen Jahren über das Thema gesprochen haben, hat uns zunächst einmal gesagt: „Aber in der äußeren Welt *muss* ich doch bewerten."

Wir leben in einer Gesellschaft, in der Bewerten ein völlig normaler, notwendiger Vorgang zu sein scheint. Das reicht vom Zeugnis in der Schule bis zu den Zeugnissen vom Arbeitgeber. Es betrifft Beurteilungen von Partnern und Freunden bis hin zu Beurteilungen von Mitarbeitern, Kollegen und Wählern. Unsere fachlichen Leistungen, unser persönliches Verhalten, unser Einkommen, unser Wissen, unsere soziale Zugehörigkeit – es gibt kaum etwas, das nicht persönlichen oder kollektiven Wertmaßstäben unterworfen wäre. Wir haben eine Fülle von Bewertungsmodellen und -instrumentarien entwickelt, die uns helfen, Objekte und Menschen zu klassifizieren und messbar zu machen. Und nach diesen Messergebnissen bewerten wir. Doch hier ist Vorsicht angebracht. Zählen und messen können wir nur die Leistung oder das Verhalten von Menschen – nicht deren Wert. Bei diesen numerischen Verfahren handelt es sich genau genommen um eine Beobachtung; die Bewertung nehmen wir vor, wenn wir an „objektiv messbare" Ergebnisse unsere (Wert-) Maßstäbe anlegen.

Dass diese Unterscheidung wichtig ist, haben wir schon betont. Eine Beobachtung ist auf der sachlichen Ebene angesiedelt, eine Bewertung auf der emotionalen Ebene. Eine Bewertung kann uns blockieren, unsere Kreativität entscheidend einengen, uns aus dem Jetzt entführen.

Damit das nicht passiert, formulieren wir jetzt zwei allgemeingültige Regeln, die wir auch als goldene Management-Regeln bezeichnen könnten:

„Was ist, ist."

Und: „Was nicht ist, ist nicht."

Ist Regen gut oder schlecht? Ein sonnenhungriger Urlauber wird diese Frage möglicherweise anders beantworten, als ein Landwirt, der Wasser herbeigesehnt hat. In jedem Fall ist die Antwort abhängig von einem persönlichen Wertmaßstab: Der Regen an sich ist weder gut noch schlecht; er ist was er ist – Regen.

Ist die Umsatzentwicklung gut oder schlecht? Sie ist, was sie ist. Von sich aus gesehen ist sie nur eine Entwicklung. Erst unsere Gedanken und Vorstellungen machen sie zu etwas „Gutem" oder „Schlechtem".

Nun mag das in der äußeren Welt, so betrachtet, noch relativ leicht verständlich sein. Sehr schwer tun wir uns aber damit, diese Regeln auf die zweite Art von Bewertungen zu übertragen: auf den Umgang mit unserem Innenleben.

Denn dort gilt genau dasselbe: Wir bewerten unsere Gedanken und vor allem unsere Gefühle – obwohl das unproduktiv und auch nicht notwendig ist. Und dabei stellen wir, zu allem Übel, auch noch eine Verbindung zwischen äußeren Ereignissen und Gefühlen her.

Wenn wir eine Entwicklung als gut bewerten, fühlen wir uns wohl; bewerten wir sie als schlecht, fühlen wir uns unwohl. Auch dieses „nicht Wohlsein" bewerten wir negativ, und wir versuchen, uns dieses negativen Gefühls zu entledigen. Dabei ist auch dieses Gefühl einfach nur ein Gefühl. Erst unsere Bewertung macht es zu etwas Negativem oder Positivem. **Auch hier gilt: Was ist, ist.**

Auch negative Gefühle sind „nur" Gefühle. Sie sind wie Anzeigen auf einem Messgerät. Sie führen uns aber – wenn wir ihnen Raum geben und Bedeutung zumessen – in eine Befindlichkeit, in einen Zustand, in dem wir uns nicht wohl fühlen und den wir deshalb gern vermeiden oder so schnell wie möglich beenden möchten. Oft genug schaffen wir es aber nicht, diesen Zustand zu beenden, weil wir mit unserer Bewertung die Gegenwart, die Realität, bereits verlassen haben.

Lassen Sie uns das näher betrachten. In unseren Bewertungen unterscheiden wir zwei Arten von Gefühlen:

Erstens positive Gefühle. Zu ihnen gehören Zufriedenheit, Glück, Freude, Liebe, Geborgenheit, Freiheit und so weiter. Es ist das natürliche Bestreben eines jeden Menschen, diese Gefühlszustände herbeizuführen, wozu wir uns der unterschiedlichsten Mittel bedienen. Den meisten Mitteln ist eines gemeinsam: Sie suchen die Erfüllung des Ziels außerhalb der eigenen Person – in anderen Menschen oder in anderen Situationen, die als geeignet betrachtet werden, positive Gefühle auszulösen.

Zweitens negative Gefühle. Zu ihnen gehören Wut, Zorn, Zweifel, Missachtung, Unsicherheit, Neid, Gier, Trauer, Angst und so weiter. In diesem Fall ist es das natürliche Bestreben eines jeden Menschen, diese Gefühlszustände zu vermeiden oder alles zu tun, um zu verhindern, dass sie auftreten. Wie im Kontext der positiven Gefühle richten wir auch in diesem Fall die Aufmerksamkeit meist nach außen, weil wir hier die Ursache für die negativen Gefühle sehen. Irrtümlicherweise; denn jede Art von Gefühl, egal ob positiv oder negativ, ist eine Folge der gedanklichen Konstrukte, also der Geschichten, die wir in Zusammenhang mit einer spezifischen Situation konstruieren.

Diese Geschichten, die wir uns in Verbindung mit dem aktuellen Sachverhalt gleichsam selbst erzählen, führen zu einer Bewertung. Die Umsatzentwicklung ist nur eine Umsatzentwicklung. Verläuft sie unterhalb der angenommenen Planung, entwickelt der Verstand ein Szenario, das negative Konsequenzen beinhaltet. Wir könnten in finanzielle Schwierigkeiten kommen; es könnte persönliche Konsequenzen geben, die sich nicht mit den eigenen Vorstellungen der Zukunft decken; und so weiter. Die Befürchtungen, die diesem Szenario entwachsen, machen Angst.

Die Angst aber ist ein emotionaler Zustand, der sich in uns aufbaut. Es ist von großer Bedeutung zu erkennen, dass in Wirklichkeit die Angst Unbehagen bereitet, nicht die Umsatzentwicklung. Diese ist nur der Auslöser. Machen wir uns noch einmal deutlich: Es sind unsere Gedanken, es sind die Geschichten, die wir aufgrund eines äußeren Sachverhaltes konstruieren, die dann diesen Sachverhalt negativ erscheinen lassen. In Wirklichkeit haben wir einem neutralen Ereignis eine Bedeutung gegeben, die ihm gar nicht zukommt. *Nicht die Dinge an sich sind schlecht, erst unsere Gedanken machen sie dazu.*

Halten wir noch einmal fest:

Ausschlaggebend für die Bewertungen und für die damit verbundenen Gefühle sind nicht die Ereignisse selbst – sondern die Geschichten und Gedanken, die wir mit diesen Ereignissen verbinden. Es sind die Szenarien, die wir als Folge des Ereignisses in der Zukunft erwarten. Es ist *niemals* das Ereignis selbst!

Kreieren Sie keine Geschichten! Bewerten Sie nicht!

Lassen Sie die Dinge einfach so, wie sie jetzt gerade sind. Etwas anderes können Sie ohnehin nicht tun; denn alles, worauf Sie sich beziehen, ist bereits geschehen und damit Vergangenheit – und die können wir, wie wir wissen, niemals ändern.

Was also ist zu *tun*, wenn sich Situationen anders entwickeln, als erhofft? Schauen Sie sich die Situation genau an. Betrachten Sie sie von allen Seiten. Betrachten – nicht bewerten! Analysieren Sie, beobachten Sie, was genau zu der Situation geführt hat und was Sie dazu beigetragen haben. Entscheiden Sie dann, was jetzt zu tun ist. Entscheiden Sie, welche Energie Sie aktivieren wollen, um ein anderes Ergebnis zu erreichen. Was wollen Sie tun – in Ihren Gedanken und Handlungen – damit diese Situation sich in Zukunft nicht wiederholt?

Was ist, ist. Es ist nicht mehr zu ändern. Andere Ergebnisse können Sie nur in der Zukunft erzielen, und die Grundlage dafür legen Sie – jetzt. Tun Sie jetzt, was jetzt zu tun ist, ohne sich von eingebildeten „Horrorszenarien“ lähmen zu lassen.

Nicht bewerten heißt: Annehmen

Ein Missverständnis müssen wir an dieser Stelle ausräumen: Nicht bewerten heißt *nicht*, gleichgültig oder beliebig zu sein. Nicht bewerten heißt, die Realität als Realität anzunehmen, statt sich in Bewertungen zu verstricken und mit der Realität zu hadern.

Situationen oder Personen als das zu nehmen, was sie sind, ohne sie zu bewerten, fällt uns sehr schwer. Wir alle sind von klein auf zur Bewertung konditioniert, ohne dass wir uns darüber im Klaren sind und ohne, dass wir die Konsequenzen erkennen. Ja, es gibt Menschen, die behaupten, dass wir niemals nicht bewerten können.

Wir widersprechen dieser Aussage. Richtig wäre es zu sagen: Die meisten Menschen machen sich nicht die Mühe, nicht zu bewerten. Es erfordert nämlich tatsächlich Aufmerksamkeit und die Übernahme von Verantwortung für die persönlichen Denk- und Verhaltensweisen. Und das ist etwas, das wir nicht gelernt haben konsequent anzuwenden und das uns deshalb schwierig, ja sogar unmöglich erscheint.

Wie bei den Themen, die wir bereits angesprochen haben, so laden wir Sie auch hier ein, Ihre eigenen Erfahrungen zu machen. Akzeptieren Sie – wenn es Ihnen lieber ist zunächst nur als temporäre Arbeitshypothese – dass es Ihnen möglich ist, nicht zu bewerten, und dass Sie für die Art und Weise, wie Sie mit anderen Menschen oder Situationen umgehen, selbst verantwortlich sind. Machen Sie Ihre eigenen Erfahrungen und folgen Sie nicht länger kollektiven Glaubenssätzen, die Sie nicht wirklich konsequent auf ihre Richtigkeit hin überprüft haben.

Nicht bewerten bedeutet annehmen, was ist. Das gilt naturgemäß für das Vergangene und für die Gegenwart, also für das, was jetzt gerade ist. In der Annahme dessen, was ist, liegt die Akzeptanz der Situation oder Person. Im Sinne Ihres eigenen Wohlbefindens ist es eine sinnvolle Verhaltensweise, die Dinge, die sich Ihnen darbieten, zu akzeptieren. Sinnvoll deshalb, weil Sie gar keine Möglichkeit haben, das zu verändern, was jetzt ist.

Akzeptieren, was ist, heißt *nicht*, es zu lieben!

Es heißt *nicht*, es zu mögen. Es heißt *nicht*, begeistert zu sein. Es heißt nicht einmal, einverstanden zu sein. Es heißt lediglich, das anzunehmen, was ohnehin bereits existent ist.

Wenn die Umsatzentwicklung hinter der Erwartung zurückliegt, bleibt Ihnen gar nichts anderes übrig, als die Tatsache zu akzeptieren – für diesen Moment. Es heißt definitiv nicht, dass Sie zufrieden sein müssen und die Hände in den Schoß legen. Die Entwicklung ist nur für diesen Moment so. Sie haben jederzeit die Freiheit, Maßnahmen zu ergreifen, die geeignet sind, in der Zukunft andere Ergebnisse herbeizuführen. Und das wird Ihnen um so leichter fallen, je weniger Sie bewerten – je weniger Sie mit vermeintlichen Misserfolgen hadern oder sich von vermeintlichen Erfolgen einlullen lassen.

Erinnern Sie sich an Ihre Schulzeit und an die Klassenarbeiten oder Klausuren, die Sie geschrieben haben. Wenn eine Klausur mit einer unerwünschten Note – sagen wir einer Fünf – bewertet wurde, hat es nicht den geringsten Sinn gemacht, gegen diese Note zu opponieren oder ihretwegen Tränen zu vergießen. Die Klausur war geschrieben und zensiert. Punkt. Nichts konnte daran etwas ändern, weshalb es auch völlig sinnlos war, in die missratene Arbeit zusätzliche Energie in Form von Widerstand zu stecken. Sinnvoll war es hingegen, die Fehler anzuschauen und aus ihnen zu lernen, vorausgesetzt Sie hatten die Absicht, zukünftige Arbeiten besser zu schreiben.

Es macht keinen Sinn, Fehler zu verurteilen, es macht sehr wohl Sinn, aus ihnen zu lernen. Dazu müssen Sie die Fehler aber annehmen und die Chance erkennen, die in ihnen steckt.

Das gleiche gilt für alle Situationen, in denen Sie sich jetzt befinden. Nehmen Sie diese an, um zu lernen und sich weiterzuentwikkeln. Nehmen Sie sie an – sie zeigen Ihnen in letzter Konsequenz den Weg zurück zum Original.

Nochmals: Annehmen heißt nicht, einverstanden sein. Es heißt nicht, das zu lieben, was Ihnen jetzt widerfährt. Es impliziert kein passives Hinnehmen von Ungerechtigkeit, Übervorteilung, von Ausbeutung oder Angriff. Annehmen ist eine aktive Entscheidung. Die Entscheidung, das, was gerade ist, als Realität zu erkennen und als Lern- und Entwicklungschance zu nutzen.

Das gleiche gilt für Gefühle. Nicht bewerten heißt *nicht*, negative Gefühle zu leugnen oder zu unterdrücken.

Im Gegenteil: Es heißt, sie anzunehmen und zu nutzen.

Das ist ein großer, ein entscheidender Unterschied. Nur das, was wir als Realität betrachten und annehmen, können wir für uns nutzen. Das, was wir als negativ oder unangenehm bewerten, versuchen wir loszuwerden oder zu verdrängen. Und das hat zwei unproduktive Folgen.

Erstens: Verdrängen ist eine irreführende Strategie, die nicht zum Ziel führt! Das, was wir tagsüber so gut verdrängt haben, das, was wir nicht in unserem Bewusstsein behalten haben, weil es unangenehm war, läuft uns abends vor dem Einschlafen oder nachts, wenn wir wach werden, über die Bettdecke. Plötzlich ist es wieder da und raubt uns unseren Schlaf und unser Wohlbefinden. Damit aber nicht genug. Es verfolgt uns weiter und okkupiert uns gedanklich und emotional so sehr, dass uns die Kraft und die Energie zu konstruktiven Problemlösungen fehlen. Ein neuer Misserfolg oder neues Unwohlsein scheinen vorprogrammiert.

Zweitens: Wenn ich etwas loswerden will, bin ich im Widerstand zu dem, was gerade ist. Ich beschäftige mich gedanklich intensiv mit dem, was ich nicht haben will – und zwar aus einer ablehnenden, nicht aus einer beobachtenden Perspektive. Es gibt einen Grundsatz, der besagt: „Das, was Du bekämpfst, machst du stark." Unterschätzen Sie nicht die Kraft dieses Satzes. Die ablehnende Energie nährt das Objekt oder die Person in meinem Fokus. Der Lehrsatz aus der Physik: „Druck erzeugt Gegendruck", gilt auch hier – in diesem gedanklichen Kontext. Der konstruktive Umkehrschluss heißt: „Dem, was ich nicht will, gebe ich keine Energie."

In unserer Kultur scheinen wir gelernt zu haben, die gegenteilige Strategie zu verfolgen. Wir sind jederzeit geneigt, dem, was uns nicht gefällt, dem, was wir nicht haben wollen, mehr Aufmerksamkeit zu schenken als der Lösung des Problems.

Fragen Sie sich ganz persönlich: Wie viel Zeit und Energie wenden Sie persönlich auf, um zu diskutieren und zu beklagen, was Ihnen nicht gefällt? Und wie viel Zeit und Energie wenden Sie im Gegenzug auf, um das zu initiieren, was Sie für wünschenswert und richtig halten? In wie vielen Gesprächen beschäftigen Sie sich mit Problemen, und in wie viel Prozent der Gespräche widmen Sie sich der Lösung? Wie viel Zeit Ihrer Gespräche ist dem Anklagen, Bedauern, Bewerten und der Suche nach Schuldigen gewidmet, und wie viel Zeit widmen Sie der Entwicklung neuer, zielführender Ideen? Und fragen Sie sich vor diesem Hintergrund: Was ist wohl der Unterschied zwischen einem erfolgreichen, dynamischen Manager und einem zögerlichen, rückwärts gewandten ...?

Wenn Sie so ehrlich sind wie die meisten unsere Gesprächspartner, werden Sie ein Missverhältnis zugunsten der Klage und zu Lasten der Problemlösung feststellen. Das bedeutet aber nichts anderes, als dass Sie das Problem verstärken. Sie tun das dadurch, dass Sie ihm ein erhebliches Maß an Aufmerksamkeit in Form von Problembewegung anstelle von Problemlösung schenken. Das, worauf Sie Ihre Aufmerksamkeit lenken, machen Sie stark. Das, worüber Sie viel reden – weil Sie es befürchten – reden Sie herbei. Und das, was Sie „herbeireden", rufen Sie ins Leben.

Tun Sie das nicht. Behalten Sie die Macht der Gedanken im Auge („Du kriegst, was du denkst!") und nutzen Sie die Realität, statt mit ihr zu hadern. Wenn Sie ein Problem ständig, noch dazu in Gesprächen mit anderen Menschen thematisieren und beklagen, geben nicht nur Sie, sondern auch Ihre Gesprächspartner diesem Problem Ihr gedankliches Potenzial und machen es stark. Wenn Sie den Fokus auf die Lösung legen, geben Sie der Lösung Energie und rufen sie ins Leben. **Sie haben die Wahl.**

Wichtig für die Lösung ist zuallererst, die Situation anzunehmen, so wie sie ist. Ein Lamento oder die Suche nach dem Schuldigen ist keine Annahme, das ist Widerstand, noch dazu im Kostüm der Überheblichkeit. Es hat die Qualität von: „Ich weiß es besser." Damit überhebe ich mich über andere und nähre mein Ego.

Wir lernen, Dinge und Situationen anzunehmen, wenn wir die mentalen Konstrukte, die Geschichten, die wir mit Ihnen verbinden, verändern. Es geht darum, die Wahrnehmung zu verändern, und das geschieht, indem wir nicht länger bewerten, sondern nur beobachten.

Es geht aber noch um mehr. Es geht darum, nicht nur das anzunehmen, was gerade ist – sondern auch die eigenen *Reaktionen* auf das, was ist. Es geht also auch darum, unsere Reaktionen nicht zu bewerten. Das bedeutet, uns selbst anzunehmen, mit allen Schwächen, mit allen Fehlern, mit allen destruktiven Gedanken und Gefühlen, die jetzt, in diesem Moment, da sind.

Beobachten Sie sich, so wie Sie jetzt gerade sind. Beobachten Sie, was Sie denken, was und wie Sie fühlen, wie Sie sich als Ergebnis dieser Gedanken und Gefühle verhalten, was Sie tun und was Sie lassen – und nehmen Sie all das an. Akzeptieren Sie sich so, wie Sie jetzt in diesem Moment sind.

Noch einmal: Sie müssen das, was Sie an sich beobachten, nicht lieben. Sie müssen es nicht als unveränderlich für alle Zukunft akzeptieren. Sie können sich jederzeit entscheiden, die Dinge anders zu machen. Doch das, was Sie beobachten, ist bereits Vergangenheit und damit nicht mehr zu ändern – nur noch zu akzeptieren.

Jetzt, in diesem Moment, sind die Dinge so, wie sie sind. Jetzt, in diesem Moment, ist Ihr Leben so, wie es ist. Jetzt, in diesem Moment, ist die Welt so, wie sie ist. Nichts, was Sie tun, kann das, was *jetzt* ist, verändern. Sie haben alle Möglichkeiten für die Zukunft, Sie haben aber nur eine *sinnvolle* Möglichkeit für das Jetzt: nämlich es so anzunehmen, wie es ist. Das geht nur, wenn Sie ihm keinen fiktiven Wert beimessen, wenn Sie das Jetzt nicht bewerten.

Natürlich können Sie es ablehnen; natürlich können Sie es bekämpfen. Doch was bringt das – außer Energieverschwendung?

Und wenn Sie das, was ist, gerade nicht annehmen, dann haben Sie immer noch die Möglichkeit, Ihre „Nicht-Annahme" anzunehmen. Erlauben Sie sich, aus dem Widerstand herauszutreten. Widerstand hilft nichts. Druck erzeugt Gegendruck. Wenn Sie den Druck aufgeben, ist der Kampf vorbei und der Weg ist frei für das, was den mühelosen Gang der Dinge bewirkt. Das, was Ihr Leben in eine harmonische Abfolge von ganz natürlich auftretenden Ereignissen verwandelt: das Original.

Schalten Sie Ihren „inneren Richter" aus, der ständig aktiv ist. Dieser innere Richter, der all Ihre Gedanken, Gefühle und Handlungen zensiert und bewertet, ist ein Kind der Fälschung. Er be- und verurteilt Sie permanent und begrenzt Sie dadurch in Ihrem Potenzial. Er lässt Sie glauben, unzulänglich und fehlerhaft zu sein. Er suggeriert, dass Sie Ihre Träume sowieso nicht verwirklichen können, dass vieles für Sie unmöglich oder unzugänglich ist. Und wirkt so über den Grundsatz „Du kriegst, was du denkst" Ihrer persönlichen Entwicklung entgegen.

Je weniger Sie bewerten, desto leichter fällt es Ihnen, auch die Situationen anzusehen, die Ihnen Unbehagen bereiten. Je weniger

Sie bewerten, desto leichter fällt es Ihnen, auch bei sich selbst Eigenschaften zu identifizieren und anzunehmen, die Sie bisher weit von sich gewiesen haben.

Wir unterliegen alle dem seltsamen Phänomen, das eigene Verhalten immer als richtig, fair, anständig, zuverlässig, liebevoll, rücksichtsvoll anzusehen, während „die anderen" eher rücksichtslos, lieblos, unzuverlässig, unfair zu sein scheinen. Interessanterweise schreiben hingegen andere oft uns genau die Eigenschaften zu, die wir selbst gern weit von uns weisen.

Die Psychologie nennt dieses Phänomen „Projektion". Projektion bedeutet, dass wir das Verhalten, das wir als „negativ" bewerten, bei uns selbst nicht, wohl aber bei anderen wahrnehmen. Wir projizieren dieses Verhalten auf andere. Das ist wieder ein Trick des Ego, sich selbst als besser, als besonders hinzustellen. Bestimmte Verhaltensweisen von sich zu weisen, heißt aber, blinde Flecken zu produzieren. Dies lässt uns übersehen, das jeder alle – sowohl positive, als auch negative – Eigenschaften in sich vereint.

Auch wenn unser Ego uns anderes suggeriert: Niemand von uns ist nur schwarz oder nur weiß. Wir sind nicht grundsätzlich liebevoll oder rücksichtslos. Auch der Liebevollste kann sich in bestimmten Situationen lieblos verhalten. Jeder hat alle Verhaltensweisen zur Verfügung und nutzt sie – je nach Situation. Zum Annehmen gehört, auch das anzunehmen, was uns unangenehm an uns selbst ist. Erst wenn Sie offen und ehrlich von sich selber zum Beispiel sagen können: „Ja, auch ich war in der fraglichen Situation arrogant; ja, auch ich war rücksichtslos", beginnen Sie, sich zu erkennen und sich selbst anzunehmen. Solange Arroganz und Rücksichtslosigkeit negativ bewertet werden und Sie sie deshalb von sich weisen, haben Sie keine wirkliche Chance, sich selbst und Ihre Strukturen zu erkennen und – wenn gewünscht – zu verändern.

Nicht bewerten ist eine Voraussetzung, auch die so genannten „negativen" Seiten sowohl bei anderen, als auch bei sich selbst ans Licht zu holen und anzunehmen. Nur das, was wir kennen, nur das, was uns bewusst ist, das, was wir bei Licht besehen, können wir verändern.

Wenn es Ihnen gelingt, Dinge und Reaktionen als das anzunehmen, was sie sind, momentane Ereignisse, die im nächsten Moment schon anders sein können, dann wird es Ihnen auch gelingen, die handelnden Personen so anzunehmen, wie sie sind, sich selbst eingeschlossen. Ohne Bewertung! Das bedeutet in vielen Fällen – ohne Abwertung!

Jede Führungskraft, die ihre Mitarbeiter inspiriert und sie darin unterstützt, ihr volles Potenzial zu entfalten, wird diese Menschen so annehmen, wie sie jetzt gerade sind, und sie in ihrer weitergehenden Entwicklung unterstützen. Mehr noch: Die Führungskraft der Zukunft wird in ihren Mitarbeitern und in sich selbst das volle Potenzial sehen, das entfaltet werden kann. Das geht oftmals über das Verhalten und die Leistungen hinaus, die jetzt gerade gezeigt werden.

Anerkennung von innen

Jeder sucht nach Anerkennung, Zuwendung und Liebe. Wie wir bereits gesehen haben, versorgt uns die Fälschung, versorgt uns unser Ego mit einer Menge Strategien und Verhaltensweisen, mit deren Hilfe wir glauben, Liebe und Anerkennung von außen zu bekommen.

Wir bemühen uns, uns so zu verhalten, wie wir es für richtig halten, und das zu tun, von dem wir glauben, dass es uns ein Höchstmaß an Zuwendung bringt. Das gelingt, wie jeder aus persönlicher Erfahrung weiß, manchmal gut, manchmal gar nicht, und meistens nur für einen sehr begrenzten Zeitraum.

Diese äußere Anerkennung ist immer abhängig von der Reaktion anderer Menschen. Damit unterliegen wir wieder einer Abhängigkeit von äußeren Rahmenbedingungen, die wir für unser Wohlbefinden verantwortlich machen. Wenn der andere sich so verhält, wie ich es gerne möchte, geht es mir gut. Verhält der andere sich nicht entsprechend meinen Vorstellungen, geht es mir schlecht. Folglich versuche ich, die Verhaltensweise des anderen so zu verändern, dass er meine Bedürfnisse befriedigt. Ein Vorhaben, das in den meisten Fällen kläglich scheitert und mich mit meinem Unwohlsein allein lässt.

Damit beginnt der Kreislauf von vorn, und ich entscheide mich vermutlich, meine Bemühungen um Anerkennung zu intensivieren. Ich arbeite noch ein bisschen länger, bin noch ein bisschen freundlicher und tue noch ein bisschen mehr von dem, was andere von mir erwarten, oder versuche noch ein bisschen intensiver, den Anderen in meinem Sinne zu beeinflussen – in der Hoffnung, dann endlich die ersehnte Anerkennung zu bekommen. Dies ist eine Spirale ohne Ende, und jeder, der genau hinsieht, kann das deutlich erkennen.

Es gibt nur einen einzigen Ausweg aus diesem Dilemma: **Die Abhängigkeit von äußeren Parametern muss aufgegeben werden.**

Erst dann weicht die Jagd nach der Anerkennung von außen der Erkenntnis, dass dauerhafte Anerkennung niemals von außen kommen kann. Sie kommt immer von innen.

Gemeint ist nicht die Form von Eigenlob, die uns das Ego zur Verfügung stellt, indem es uns immer wieder erzählt, wie toll wir doch sind.

Es geht nicht darum, sich selbst ständig einzureden, von anderen unabhängig zu sein und die eigenen Qualitäten zu loben. „Ich bin der Größte", ist eine Aussage des Ego; sie hat nichts mit dem zu tun, worüber wir hier reden.

Anerkennung von innen entsteht dann, wenn ich in Harmonie bin mit dem, was gerade ist, wenn ich bedingungslos alles annehmen kann, was jetzt Realität ist. Das gilt sowohl für äußere Ereignisse als auch für die eigenen Gedanken und Gefühle.

Wer sich annehmen kann, so wie er ist – jetzt in diesem Moment, nicht zähneknirschend und knurrend, sondern wirklich bedingungslos ohne Bewertung –, der klinkt sich ein in die Kraft und die Stärke des inneren Wesenskerns.

Und nur derjenige, der in der Lage ist, sich selbst anzunehmen, ist auch in der Lage, andere anzunehmen! Nur wenn Sie sich selbst annehmen können, nur wenn Sie Ihre Stärken und Schwächen als das annehmen, was sie sind – Stärken und Schwächen, ohne Einfluss auf den Wert Ihrer Person –, nur dann sind Sie in der Lage, andere Menschen als das zu sehen, was sie sind: **Wertvolle Menschen!**

Noch einmal: Es geht nicht darum, mit allem einverstanden zu sein. Es geht darum, das anzunehmen, was jetzt ist, und es so anzunehmen, wie es jetzt ist.

Bedingungslos heißt wirklich: ohne jede Bedingung. Es gibt kein „Wenn – dann". Es gibt kein „Du musst, weil". Es gibt keine Voraussetzungen, die erfüllt sein müssen, um angenommen zu werden.

Leider haben die allermeisten von uns diesen Zustand verlernt und halten ihn für unmöglich oder gar utopisch. Dabei haben wir ihn alle schon erlebt: als Säuglinge und später – falls wir Eltern sind – als die eigenen Kinder geboren waren. Eine Mutter, ein Vater lieben ihre Kinder ohne jede Bedingung. Es heißt nicht: „Ich liebe dich, wenn du nicht schreist", oder „Ich liebe dich, wenn du nicht in die Windeln machst". Eine Mutter kümmert sich ohne Wenn und Aber um ihr Neugeborenes, bis hin zur eigenen völligen körperlichen Erschöpfung.

Wenn Sie selbst Kinder haben, wissen Sie wovon wir hier sprechen: von der Anerkennung eines anderen Menschen, so wie er ist, ohne jede Bedingung und – ohne Bewertung!

Sind Sie immer noch skeptisch? Der Führungskraft in unserem Dialog ging es zunächst genauso.

Nicht bewerten im Dialog

▲

FÜHRUNGSKRAFT: Nicht bewerten. Ich halte das für eine ziemlich gewagte These. Ich kann mir nicht vorstellen, dass es wirklich möglich ist, nicht zu bewerten.

COACH: Sie können es sich nicht vorstellen. Das heißt aber noch nicht, dass es nicht möglich ist. Früher konnten die Menschen sich auch nicht vorstellen, dass die Erde eine Kugel ist.

FÜHRUNGSKRAFT: Ist das nicht ein bisschen platt?

COACH: Das mag Ihnen so erscheinen. Doch ist es nicht ein interessantes Phänomen, dass wir die Dinge, seien es nun Verhaltensweisen, Produkte oder Kenntnisse, die uns heute sozusagen in Fleisch und Blut übergegangen sind, als „platt" bezeichnen, nur weil sie inzwischen Allgemeingut geworden sind, während wir alles andere, das uns fremd und ungewöhnlich vorkommt, gern in seiner Existenz bezweifeln?

FÜHRUNGSKRAFT: Da gibt es aber einen Unterschied. Die Erde ist etwas außerhalb von uns, während Bewerten etwas ist, das fest mit dem Menschen verbunden ist. Es ist ein urmenschliches Phänomen.

COACH: Und dadurch, dass Sie es zu einem „urmenschlichen" Phänomen machen, wird es zu etwas, das als gegeben hingenommen wird? Wir glauben zu wissen, dass es so ist, also haken wir es ab. Dabei erfahren wir gerade in letzter Zeit, dass immer wieder Neues über den Menschen herausgefunden wird. Die Hirnforschung beispielsweise kommt zu Erkenntnissen, die ältere Sichtweisen völlig verändern. Ob wir ein pauschales, wissenschaftlich belegtes Urteil darüber bekommen, ob Bewertung immer implizit vorhanden ist oder ob sie eine Sichtweise ist, die wir ändern können, halte ich nicht einmal für entscheidend. Entscheidend ist nur, was für Sie möglich ist, was für Sie in diesem Zusammenhang funktioniert. Um das herauszufinden, müssen Sie es ausprobieren.

Unvorstellbar heißt nicht „unmöglich". Der Verstand spielt hier sein eigenes Spiel. Er wehrt ab, bevor wir überhaupt angefangen haben. Hier können wir frei nach Shakespeare sagen: „Der Verstand ist ein Verräter. Er lässt uns das Gute verlieren, weil wir das Schlechte befürchten."

FÜHRUNGSKRAFT: Und das Gute ist das „Nicht bewerten"?

COACH: In diesem Fall ja.

FÜHRUNGSKRAFT: Was ist aber mit demjenigen, der gemobbt wird? Was ist mit dem, der seine Arbeit verliert? Man kann ja wohl kaum erwarten, dass er das gut finden soll.

COACH: Nein, es geht nicht um „gut finden". Nicht bewerten heißt nur, das, was jetzt gerade ist, anzunehmen und nicht in Gedanken eine Katastrophe daraus zu machen. Niemand weiß, welche Chancen sich in der vermeint-

lichen Katastrophe verbergen. Wenn wir uns aber nur auf die negativen Aspekte konzentrieren, verkrampfen wir. Es kommt Angst auf, und vor lauter Angst sind wir nicht mehr in der Lage, klar zu denken und die Möglichkeiten zu erkennen, die sich auch in der schwierigsten Situation noch bieten.

Ich kenne Menschen, die vor lauter Angst keine Stelle bekommen haben. Nicht etwa, weil sie nicht qualifiziert gewesen wären, sondern weil sie so nervös und verkrampft waren, dass sie im Vorstellungsgespräch nicht überzeugen konnten. Und ich kenne andere, die den Verlust ihrer Stelle als Chance gesehen und ihr Leben in eine ganz neue Richtung gelenkt haben. Sie sind heute zufriedener als vorher. Sie haben sich nicht von der Angst lähmen lassen.

FÜHRUNGSKRAFT: Ja, so etwas gibt es immer wieder. Und es gibt Menschen, die sagen, Angst sei ein schlechter Ratgeber. Das ist aber dann eine Bewertung, oder?

COACH: Sie berühren da einen ganz wesentlichen Punkt. Es geht darum, sehr sorgfältig zwischen Bewertung und Beobachtung zu unterscheiden. Es geht „nur“ darum, stets aufmerksam zu beobachten, was ist. Es ist so, als würden Sie einen Schritt zurücktreten und die Szene von außen betrachten. Dann können Sie sehen, quasi als unbeteiligter Beobachter oder wie jemand, der sich einen Film anschaut, dass derjenige, der sich von seiner Angst leiten lässt, in aller Regel Ergebnisse erzielt, die nicht seinen Vorstellungen entsprechen; anders also als derjenige, der angstfrei agiert.

FÜHRUNGSKRAFT: Ja, das stimmt. Aber wenn die Ergebnisse nicht meinen Vorstellungen entsprechen, sind es doch schlechte Ergebnisse – und dann bin ich schon wieder in einer Bewertung.

COACH: Ja, das liegt in dem Begriff „schlecht“. In Wirklichkeit gibt es kein gut oder schlecht. Es kann gut oder schlecht immer nur gemessen an einem Maßstab geben. Niemand kann absolut sagen, dass etwas gut oder schlecht ist. Voraussetzung für diese Aussage ist immer ein Referenzpunkt. Und der ist niemals für jeden gleich. Wenn wir sagen, jemand erzielt ein schlechtes Ergebnis, dann ist das immer gemessen an seinem Maßstab. Insofern bezeichnet „schlecht“ eine Abweichung von dem selbstgesetzten Maßstab.

Erst wenn wir dieser Abweichung einen Wert beimessen, dann bekommen wir Probleme. Zunächst handelt es sich nur um eine Abweichung, von der niemand sagen kann, wohin sie letztendlich führt. Und diese Abweichung können wir beobachten, ganz ohne Bewertung.

FÜHRUNGSKRAFT: Ja, da bin ich bei Ihnen. Es gibt natürlich auch positive Abweichungen. Mit denen fühlen wir uns dann wohl. Aber die anderen, die negativen, die schlechten, wie ja jeder sagt, machen Angst. Und Angst ist doch nun ganz bestimmt nichts Gutes.

COACH: Zunächst einmal ist Angst einfach Angst. Sie ist ein Gefühl, das eine bestimmte Qualität hat. Diese Qualität haben wir negativ bewertet. Wir empfinden Angst als etwas Unangenehmes, das wir nicht haben wollen. Mit anderen Worten: Die Angst soll weg oder, besser noch, gar nicht erst auftreten. Um das zu erreichen, machen wir eine Menge Klimmzüge. Allein der Satz: „Das macht Angst" bedeutet für die meisten Menschen sofort, Abwehrmechanismen in Gang zu setzen – obwohl die Angst noch gar nicht da ist. Bisher geht es nur um Vorstellungen von dem, was kommen könnte. Die Angst selbst ist nicht das Problem. Es ist die Vorstellung, die wir von Angst haben, es ist die Bewertung, die wir an Angst gekoppelt haben.

FÜHRUNGSKRAFT: Aber Angst ist doch unangenehm.

COACH: Ja, das ist sie. Aber auch nicht mehr. Sie ist unangenehm. Aber ist das schlimm? Oder schlecht? Es ist zunächst einmal unangenehm. Fertig. Es ist auch unangenehm, wenn Sie sich an einer Rose stechen. Aber daraus macht der Verstand kein Drama.

FÜHRUNGSKRAFT: Sie sagen also, wenn wir die Angst nicht bewerten, gibt es keine Angst?

COACH: Nein, das sage ich nicht. Gefühle wird es immer geben. Sie kommen und gehen, wie wir das unser ganzes Leben lang kennen. Was verschwinden wird, ist die Bewertung, ist das Drama, das wir mit der Angst verbinden. Wo ist das Problem, wenn Sie Angst haben?

FÜHRUNGSKRAFT: Es fühlt sich nicht gut an.

COACH: Stimmt – aber ist das ein Problem? Wenn Sie mit diesem Gefühl keine Vorstellungen, keine Geschichten darüber verbinden, was alles Schreckliches geschehen wird, was bleibt dann?

FÜHRUNGSKRAFT: Nur ein Gefühl.

COACH: Und ist dieses Gefühl gut oder schlecht?

FÜHRUNGSKRAFT: Das ist ja interessant. Ich kann es nicht sagen. Es ist einfach nur ein Gefühl. Mein Verstand sagt mir natürlich, dass es ein schlechtes Gefühl ist ...

COACH: ... weil er es so gelernt hat.

FÜHRUNGSKRAFT: ... weil er es so gelernt hat, und deshalb will ich dieses Gefühl nicht haben. Aber wenn ich wirklich nur hinspüre, nur beobachte, dann ist da nur ein Kribbeln im Bauch, ein leichtes Ziehen, das ich als Angst definiert habe.

COACH: Ja und wenn Sie dieses Ziehen einfach da sein lassen – es ist ja sowieso schon da – ohne irgendwelche Geschichten darum zu erfinden, was ist dann?

FÜHRUNGSKRAFT: Nichts, alles in Ordnung. Das ist ja faszinierend, es löst sich auf.

COACH: Ja, Angst ist nur dann ein Problem, wenn Sie eins daraus machen. Sie ist nur dann ein Problem, wenn Sie diese Angst bewerten – als etwas, das nicht sein darf, das schlecht oder schlimm oder gefährlich ist.

Wenn Sie sie nur beobachten und sie nicht bewerten, dann verliert die Angst ihre Schrecken. Gleichzeitig sind Sie durch diese Beobachtung wieder im Jetzt angekommen. Wie fühlen Sie sich?

FÜHRUNGSKRAFT: Gut, es geht mir gut, alles in Ordnung.

COACH: Ja, wenn Sie nicht bewerten, wenn Sie keine Geschichten erfinden, sind Sie frei und offen für das, was jetzt zu tun ist.

FÜHRUNGSKRAFT: Das stimmt – und das ganz ohne Belastung.

5.3 Punkt 3: Loslassen

Du musst lernen, von deinen Sorgen,
deinem Unmut abzulassen,
um frei und in Frieden zu sein.
Thich Nhat Hanh

Ein Moment der Befreiung

Es war ein ganz gewöhnlicher Dienstagmittag. Mit einem Unterschied: Unsere jüngere Tochter kam aus der Schule und hatte gerade ihre letzte Abiturklausur geschrieben. Sicherlich müssen wir nicht besonders erwähnen, dass diese Klausur Gesprächsthema war.

Unsere Tochter war einerseits erleichtert und andererseits voller Zweifel. Hatte sie alles richtig gemacht? „Hätte ich doch noch dies oder jenes geschrieben", sprudelte es aus ihr heraus. „Vielleicht habe ich das Thema nicht genau getroffen. Nein, das kann eigentlich nicht sein, ich bin sicher, dass ich das Wesentliche hervorgehoben habe. Wenn der Lehrer das aber ganz anders sieht – was mache ich dann? Meine Freundin hat andere Aspekte berücksichtigt. Vielleicht hat sie ja Recht und ich Unrecht! Was, wenn ich doch nicht so gut abgeschnitten habe, wie ich wollte? Wie viele Punkte brauche ich für meinen Numerus Clausus? Vielleicht reicht es ja doch nicht. Was wird dann aus meinem Studium? Aber es gibt ja auch Universitäten, an denen liegt der NC nicht so hoch. Da kann ich immer noch hin. Aber das will ich ja nicht ..."

Ihre Überlegungen gingen noch eine ganze Weile so weiter. Wir wurden um unsere Meinung gefragt, obwohl wir zu der Klausur ja absolut nichts sagen konnten. Ideen wurden entwickelt und wieder verworfen, und am Ende hatte sie zum wiederholten Male ihren potenziellen Notendurchschnitt errechnet, mit diversen Variationsmöglichkeiten.

Die Erleichterung über die abgeschlossenen Klausuren trat immer weiter in den Hintergrund, und die Sorge wegen eines unerwartet schlechten Abschneidens – natürlich nur eine Vorstellung, keine Realität – gewann immer mehr die Oberhand.

Dann hielt sie plötzlich inne. Auf einmal – wenn auch nach geraumer Zeit – wurde ihr klar, welch destruktives Spiel sie da mit sich spielte.

Die Klausur war abgegeben. Es gab nichts, aber auch gar nichts mehr daran zu tun. Es gab keine Möglichkeit, jetzt noch etwas zu verändern, keine Chance, in irgendeiner Form auf das Ergebnis noch Einfluss zu nehmen. Und es gab auch keinen konkreten Hinweis darauf, dass sie in ihren Vorbereitungen Fehler gemacht hätte, aus denen sie jetzt Lehren ziehen könnte.

Nein, unsere Tochter hatte getan, was Sie tun konnte – sie hatte ihr Bestes gegeben. Das einzige, was jetzt zu tun übrig blieb, war loszulassen und sich auf das zu konzentrieren, was *jetzt*, in diesem Augenblick, getan werden konnte. Und es konnte etwas getan werden: Sie konnte *jetzt* das Ende des schriftlichen Abiturs feiern.

In dem Moment, als ihr das bewusst wurde, veränderte sich ihr Gesichtsausdruck sichtbar; die Erleichterung kehrte zurück, und ihre Stimmung stieg spürbar.

Unsere Tochter hatte sich an eine alte Erkenntnis erinnert. Ob in Schule oder Beruf, im Privatleben oder in der Freizeit – es gibt immer einen Punkt, an dem Dinge abgeschlossen und nicht mehr zu ändern sind. In einem solchen Moment gilt es, das, was zu Ende ist, auch zu Ende sein zu lassen und es nicht in Gedanken bis ins Unendliche zu verlängern. Denn wenn wir es verlängern, ist das Einzige, was wir noch erreichen werden, ein unangenehmes Gefühl und eine verpasste Chance, glücklich und zufrieden zu sein. Was wir sicherlich *nicht* erreichen ist eine Veränderung des abgeschlossenen Vorgangs.

Die kleine, private Geschichte von der Klausur unserer Tochter steht hier stellvertretend für zahlreiche andere Beispiele – auch aus Ihrem Leben. Sie führt uns zum dritten und letzten Punkt des magischen Dreiecks, dem Punkt: „Loslassen".

Loslassen ist eine Befreiung. Es macht den Weg frei für Neues; genauer: für das, was jetzt ansteht. Es macht den Weg frei für neue Perspektiven und für eine andere Wahrnehmung dessen, was ist.

Loslassen ist ohne Aufmerksamkeit, ohne also im Hier und Jetzt präsent zu sein, nicht möglich. Denn auch das Loslassen selbst kann nur jetzt geschehen. Wenn Sie nicht im Jetzt sind, können Sie das, was jetzt ist, nicht loslassen.

Loslassen ist auch nicht möglich, solange Sie in der Bewertung sind; denn jede Bewertung ist eine Verhaftung in der Vergangenheit oder der Zukunft – ohne das anzunehmen, was jetzt ist. Und was Sie nicht angenommen haben, können Sie nicht loslassen.

Sie sehen, dieser dritte Punkt des magischen Dreiecks ist ohne die beiden vorangegangenen nicht möglich. Gleichzeitig – und das gibt dem Dreieck seine Dynamik – ist Loslassen die unabdingbare Voraussetzung für die Aufrechterhaltung des Kreislaufes, der alle drei Punkte berührt. Wenn Sie Beendetes nicht loslassen, sind Sie nicht aufmerksam für das, was jetzt ist; und wenn Sie nicht loslassen, bleiben Sie in der Bewertung stecken. Ein Punkt ist die Voraussetzung für den nächsten *und* für den vorangegangenen Punkt.

Loslassen statt Festhalten

Was heißt das eigentlich: loslassen?
Ganz einfach: **Loslassen ist das Gegenteil von Festhalten.**

Haben Sie schon einmal versucht zu jonglieren? Wir haben es vor einigen Jahren im Rahmen eines Workshops mit dem amerikanischen Spitzensportler und Buchautor Dan Millman ausprobiert. Unsere allererste Aufgabe bestand darin, *einen* Ball – nicht gleich drei! – in die

Hand zu nehmen und diesen Ball ganz bewusst fallen zu lassen. Für einige Minuten übte eine Gruppe von mehr als hundert erwachsenen Menschen nichts anderes, als einen Ball fallen zu lassen, ihn also loszulassen. Auf den ersten Blick erscheint das geradezu lächerlich – übrigens, so schnell sind wir wieder in der Bewertung – doch der zweite Blick eröffnet eine ganz neue und interessante Perspektive.

Woran denken Sie denn, wenn Sie jonglieren sollen? (Hier sind besonders diejenigen angesprochen, die keine Jonglierpraxis haben. Die anderen mögen sich an ihre Anfänge erinnern.) Vermutlich denken Sie daran, wie schwierig es ist, die Bälle nicht fallen zu lassen. Jonglieren bedeutet, alle Bälle in der Luft zu behalten, sie dürfen nicht auf den Boden fallen. Und genau diese Vorstellung – ich darf den Ball nicht fallen lassen – erschwert die anfängliche Praxis erheblich. Mit anderen Worten: Wir haben Angst davor, den Ball fallen zu lassen; also verkrampfen wir, blockieren uns und – lassen den Ball tatsächlich fallen („Du kriegst, was du denkst!").

Welche Symbolkraft! Wie oft verkrampfen Sie, weil Sie Ihre „Bälle" in der Luft halten wollen? Wie oft weigern Sie sich, Ihre „Bälle" loszulassen, und müssen deshalb eine Menge Anstrengungen und zuweilen auch Schwierigkeiten in Kauf nehmen?
Sie wissen nicht, was Ihre „Bälle" sind?

Viele Menschen, mit denen wir gearbeitet haben sind stolz darauf, viele Bälle in der Luft zu haben, und meinen damit, dass sie viele Aufgaben oder Projekte gleichzeitig bearbeiten oder begleiten. Von diesen „Bällen" sprechen wir hier aber nicht. Wir sprechen von Ihren ganz persönlichen Bällen, die Ihnen Ihren persönlichen Charakter und Ihre Prägung geben: Es sind die Vorstellungen, Überzeugungen und Glaubenssätze, die das Bild Ihrer Fälschung prägen.

Fragen Sie sich bitte selbst: Welche Vorstellungen und Gedanken über sich – über das, was und wer Sie sind – sind Ihnen so wichtig, dass Sie sie nicht loslassen wollen?

Welche Vorstellungen darüber, wie Ihr Leben, Ihre Partnerschaft, Ihr Beruf, Ihre Familie aussehen sollen, haben einen so starken Einfluss auf Sie, dass Sie Ihr Verhalten und Ihre Aktivitäten danach ausrichten? Was sind Ihre „Das tut man, und das tut man nicht"? Was sind Ihre „richtig und falsch"? Was sind Ihre „Das muss sein, und das darf auf keinen Fall sein"? Was sind Ihre „Es geht nur so, und so geht es auf keinen Fall"?

An welchen Vorstellungen und Ideen halten Sie unbedingt fest, und welche sind für Sie völlig indiskutabel – welche lehnen Sie ab?

Jawohl: Fragen Sie sich auch, welche Vorstellungen oder Gedanken sie strikt ablehnen. Denn Ablehnung ist ebenfalls eine Form des Festhaltens. Es ist die andere Seite derselben Medaille. Wenn Sie etwas ablehnen, halten Sie an der Vorstellung dessen, was Sie ablehnen fest. Sie halten beispielsweise an der Idee fest, dass etwas indiskutabel sei. Doch das ist wieder die Anhaftung an einer Idee.

Wir halten an dem, was wir nicht haben wollen, genauso fest wie an dem, was wir haben wollen. Wir lassen das, was wir lieben genauso wenig los, wie das was wir hassen!

Machen Sie sich diese Aussage noch einmal sehr bewusst deutlich: wir halten nicht nur an dem fest, was wir lieben, wir halten auch an dem fest, was wir hassen. Es erscheint völlig irrational, das festzuhalten, was wir gar nicht haben wollen – doch genau das geschieht immer wieder. Hätten wir wirklich losgelassen, würden die unerwünschten Dinge und Situationen keine Rolle mehr spielen. Nur das Ego lässt uns glauben, wir hätten mit dem, was uns nicht gefällt und was wir von uns weisen, nichts mehr zu tun. Es lässt uns glauben, dass wir das alles bereits losgelassen hätten, doch wenn wir wirklich aufmerksam sind, hinschauen und nicht bewerten, dann stellen wir schnell fest, dass Ablehnung eine andere Form der Anhaftung ist.

Und auch dieser Satz gilt: Dinge losgeworden zu sein, muss keinesfalls heißen, dass wir sie auch losgelassen haben. Umgekehrt können wir das, was wir loslassen, leicht auch loswerden, wenn wir uns dafür entscheiden. Wir können es aber auch behalten – es liegt an uns.

Ja, Sie können Dinge, Situationen oder Personen loslassen und sie doch gleichzeitig haben. Was ist damit gemeint?

Strategie gegen Abhängigkeiten

Schauen Sie noch einmal auf das, woran Sie anhaften – was Sie also nicht loslassen wollen. Glauben Sie nicht dem Ego, das Ihnen sagt, es gebe Dinge, die Sie auf keinen Fall loslassen könnten. Sie können! Sie haben immer die Wahl, und wenn Sie glauben, an Verhaltensweisen, Dingen oder Personen festhalten zu müssen, haben Sie sich dazu entschieden! Es war Ihre Wahl und kein Urteil eines kosmischen Gerichts.

Was ist es also, an dem Sie festhalten?

Nehmen Sie sich ein wenig Zeit und erforschen Sie sich selbst. Beginnen Sie mit materiellen Dingen und Personen; das fällt zum Einstieg leichter. Was wollen Sie auf keinen Fall loslassen? Ihren Partner? Ihre Kinder? Ihr Haus? Ihr Auto? Ihre Wertpapiere, Ihr Vermögen? Oder hängt Ihr Herz an Erbstücken, an Sammlerstücken? Möchten Sie Ihre Hobbys nicht aufgeben? Hängen Sie an Kunst, an Musik? Halten Sie an Ihrer Karriere fest? An einer bestimmten Position? Wollen Sie nicht auf Einfluss und Macht verzichten?

Sicherlich fällt Ihnen noch manches ein, das hier nicht aufgeführt ist. Machen Sie sich eine Rangliste. Welche der Dinge haben einen besonders hohen Stellenwert, und auf was würden Sie notfalls verzichten? Wo ziehen Sie die Grenze? Bei der Karriere? Bei den Kindern, bei dem Partner?

Was geschieht, wenn Sie an das denken, was Ihnen das Wichtigste von allem ist – und Sie werden aufgefordert, es loszulassen? Das weckt Ihren Widerstand, nicht wahr? Es verunsichert. Es macht Angst. Möglicherweise wehren Sie sich und halten das alles für unsinnig. Sie sehen keinen Sinn in dieser Übung, in diesen Überlegungen.

Und genau diese Empfindungen gilt es anzuschauen. An ihnen können Sie erkennen, wo, an welcher Stelle, Sie anhaften. Hier sehen Sie, wovon Sie sich abhängig machen. Hier erkennen Sie, welche Dinge im Außen Sie als unverzichtbar für Ihr Glück und Wohlbefinden ansehen. Wenn einer oder mehrere dieser äußeren Faktoren wegbrächen, erschiene Ihnen das als das Ende Ihres Glücks. Ja, manche machen sogar ihr Leben von äußeren Umständen abhängig.

„Ohne meinen Partner oder ohne meine Karriere kann ich nicht leben", sagen diese Menschen und glauben tatsächlich daran. Obwohl jeder weiß, dass die Aussage nicht wirklich stimmt. Sie leben auch dann weiter, wenn die Karriere einen anderen Verlauf nimmt oder wenn der Partner sie verlässt. Bei solchen Aussagen geht es nicht um den Wahrheitsgehalt, sondern um die Vorstellung, die mit den äußeren Faktoren verbunden sind. Sie können oder wollen sich nicht vorstellen, ohne eine bestimmte Tätigkeit oder ohne einen bestimmten Menschen zu leben.

Es geht nicht um Können, es geht um Wollen – und das Nicht-Wollen ist um so stärker, je größer die Abhängigkeiten sind. Je größer Ihre Abhängigkeiten sind, desto geringer ist Ihr Vermögen, aus eigener Kraft und Stärke ein erfülltes Leben zu leben. Je größer Ihre Abhängigkeiten sind, desto mehr werden Sie zum Spielball externer Faktoren, und desto mehr entfernen Sie sich von Ihrem inneren Wesenskern.

Und jetzt kommt etwas sehr Entscheidendes:

Loslassen bedeutet: Loslassen der Abhängigkeiten.

Sie müssen nicht notwendigerweise Ihren Partner, Ihre Kinder oder Ihren Beruf aufgeben. Im Gegenteil: Sie können mit Ihrem Partner, Ihren Kindern und Ihrem Beruf glücklicher sein als je zuvor!

Sie „müssen" – vorausgesetzt, Sie streben ein Leben aus der inneren Mitte, aus dem Original an –, nur Ihre *Abhängigkeit* von diesen Faktoren aufgeben.

Es geht nicht darum, das Sie Ihre Karriere aufgeben (dann könnten Sie ja auch keine inspirierte Führungskraft mehr sein...). Es geht nur darum, die *Vorstellung* aufzugeben, dass Sie ohne Karriere nicht glücklich sein könnten. Kurz: Sie können all das behalten, was Ihnen lieb und wertvoll ist, nur – machen Sie sich nicht abhängig. Seien Sie bereit, all diese äußeren Faktoren innerlich loszulassen – und Sie werden feststellen, dass ein körperliches Loslassen, das, wovor wir so große Angst haben, meist gar nicht notwendig ist. Im Gegenteil: Das, was wir krampfhaft zu behalten suchen, hat die Tendenz, sich uns zu entziehen.

Es ist wie der Vogel, der auf unserer flachen Hand sitzen bleibt und davon fliegt, wenn wir ihn festhalten wollen.

Loslassen bezieht sich aber nicht nur auf die Anhaftung an materielle Dinge. Es bezieht sich in gleichem Maße auch auf Immaterielles wie Gedanken oder Gefühle.

Fragen Sie sich: „Welche Gedanken sind besonders typisch für mich?“ Welche Vorstellungen prägen Ihr Selbstbild so stark, dass ein Aufgeben dieser Vorstellung einer Selbstaufgabe gleichkäme? Mit welchen Überzeugungen sind Sie so stark identifiziert, dass Sie sie auf keinen Fall loslassen wollen?

Ein typisches Spannungsfeld ist immer wieder Thema in unseren Gesprächen mit Führungskräften. Als Eltern haben wir eine bestimmte Vorstellung davon, was unsere Kinder lernen und wie sie sich verhalten sollen, um im Leben glücklich oder erfolgreich zu sein. Diese Vorstellung versuchen die meisten Eltern auf ihre Kinder zu übertragen, ohne Rücksicht auf die tatsächlichen Bedürfnisse oder Fähigkeiten der Kinder. Vorstellungen von Eltern und Kindern klaffen nicht selten auseinander, und das führt unweigerlich zu Konflikten, manchmal zu einer beinahe unüberbrückbaren Spaltung. Und das alles nur, weil an Vorstellungen festgehalten wird – nicht einmal an Tatsachen, sondern an Meinungen, Überlegungen und tradierten Sichtweisen, die oftmals nur von Dritten übernommen wurden. Wenn die Beteiligten ihre Vorstellungen loslassen würden, notfalls nur für eine begrenzte „Probezeit“, wäre der Weg für konstruktive Kommunikation geebnet, und Lösungen, die für alle akzeptabel sind, könnten erarbeitet werden.

Nicht nur in der Wirtschaft, auch in der Landes- oder Bundespolitik bis hin zu globalen Konstellationen wird deutlich, wie viel Zeit Menschen vergeuden, wie viele Ressourcen sie verschwenden und wie viel Leid sie erzeugen, nur weil jeder an seinen Vorstellungen festhält. Und am Ende verlieren meist alle.

Also: Lassen Sie los! Lassen Sie ab von Ihren festen Vorstellungen und seien Sie offen für Alternativen. Sie müssen jetzt nicht andere oder bessere Vorstellungen als bisher parat haben. Es reicht völlig aus, die Existenz bisher unbekannter Alternativen in Betracht zu ziehen. Erst wenn Sie nicht mehr an festgefahrenen Gedanken anhaften, öffnen Sie sich dem ungeheuren Potenzial Ihres inneren Wesenskerns.

Loslassen statt Ablehnen

Jeder weiß, wie schwer es fällt, jene Dinge und Gedanken loszulassen, die uns wertvoll erscheinen. Um wie viel leichter müsste es sein, das loszulassen, was wir nicht haben wollen! Doch Achtung: Das erscheint nur so. Wir haben das Thema schon angerissen: Die Fälschung spielt uns hier einen ihrer berüchtigten Streiche.

Jeder Mensch kann eine Menge Personen, Objekte und Gedanken identifizieren, mit denen er nichts zu tun haben will, die er für sich ablehnt. Was ist für *Sie* absolut indiskutabel? Was darf auf keinen Fall sein, was versuchen Sie mit allen Mitteln zu verhindern?

Dass Sie arbeitslos werden? Dass Ihr Partner Sie verlässt? Dass Sie Ihr Vermögen verlieren? Dass Sie lebensgefährlich erkranken?

Und welches Verhalten weisen Sie von sich? Welche „Fehler“ dürfen ausgerechnet Ihnen auf keinen Fall unterlaufen? Welche Gedanken würden Sie niemals denken?

Allein der Versuch, solche Gedanken zu identifizieren, ruft (logischerweise) genau diese Gedanken ins Leben. Genauso, wie es unmöglich ist, bestimmte Gedanken auszuschließen, genauso ist es aber auch unmöglich, bestimmte Verhaltensweisen oder unerwünschte Situationen auszuschließen. Sie können nie wissen, was kommt. Niemand weiß, in welche Situationen er noch gerät und mit welchen Herausforderungen er konfrontiert werden wird. Im Voraus etwas auszuschließen, weil „ich es nicht will“ oder weil es „mir garantiert nicht passiert“ zeigt mangelnde Bereitschaft dem Leben gegenüber!

Das Leben lebt – auf seine Weise. Es fragt uns nicht um Erlaubnis. Es konfrontiert uns und gibt uns die Chance, uns mit ihm zu entwickeln. Es liegt an uns, ob wir uns einlassen oder uns dem Leben verweigern. Verweigern aber, bedeutet Widerstand. Und Widerstand ist immer Kampf!

Mehr noch: Auch hier gilt der Satz: „Du kriegst, was du denkst." Faktoren, gegen die wir uns wehren und deren Erscheinen wir um jeden Preis verhindern wollen, rücken wir automatisch in den Fokus unserer Aufmerksamkeit. Um zu wissen, was ich nicht haben will, muss ich mir von diesem Objekt oder Umstand ein Bild machen, und damit setze ich einen gedanklichen, kreativen Prozess in Gang. Ich stelle mir den ungewünschten Umstand vor und verbinde ihn zusätzlich mit einem Gefühl. Mit einem negativen Gefühl natürlich, das meine Bestrebungen, diesen Umstand zu vermeiden, noch verstärkt.

Je mehr Gedanken ich aber auf das verwende, was ich nicht haben will, desto mehr Energie gebe ich genau diesem Umstand. Und dadurch mache ich ihn stärker. Das, was ich bekämpfe, mache ich stark! Das, wovor ich mich fürchte, ziehe ich an! Oberflächlich betrachtet distanziere ich mich zwar von dem unerwünschten Umstand, und der Verstand suggeriert mir, ihn losgelassen zu haben. In Wirklichkeit aber gebe ich ihm Energie.

Dieses Verhalten ist eine klare Missachtung des magischen Dreiecks. Der erste Punkt – aufmerksam im Jetzt sein – wurde nicht beachtet. Die Vorstellungen von dem, was auf keinen Fall sein darf, ziehen weg von dem, was gerade ist. Der zweite Punkt – Nicht bewerten – wurde ebenfalls nicht beachtet. Die befürchtete Situation und das mit ihr verbundene Gefühl werden negativ bewertet und dürfen so nicht sein. Da sich alle Punkte im magischen Dreieck gegenseitig bedingen, kann nach zwei Missachtungen auch der dritte Punkt – Loslassen – nicht mehr greifen.

Die intensive, wenn auch vielleicht unbewusste, Beschäftigung mit dem, was nicht sein darf, hat mit Loslassen nichts zu tun. Solange ich mich mit etwas beschäftige, habe ich es offensichtlich nicht losgelassen. Etwas abzulehnen heißt also *nicht*, es losgelassen zu haben! Etwas abzulehnen heißt, es auszugrenzen oder zu unterdrücken.

Wozu Ausgrenzung und Unterdrückung führen, hat jeder auf individueller Ebene schon erfahren, und jeder kann es auf kollektiver Ebene täglich in den Medien verfolgen.

Umstände und Gefühle, die wir nicht wahrhaben wollen, die wir unterdrücken, begegnen uns immer wieder. Und Menschengruppen, die unterdrückt werden, leisten Widerstand und begehren auf. Das, was auf individueller Ebene, im Innen geschieht, findet auf kollektiver Ebene, im Außen, seine Entsprechung – und umgekehrt.

Zurück zu den persönlichen Widerständen. Es gibt ein einfaches Hilfsmittel, mit dem Sie im Alltag dem Unterschied zwischen Ablehnen und Loslassen auf die Spur kommen können. Dabei hilft Ihnen wieder einmal die Sprache.

Achten Sie bewusst auf Situationen, in denen Sie sagen oder denken, dass Sie etwas *nicht* zu wollen. Und wenn Sie sich bei solchen Aussagen ertappen, fragen Sie sich, was Sie denn statt dessen wollen. Simples Beispiel: „Ich will nicht dick sein", erschafft automatisch ein Bild von „dick" in Ihrer Vorstellung; dem Zustand „dick" geben sie damit Energie. Wenn Sie sich nun vorgenommen haben abzunehmen, ist es äußerst kontraproduktiv, permanent ein Bild von „dick" zu nähren. **Denn Sie kriegen, was Sie denken!**

Die zielführende Alternative – Sie können es sich schon denken – besteht darin, die Aussagen umgekehrt zu formulieren und das auszusprechen oder zu visualisieren, was Sie *wollen*. „Ich will schlank sein", besser noch „ich bin schlank" erschafft ein Bild von schlank, das dann seinerseits sein Potenzial entfaltet.

Das klingt simpel, funktioniert aber oft nicht, wenden Sie jetzt ein? Das stimmt. Er funktioniert nur, wenn Sie das Bild von „dick" weder gewaltsam zur Seite schieben wollen noch verschämt in ein Ecke stellen, in die Sie immer wieder schielen. Er funktioniert nur, wenn Sie das Bild von „dick" wirklich, wirklich loslassen. An dieser Stelle nähern wir uns also der Frage:

Loslassen – wie geht das?

Es ist erstaunlich einfach. Fragen Sie sich:

Wie lassen Sie eine heiße Kartoffel los?

Wie lassen Sie einen Jonglierball los?

Wie lassen Sie dieses Buch los, das Sie gerade lesen?

Nehmen Sie irgendeinen Gegenstand in Ihrer Umgebung.

Wie lassen Sie den Stift los, der auf dem Tisch liegt?

Die Antwort ist so offensichtlich, dass Sie sich gar nicht trauen, sie zu formulieren. Wie lassen Sie das Buch los? Nun – Sie tun es einfach!

Zugegeben: Diese Erkenntnis hilft Ihnen bei Gedanken und Gefühlen nicht sofort weiter. Wie lassen Sie Angst los? Das scheint etwas anderes zu sein; das „Einfach loslassen" erscheint hier als unüberwindbares Hindernis. Wie lassen Sie unproduktive Gedanken los? Einfach so? Wie geht das?

Um die Antwort zu finden, vergegenwärtigen Sie sich die gerade zitierten Beispiele. Was haben die heiße Kartoffel, der Jonglierball und das Buch gemeinsam? Und wie passt das Telefon oder das Bild an der Wand hier hinein? Sie vermitteln uns eine unerlässliche Erkenntnis.

Um den Jonglierball oder den Stift loszulassen, müssen Sie diese Gegenstände erst einmal anfassen, in die Hand nehmen. Zu banal, diese Pointe? Mitnichten. Dies ist der erste Teil vom Geheimnis des Loslassen. Wenn Sie etwas loslassen wollen, müssen Sie es erst einmal haben und halten. Und das kann ein hohes Hindernis sein, wenn es um das Loslassen von Gedanken und Gefühlen geht.

Unangenehme Gefühle oder unerwünschte Gedanken beispielsweise wollen wir gar nicht erst haben. Wir möchten sie loslassen, aber das geht nicht, weil wir sie gar nicht erst angenommen haben. Was ich nicht habe, kann ich nicht loslassen: Das ist keine intellektuelle Spitzfindigkeit, sondern eine Tatsache!

Also: Um Gedanken, auch und gerade unerwünschte Gedanken, loszulassen, müssen wir sie erst einmal annehmen. Um Gefühle, auch und gerade unangenehme Gefühle, loszulassen, müssen wir sie erst einmal annehmen.

Wie aber kann ich Angst annehmen? Indem ich sie nicht bewerte! Angst ist nicht dieses fürchterliche Gebilde, das ich um jeden Preis verhindern muss. Angst ist einfach ein Gefühl wie jedes andere auch. Wenn die Kraftstoffanzeige Ihrer Autos meldet, dass der

Tank leer ist, verfluchen Sie doch auch nicht das Messgerät und dessen Zeiger. Oder? Also: Warum verfluchen, verdrängen, negieren Sie Ihre Angst? Registrieren Sie sie, ohne zu bewerten.

Wenn Sie nicht bewerten; wenn Sie keine Geschichten, keine Horrorszenarien erfinden, dann – und erst dann – können Sie die Angst da sein lassen. Sie können sie beobachten, ohne zu erschrecken. Solange Sie die Angst in Geschichten kleiden, ist das einfache, ist das „nackte" Wahrnehmen und Annehmen der Angst nicht möglich.

Noch einmal: Alles, was sie loslassen wollen, müssen Sie vorher angenommen haben. Lehnen Sie nichts ab, was Sie bei sich beobachten. Es ist ohnehin schon da – sinnlos, es zu leugnen. Wenn Sie Gedanken haben, die Sie sich niemals zugetraut hätten, beobachten Sie interessiert, dass Sie sogar diese Gedanken haben. Freuen Sie sich an Ihrem Repertoire. Bewerten Sie es nicht! Sehen und erkennen Sie, dass Sie, genauso wie jeder andere Mensch, alle Möglichkeiten, alles Potenzial in sich vereinen. Das ist die Wahrheit – ob es Ihnen gefällt oder nicht. Dem Potenzial ist es ohnehin egal, ob Sie einverstanden sind. Es ist da. Mit oder ohne Ihre Zustimmung.

Und erst jetzt, wenn Sie angenommen haben, wirklich angenommen haben (nicht verleugnet oder verdrängt!), was ohnehin da ist, dann können Sie sich entscheiden, es loszulassen. Und dann werden Sie feststellen, dass Loslassen keine Unmöglichkeit ist, sondern ein ganz natürlicher Prozess.

Ja, wenn Sie geübt sind in der Nutzung des magischen Dreiecks, dann können Sie auch Gedanken und Gefühle „einfach loslassen". Dann geschieht das Loslassen wie von selbst und ganz nebenbei. Erinnern Sie sich an das Bild mit den Autos in der Stadt, die Sie beobachten, indem Sie sie einfach an sich vorüberziehen lassen? Wenn Sie geübt sind, werden Sie Gedanken und Gefühle genau so loslassen: Sie werden sie wahrnehmen, ihnen vielleicht kurz nachblicken und sie dann vorüberziehen lassen. (Es sei denn, Sie entscheiden sich bewusst, ihnen *jetzt* – in diesem Moment – nachzugehen und Raum zu geben.)

Und wenn Sie noch nicht geübt sind?

Dann greifen Sie zu einem Hilfsmittel. Es ist dasselbe Hilfsmittel, das Ihnen in jeder Situation zu mehr Bewusstsein verhilft; Sie kennen es schon, wenn Sie dieses Buch aufmerksam gelesen haben.

Fragen Sie sich – als Hilfsmittel – ganz bewusst und gezielt: „Was ist *jetzt*?" Und: „Was kann ich *jetzt* tun?"

Ein Beispiel. Sie kommen aus einer Konferenz der Abteilungsleiter, die nicht nach Ihrem Geschmack verlaufen ist. Ein Vorschlag, an dem Sie lange gebrütet haben, ist abgelehnt worden, und Ihr ständiger Widersacher, der Vertriebschef, hat vielleicht noch eine hämische Bemerkung dazu gemacht. Die Konferenz ist zu Ende, Sie kochen vor Wut, und Sie können die Wut nicht loslassen. Was tun Sie? **Sie fragen sich: „Was ist jetzt?"**

Und obwohl wir weder Sie noch Ihr Unternehmen noch Ihren Kollegen aus dem Vertrieb kennen, können wir Ihnen die Antwort sagen – und die nächsten Schritte des inneren Dialogs dazu.

Also: „Was ist jetzt?" Antwort: „Ich stehe hier und habe Probleme, meine Wut loszulassen."

Nächste Frage: „Wenn das so ist – was kann ich jetzt tun?" Antwort, ganz einfach: Sie können (und sollten!) eine Entscheidung fällen.

Sie können sich jetzt bewusst entscheiden: Will ich weiter in diese Wut hineingehen, sie kochen lassen und sie leben? Oder will ich sie jetzt loslassen und etwas anderes tun?

Bewerten Sie nicht! Beide Möglichkeiten stehen gleichberechtigt nebeneinander. Spüren Sie in sich hinein und registrieren Sie die Signale, die aus Ihrem Original, aus Ihrer Mitte kommen.

Wenn Sie jetzt das ehrliche, tiefe Empfinden haben: Ja, jetzt ist es an der Zeit, dieser Wut Raum zu geben und ihr nachzugehen – dann tun Sie das! Aber tun Sie es bewusst und entschieden. Drücken Sie Ihre Wut aus (mit angemessenen Mitteln, natürlich!), statt sie in sich hineinzufressen. Schlagen Sie mit der Faust auf Ihren Schreibtisch; schreien Sie die Wand an (nicht Ihre Mitarbeiter!); oder gehen Sie ins Büro des Vertriebschefs und sagen Sie ihm: „So kann es nicht weitergehen!"

Wenn Sie das tun und dabei immer aufmerksam bleiben, werden Sie bald spüren, dass Sie Ihre Wut innerlich schon losgelassen haben. Vielleicht grummelt es noch in Ihrem Magen, und der Nacken ist noch verspannt. Aber Ihre Aufmerksamkeit und Ihr Verstand sind längst nicht mehr mit der Wut beschäftigt, sondern mit anderen Dingen. Mit der Wand, mit dem Schrei, oder mit dem Gespräch im Büro des Vertriebschefs.

Ja, die Wut ist innerlich schon vorübergezogen, auch wenn Sie sie äußerlich noch durchscheinen lassen. Für Sie hat das einen großen Vorteil. Auch wenn Sie wütend auftreten, sind Sie nicht von der Wut beherrscht. Sie sind frei. Sie können in dem Moment, in dem Sie Ihrem Kollegen vom Vertrieb gegenüberstehen, frei entscheiden, wie scharf Sie formulieren, welche Forderungen Sie erheben oder welche Vorschläge Sie machen.

Wir vermuten allerdings, dass in 90 Prozent der Fälle etwas anderes geschehen wird. Sie werden entscheiden, Ihrer Wut keinen weiteren Raum zu geben und sie loszulassen – aber trotz der Entscheidung fällt Ihnen das Loslassen schwer. Die Wut kocht immer noch im Magen, die Gedanken bleiben düster. Was tun?

Sie fragen sich: „Was ist *jetzt*?" **Antwort: Jetzt haben Sie Zeit.**

Wie bitte? Jawohl. Das ist Ihre Situation: Jetzt haben Sie Zeit gewonnen. Sie haben sich entschieden, nicht Ihrer Wut zu folgen und sie nicht in sich hineinzufressen oder sie in sinnlosen Beschwerden auszudrücken. Und damit haben Sie Zeit gewonnen. Sie wissen doch, dass eine unterschwellig brodelnde Wut Sie Minuten oder Stunden lang quälen, sie von Ihrer Arbeit ablenken, an Ihrer Motivation nagen oder Ihnen den ganzen Tag verderben kann. Diese Zeit und Energie haben Sie nun gewonnen, indem Sie sich gegen die Wut entschieden haben.

Also: Jetzt haben Sie Zeit und können sich überlegen, wie Sie die Zeit nutzen.

Wenn Sie sich diese Antwort geben, werden Sie merken, dass Ihr Verstand sich in Windeseile mit der Frage befassen wird, wie Sie die Zeit nutzen können. Einige Momente lang wird er das noch grummelnd tun, weil das verletzte Ego noch an ihm zerrt; aber dann wird die Wut immer schneller in den Hintergrund treten, und ihr Verstand wird sprudeln mit Ideen, was Sie *jetzt* tun könnten. Sie könnten darüber nachdenken, warum Ihr Vorschlag abgelehnt wurde und wie Sie ihn verbessern können. Sie könnten einen Kaffee holen oder einen Gang in die Sonne machen – oder doch den Headhunter anrufen, der ihnen einen Posten bei einem Wettbewerber anbieten wollte ...!?

Probieren Sie es aus: Diese Vorgehensweise funktioniert.

Das Beispiel hat Ihnen hoffentlich deutlich gemacht: Wenn Sie aufmerksam sind und nicht bewerten und immer wieder ins Jetzt zurückkehren – dann geschieht das Loslassen wirklich von selbst. Ja, dann ist es praktisch schon geschehen.

Das ist der Mechanismus des magischen Dreiecks.

Zusätzlich zu diesem Grund-Mechanismus haben wir in unserem Beispiel nur einen einfachen Trick angewandt. Mit der Frage: „Wie kann ich die gewonnene Zeit nutzen?", haben wir Ihren Verstand gezielt von der Wut weggelockt.

Nutzen Sie diesen Effekt, wenn Sie wollen. Der Verstand ist eine Gedankenmaschine, die nichts lieber tut, als Bilder und Ideen hervorzusprudeln. Werfen Sie ihm eine sinnvolle Aufgabe hin, dann wird er gern für Sie arbeiten statt für Ihr Ego!

Aufmerksamkeit lenken

Sicher ist nur die Gegenwart

Zugegeben: Das Prinzip des Loslassens ist einfach – die praktische Umsetzung ist oft nicht so einfach. Das liegt daran, dass das Ego, die Fälschung, sich nicht widerstandslos an den Rand spielen lässt und auch mit allen Tricks arbeitet. Deshalb wollen wir uns hier noch einen Aspekt ansehen, den die Fälschung gern als Trumpf ausspielt und den es zu erkennen gilt.

> Was ist der Grund, der uns so sehr an unseren Vorstellungen und Konzepten festhalten lässt?
>
> Warum fällt es uns so schwer, die eigenen Überzeugungen zu hinterfragen oder gar aufzugeben?

> Warum ist es Ihnen so wichtig, Ihr Leben zu planen, Ihre Karriere zu planen, Ihren Ruhestand zu planen?
>
> Was gibt es Ihnen, wenn Sie jetzt schon genau wissen (zu wissen glauben), was Sie tun müssen, um Ihr Projekt in vier Wochen erfolgreich zu Ende zu führen?
>
> Warum holen Sie sich bei kniffligen Fragen Rückendeckung von Kollegen und Vorgesetzten?
>
> Warum schließen Sie eine Lebensversicherung ab?

Schauen Sie hin. All diese „Vorkehrungen", all Ihre Konzepte und Überzeugungen befriedigen Ihr Bedürfnis nach Sicherheit. Sie glauben zu wissen – oftmals sogar „mit Sicherheit" – was passiert. Sie „wissen" es deshalb, weil Sie es so gelernt haben oder weil andere es ebenfalls so gelernt haben und ihnen beipflichten. Sie planen und kontrollieren und fühlen sich dadurch sicher. Sie halten auch dann an Vorstellungen und adaptierten Überzeugungen fest, wenn die Realität Sie eines Besseren belehrt.

Gehen Sie einmal der folgenden Frage nach: Wie oft sind Sie bereit, die aktuelle Situation zu manipulieren – oder versuchen es zumindest – um die Realität Ihren Vorstellungen von der Situation anzupassen, anstatt die eigenen Vorstellungen und Überzeugungen auf den Prüfstand zu stellen und damit die Realität zum Maßstab des Augenblicks zu machen?

Anstatt das zu akzeptieren, was ist, und unsere Vorstellungen zu verändern, versuchen wir unsere Vorstellungen zu behalten und das zu manipulieren, was bereits geschehen ist.

Der Grund für all das ist: Unsere Überzeugungen, unsere Vorstellungen, unsere Glaubenssätze über uns und die Welt, unsere Konzepte und Bilder geben uns Sicherheit. Und je mehr Menschen die gleichen Konzepte vertreten, desto sicherer fühlen wir uns. Desto richtiger erscheint die jeweilige Entscheidung oder Vorgehensweise.

Dabei übersehen wir völlig, dass es so etwas wie Sicherheit nicht gibt – nicht geben kann! Wir übersehen es nicht nur, wir verdrängen es auch. Denn fehlende Sicherheit verunsichert, ja erschüttert uns.

Nicht zu wissen, was sein wird, ist ein Zustand, den das Ego nicht ertragen kann. Unsicherheit macht im höchsten Maße Angst. (Und die soll ja um jeden Preis vermieden werden.)
Doch: **Es gibt keine Sicherheit!**

Das ist leicht auszusprechen und schwer zu verdauen. Aber es ist wahr: Alles das, was wir als Sicherheit ansehen, basiert auf unseren Vorstellungen und Konzepten. Es basiert auf unseren Konstrukten und Konstruktionen. Doch die sind alle von Menschen gemacht und damit niemals vollkommen. Wir haben die kompliziertesten Strukturen geschaffen, um uns sicher zu fühlen. In vielen, vielleicht sogar in den meisten Fällen haben sie sich auch als tragfähig erwiesen. Aber nur für einen begrenzten Personenkreis und auch nicht immer. Wir glauben zu wissen, was geschehen wird, doch wissen wir es wirklich?

Wissen Sie, was morgen sein wird? Wissen Sie, welche Bewegung Sie in der nächsten Minute machen werden? Wissen Sie, wie alt Sie werden und ob Ihre Lebensversicherungsgesellschaft an Ihnen verdient oder umgekehrt? Sie wissen es nicht. Sie können es nicht wissen! Ein Appell gehört deshalb unbedingt zum Thema Loslassen:

LASSEN SIE DIE VORSTELLUNG LOS, DASS SIE WISSEN!

Lassen Sie die Vorstellung los, dass Sie wissen können, wie sich Ihr Leben entwickelt und wie die Zukunft aussieht. Erkennen Sie, dass Ihre Vorstellungen und Konzepte nur mentale Konstrukte sind. Es sind Arbeitshypothesen, die funktional sein und Ihnen weiterhelfen können, die aber nur Modelle sind und morgen schon überholt sein können. Wenn Sie das annehmen, werden Sie wissen, dass Sie nicht *wirklich* wissen. Und wenn Sie diese Erkenntnis nicht bewerten, ist sie nicht erschreckend, sondern zutiefst befreiend.

Die Krönung des Loslassens ist das Loslassen der Vorstellung, dass Sie wissen. Das hat natürlich Konsequenzen. Sie lassen damit auch alle Ideen und Vorstellungen von Sicherheit los. Und das ist gut so – weil es keine wirkliche Sicherheit gibt.

Machen Sie sich immer wieder bewusst: Sie glauben, mit Ihrer Planung die Zukunft im Griff zu haben, doch dem ist nicht so. Die

Zukunft fragt nicht nach Ihren Planungen, sie folgt den eigenen Regeln. Es ist möglich, dass alles so geschieht, wie Sie es gedacht und geplant haben, aber Sie können es nicht wissen. Aus diesem Grunde: Haften Sie nicht an! Planen Sie, überlegen Sie, tun Sie alles, was Sie glauben tun zu müssen – und dann lassen Sie los. Lassen Sie los in dem Bewusstsein, alles in Ihrer Macht Stehende getan zu haben. Wenn die Dinge dennoch anders kommen, reagieren Sie auf das, was gerade ist. Bleiben Sie jeweils flexibel und im Jetzt, ohne an Ihren Vorstellungen und Planungen festzuhalten, die möglicherweise nicht mehr zu halten sind.

Wenn Sie sich bewusst machen, dass Ihre Pläne und Konzepte nur eine von vielen Möglichkeiten darstellen; und wenn Sie innerlich akzeptieren können, dass es in Wirklichkeit keine Sicherheit gibt, weder für den Erfolg Ihrer Konzepte noch für den Erfolg der Konzepte anderer – dann sind Sie frei in Ihrer Sichtweise und können wirklich loslassen.

Die Regeln der Freiheit

Fassen wir noch einmal zusammen:

1. Loslassen ist eine Voraussetzung, um im Fluss des Lebens zu bleiben. Wenn wir loslassen, sind wir frei für das, was jetzt gerade ist. Wir sind frei von der Vergangenheit und offen für die Gegenwart, für den einzigen Zeitpunkt, in dem gehandelt, gefühlt und gedacht werden kann. Nur in der Gegenwart können wir gestalten, nur in der Gegenwart können wir leben, lieben, lachen. Solange wir die Vergangenheit nicht loslassen, kann die Gegenwart nicht genossen werden, und der Zugang zum inneren Wesenskern und zu der Kraft des Höheren Selbst ist versperrt.
2. Wir können nur das loslassen, was wir auch angenommen haben. Wenn Widerstand da ist, kann auch dieser Widerstand losgelassen werden. Nicht indem er bekämpft wird, sondern indem er angenommen wird. Ist Widerstand gegen die Annahme des Widerstandes da, geht es den gleichen Weg: Nehmen Sie den Widerstand

gegen den Widerstand an. Die Annahme ist der Schlüssel zum Loslassen.
3. Lassen Sie die Vorstellung von Sicherheit los. Das ist vielleicht die größte Herausforderung. Erkennen Sie, dass es keine wirkliche Sicherheit gibt, und haben Sie den Mut, in der Unsicherheit zu stehen. An dieser Stelle greift die Kraft des inneren Wesenskerns, und sein Potenzial geht über alle Vorstellungen und Konzepte hinaus.

Die „Problematik des Loslassens" wird auch in dem folgenden Dialog deutlich, der in einem für die Führungskraft schwierigen Kontext geführt wurde: Massive Eheprobleme beeinflussen nicht nur das persönliche Wohlbefinden, sondern auch die berufliche Konzentrations- und Leistungsfähigkeit so spürbar, dass eine schnelle Lösung gefunden werden soll.

Loslassen im Dialog

▲

FÜHRUNGSKRAFT: Sie sagen loslassen. Ich kann doch nicht einfach alles loslassen.

COACH: Ich gebe Ihnen eine sehr deutliche Antwort, die Ihnen wahrscheinlich nicht gefallen wird. Ich sage das nicht, weil ich Sie nicht verstehen kann, sondern um Ihnen aufzuzeigen, wo der Irrtum liegt. Hier die Antwort: Sie können *alles loslassen. Sie können sich nur nicht* vorstellen, *alles loszulassen. Und Sie glauben Ihrer Vorstellung.*

FÜHRUNGSKRAFT: Sie sagen, ich soll meine Frau loslassen und meinen Beruf, und dann würden sich die Dinge klären?

COACH: Sie sollen *gar nichts. Sie können sich erlauben loszulassen und dann sehen, was geschieht. Lösen Sie sich zunächst einmal von dem, worin Sie sich völlig verstrickt haben und was Ihnen so viel Leid zufügt:*

Ihre Gedanken. Ihre unablässigen Sorgen und schlaflosen Nächte haben Ihnen keine Lösung gebracht. Ganz im Gegenteil. Und wenn etwas nicht funktioniert, tue etwas anderes.

FÜHRUNGSKRAFT: Also, wenn ich nicht schlafen kann, dann kann ich nicht schlafen. Das habe ich nicht unter Kontrolle. Und Sorgen loszulassen – ist das nicht ein bisschen weit hergeholt? Wenn ich sie loslassen könnte, hätte ich das längst getan. Was Sie sagen, erscheint mir nicht sehr praktikabel. Das ist doch wohl eher ein intellektuelles Konzept. Das hilft mir praktisch nicht weiter.

COACH: Ich kann Sie gut verstehen. Es klingt alles sehr theoretisch; wie Sie sagen, wie ein intellektuelles Konzept. Und genau das ist es auch. Solange, bis Sie sich erlauben, ein Konzept wirklich als Konzept zu erkennen und es dann ebenfalls loszulassen. Machen Sie sich sehr bewusst, was ein Konzept ist: ein gedankliches Konstrukt. Es ist nicht die Realität. Sie haben es zu einem Teil Ihrer Realität gemacht. Und so, wie Sie es in Ihre Realität aufgenommen haben, so können Sie es auch wieder loslassen.

Ihr Verstand sagt Ihnen, dass Sie Ihre Konzepte nicht loslassen können. Er sagt Ihnen, dass Sie Ihre Frau nicht loslassen können oder Ihren Job. Weil dieser Verstand mit Loslassen bestimmte negative Bilder verbindet. Vielleicht Scheidungsprozess und Einsamkeit. Vielleicht Sehnsucht oder schlechtes Gewissen. Vielleicht auch Karriereknick oder gar den Verlust eines interessanten Arbeitsplatzes. Aber all das sind Ihre Ideen. Sie wissen *nicht, ob das tatsächlich eintreten wird. Sie* können *es nicht wissen. Sie haben es ja nicht probiert.*

FÜHRUNGSKRAFT: Aber das Risiko ist drin.

COACH: Ja, das Risiko ist drin. Aber das ist es immer. Auch dann, wenn die Situation im Moment problemlos aussieht.

Lassen Sie uns aber noch mal einen Schritt zurückgehen. Wir sind keinesfalls an der Stelle, an der Sie vielleicht von zu Hause ausziehen wollten oder sollten. Loslassen heißt hier nicht körperliche Trennung. Das kann es sein, muss es aber nicht. Loslassen heißt erst einmal, die Vorstellungen, die Sie von Ihrer Frau haben und von dem, was Ihre Frau tun und lassen soll, aufzugeben. Überprüfen Sie einmal Ihre Erwartungshaltung. Was genau soll Ihre Frau tun? Wie soll sie sich verhalten, damit Sie zufrieden sind? Und was soll Ihre Frau tun, das Sie selbst nicht bereit sind zu tun? Unter welchen Umständen würden Sie Ihre Beziehung als funktionsfähig oder vielleicht sogar als gelungen ansehen?

FÜHRUNGSKRAFT: Hmm, ja das stimmt. Ich habe eine Menge Erwartungen an meine Frau. Ich hätte sie schon in vielen Punkten gern anders.

COACH: Und was wäre dann?

FÜHRUNGSKRAFT: Dann wäre alles anders, dann hätten wir keine Probleme.

COACH: Das würde ja bedeuten, dass Sie mit der ganzen Situation nichts zu tun haben. Die „Schuld" liegt nur bei Ihrer Frau, und wenn sie sich ändert, ist alles wieder in Ordnung.

FÜHRUNGSKRAFT: Na ja, so kann man das auch nicht sagen. Zum Streit gehören ja bekanntlich immer zwei. Sicherlich müsste ich mich auch verändern.

COACH: Und warum tun Sie es nicht?

FÜHRUNGSKRAFT: Das ist ja nicht so einfach ...

COACH: Aber von Ihrer Frau erwarten Sie es ...?

FÜHRUNGSKRAFT: Stimmt, das erkenne ich jetzt auch. Für sie ist das sicherlich genauso schwer. Aber was mache ich jetzt?

COACH: Wir sind immer noch bei dem Thema Loslassen. Lassen Sie Ihre Vorstellungen los. Lassen Sie Ihre Erwartungen an Ihre Frau los. Das ist dann wirkliches Annehmen des Partners. Tun Sie das, was Sie sich für sich auch wünschen. Nehmen Sie den anderen an, so wie Sie angenommen werden möchten.

FÜHRUNGSKRAFT: Das kann ich nicht. Da gibt es bestimmte Verhaltensweisen, die kann ich einfach nicht akzeptieren.

COACH: Nein, es geht auch nicht um Verhaltensweisen, es geht um den Menschen. Sie müssen nicht alle Verhaltensweisen Ihrer Frau lieben, Sie müssen nicht einmal damit einverstanden sein. Aber der Mensch, der hinter den Verhaltensweisen steckt, ist ein Wesen, das angenommen werden möchte genau so wie Sie selbst. Und Sie nehmen den Menschen an, nicht die Verhaltensweisen. Das ist ein Unterschied. In dem Moment, in dem Sie annehmen, was jetzt ist, können Sie Ihre Abhängigkeit von dem, was nicht ist, loslassen.

FÜHRUNGSKRAFT: Das klingt ziemlich kompliziert. Ist das nicht ein Widerspruch, das anzunehmen, was ich nicht haben möchte? Das macht doch keiner.

COACH: Das scheint ein Widerspruch zu sein. In Wirklichkeit ist es das Einzige, was Sie tun können. Denn das, was Sie jetzt, in diesem Moment annehmen, ist doch nur das, was sowieso schon da ist. Und dagegen können Sie ohnehin nichts mehr machen. Außer natürlich, sich darüber aufzuregen, doch das verstärkt nur Ihr Problem, es kann es auf keinen Fall lösen.

FÜHRUNGSKRAFT: Ja, das stimmt. Das ist logisch. Sie sagen also, ich soll meine Frau so annehmen, wie sie ist?

COACH: Jetzt, in diesem Moment, ja. Wenn Sie jetzt für einen kleinen Moment Ihre Vorstellungen, wie der andere zu sein hat, loslassen, was geschieht dann? Nur jetzt, in diesem Moment?

FÜHRUNGSKRAFT: Wenn ich mir wirklich keine Gedanken mache, wie es sein sollte? Dann ist alles in Ordnung.

COACH: Sind Sie in diesem Moment noch wütend oder verletzt?

FÜHRUNGSKRAFT: Nein, überhaupt nicht. Das ist ja wunderbar. Aber ich kann doch nicht für immer meine Ideen aufgeben.

COACH: Niemand spricht von Ideen aufgeben. Geben Sie das krampfhafte Anhaften an diese Ideen auf. Sie werden immer Ideen haben. Sie werden immer Wünsche haben, Sie werden auch immer Abneigungen haben. Aber machen Sie sich nicht zum Sklaven dieser Wünsche oder Abneigungen. Verwandeln Sie Ihre Wünsche in Vorlieben. Wenn Sie etwas unbedingt wollen, endet es oft in zwanghaftem Verhalten und Verkrampfung. Wenn Sie stattdessen eine Vorliebe haben, wenn Sie es einfach nur gern hätten, aber nicht haben müssen, können Sie sich wieder entspannen. Manchmal werden Sie sich mit Abneigungen, Wünschen und Vorlieben auseinander-

setzen müssen. Na und? Es gibt immer Schwankungen. Es geht im Leben immer auf und ab. Lassen Sie Ihre Vorstellungen los, dass es immer nur bergauf gehen könnte. Das ist eine Illusion. Versuchen Sie nicht, etwas zu erzwingen, das Sie niemals erzwingen können. Passen Sie sich stattdessen dem Fluss des Lebens an und beobachten Sie, was passiert.

FÜHRUNGSKRAFT: Und dem Fluss des Lebens passe ich mich an, indem ich meine Vorstellungen loslasse?

COACH: Indem Sie Ihre Anhaftung an diese Vorstellungen loslassen. Stellen Sie sich vor, was immer Sie wollen, aber erheben Sie es nicht in den Stand der einzig gültigen Wahrheit. Das Leben geht viele Wege. Die meisten davon sind uns unbekannt. Nehmen Sie das, was ist, so, wie es jetzt gerade ist, und lernen Sie daraus. Nutzen Sie es, statt es zu bekämpfen.

FÜHRUNGSKRAFT: Das ist ziemlich ungewöhnlich und klingt wie eine echte Herausforderung.

COACH: Diese Herausforderung ist nicht größer oder kleiner als andere auch. Sie ist nur ungewohnt.

FÜHRUNGSKRAFT: Ich glaube, das ist sehr anstrengend. Ich muss ja ständig aufmerksam sein, um loszulassen. Wenn ich es jetzt versuche, kostet es mich sehr viel Energie, meine Sorgen loszulassen.

COACH: Sie lassen Sie nicht los, Sie wollen sie loswerden, und das ist etwas anderes. Das ist Widerstand gegen das, was ist, und dieser Widerstand erfordert Energie.

FÜHRUNGSKRAFT: Und Sie würden jetzt sagen, ich muss den Widerstand aufgeben. Das kostet aber auch Energie – oder?

COACH: Nehmen Sie doch bitte mal die Tasse vom Tisch und halten Sie sie hoch. Und was den Widerstand angeht, Sie müssen ihn nicht aufgeben. Sie können sich dafür entscheiden.

FÜHRUNGSKRAFT: Ja, gut. Aber wenn ich meine Probleme lösen möchte, dann muss ich doch ...

COACH: Ja, dann ist es sinnvoll. Doch vergessen Sie nicht, Sie haben die Wahl. Wenn Sie wollen, dass Ihre aktuelle Situation sich in Zukunft nicht *wiederholt, dann ist es sinnvoll, die Verantwortung für Ihr Verhalten, also für Ihr Handeln und für Ihre Gedanken, zu übernehmen. Überprüfen Sie Ihre Gedanken und Vorstellungen und lassen Sie das los, was Sie nicht für hilfreich oder sinnvoll erachten.*

FÜHRUNGSKRAFT: Übrigens, was ist jetzt mit der Tasse? Es wird langsam anstrengend, sie zu halten.

COACH: Sehen Sie jetzt, wie anstrengend Festhalten ist? Was erfordert mehr Energie, das Festhalten oder das Loslassen?

FÜHRUNGSKRAFT: Stimmt, eigentlich kann es ja gar nicht so schwer sein. Ich glaube nur, dass ich sehr schnell wieder in die alten Muster zurückfallen werde.

COACH: Auch das ist ein Konzept, wenngleich ein recht realistisches. Aber wenn Sie zurückfallen – na und. Das macht doch nichts. Bei der nächsten Gelegenheit klappt es, dann vergessen Sie es wieder, dann klappt es wieder. Es ist ein Prozess. Seien Sie konsequent in diesem Prozess, aber seien Sie auch konsequent darin, sich nicht zu verurteilen, wenn es Ihnen einmal nicht gelungen ist. Rom ist auch nicht an einem Tag erbaut worden. Tun Sie, was Sie tun können, und dann lassen Sie es los.

5.4 Der Fluss im magischen Dreieck

Aufmerksam sein – nicht bewerten – loslassen.

Nicht bewerten – loslassen – aufmerksam sein.

Loslassen – aufmerksam sein – nicht bewerten.

Jeder Punkt des magischen Dreiecks bedingt den nächsten genauso wie den vorangegangenen. Es spielt keine Rolle, an welchem Punkt Sie beginnen. Es spielt auch keine Rolle, ob Sie dem Fluss des Dreiecks rechts herum oder links herum folgen.

Wenn Sie aufmerksam, also ganz im Jetzt sind, kann es keine Bewertung mehr geben, denn es gibt keine Referenzgrößen mehr. Und wenn es keine Referenzgrößen gibt, ist da auch nichts mehr, das Sie festhalten können.

Wenn Sie nicht bewerten, sind Sie automatisch im Jetzt, denn Sie schauen nicht auf etwas, das gerade nicht real, sondern nur in Ihrer Vorstellung vorhanden ist. Wenn Sie aber im Jetzt sind, haben Sie alles andere losgelassen. Und wenn Sie loslassen, gibt es nichts mehr, an dem Sie anhaften, also auch nichts mehr, das Sie bewerten könnten. Sehen Sie die Magie in diesen drei Punkten? Egal, wo Sie einsteigen, Sie werden automatisch zu der einzigen Stelle geführt, die wirklich existiert: ins Hier und Jetzt.

Nur im Hier und Jetzt können Sie handeln. Nur im Hier und Jetzt können Sie denken, und nur im Hier und Jetzt können Sie fühlen. Mit anderen Worten: Nur im Hier und Jetzt können Sie wirklich leben.

Das magische Dreieck führt Sie genau in dieses Hier und Jetzt. Und das heißt: Es führt Sie in Ihren inneren Wesenskern, in das Original. Je selbstverständlicher Sie sich in diesem Dreieck aufhalten, desto größer wird der „Sog in die Mitte". Es ist beinahe wie ein schwarzes Loch, das alle Teilaspekte des Ego – alle Strukturen und Mechanismen, die Sie von Ihrem inneren Wesenskern abgehalten haben – in sich aufsaugt.

Je mehr Sie sich durch das Dreieck bewegen, desto mehr werden Sie die Freiheit erkennen, die in dieser Bewegung steckt, und desto größer wird Ihr Vertrauen in die Kraft und Magie des Dreiecks. Und je größer Ihr Vertrauen wird, desto weniger müssen Sie die Kontrolle behalten, um Dinge nach Ihren Vorstellungen zu entwickeln. Sie können sich einfach, voller Vertrauen, dem hingeben, was jetzt *ist*, ohne zu bewerten und ohne an eigenen Konzepten festzuhalten.

Um die Frage, was denn genau Ihr Original sei und wie Sie es finden könnten, müssen Sie sich dann keine Gedanken mehr machen. Wenn die „Fälschung" beseitigt ist, wenn die Irrungen des Ego Sie nicht mehr beherrschen, dann wird Ihr Original einfach da sein. Wenn Sie voll und ganz mit dem gehen, was *jetzt ist*, werden Sie ganz automatisch die Impulse und die Kraft des Originals spüren und nutzen. Denn das Original ist das, was in Ihrem Bewusstsein – unter all den Krücken und Hilfsmitteln des Geistes – wirklich *ist*.

Sie müssen dann nichts mehr mit Anstrengung *tun*, um etwas zu erreichen. Die Dinge geschehen wie von allein – durch Sie, und Sie sind der erste, der von dieser Kraft und Freiheit profitiert.

Wenn Sie dem magischen Dreieck in voller Eigenverantwortung folgen, werden Sie am Ende sagen können: Nicht mein Wille geschehe, sondern DEIN Wille geschehe – der Wille Ihres Originals.

Darin liegt die Kraft und die Stärke, die erforderlich ist, um den aktuellen Herausforderungen konstruktiv zu begegnen.

Darin liegt die Kraft und Stärke einer neuen Führung – einer Führung, die geeignet ist, für alle Betroffenen, für den Einzelnen und für die Gesellschaft, für die Menschheit und für den Planeten, erfüllende und erfüllte Rahmenbedingungen zu schaffen.

Wir wissen, dass es bis dahin noch ein weiter Weg ist. Wir wissen auch, dass es viele Menschen braucht, die diesen Weg gemeinsam gehen. **Wir hoffen, Sie sind dabei!**

6.
Landung und Ausblick

Eine „gelebte Spiritualität" im Business-Kontext?

Nachdem Sie das Buch bis hierher gelesen haben und das anfänglich unbekannte Gebiet nunmehr ein bekanntes Terrain geworden ist, ist es jetzt an der Zeit, eine „sanfte Landung" einzuleiten und zu schauen, wohin wir uns von hier aus bewegen könnten.

Spiritualität im Berufsalltag einer Führungskraft – sei sie in der Wirtschaft oder in der Politik tätig: Was bedeutet das also? Ist eine nicht nur materielle Ausrichtung in einem Unternehmen, in politischen Strukturen, Behörden oder in Verbänden und Vereinen in dieser Zeit und hier bei uns überhaupt möglich? Oder landen wir dann doch wieder in der so genannten „esoterischen Ecke", in die wir nicht hinwollen? Jetzt, da Sie so weit gekommen sind, gibt es sicher keine Berührungsängste mehr, und wir werfen nochmals einen Blick auf den Kontext, in dem wir uns eigentlich seit dem Beginn dieses Buches schon bewegen.

Auch wenn für manchen Manager der zeitweilige Aufenthalt in einem Kloster oder ein Wochenendkurs in Meditation nicht ohne vorteilhafte Wirkung auf seine Arbeit und sein Arbeitsumfeld geblieben ist, so dürfen wir doch feststellen: Die Spiritualität, von der hier die Rede war und ist, ist nicht zu verwechseln mit den strukturierten Formen einer Religion oder mit den Themen des Glaubens. Es ging und geht in diesem Buch stets um den (beruflichen) Alltag und die tägliche Praxis. Dort, das haben Sie nun auf mehr als 200 Seiten gesehen, hat eine praktisch gelebte Spiritualität nicht nur ihren Platz; sie kann (und wird) sogar die Grundlage für nachhaltigen Erfolg und tief gegründetes Wirtschaften sein. **Aber diese alltägliche Spiritualität ist möglicherweise noch nicht genug.**

Es ist vielmehr so, dass in sehr vielen Menschen – auch in den Ministerien, Behörden, Unternehmen und Betrieben – eine Ahnung existiert, die über die Ebene unseres Tagesbewusstseins hinausgeht. Diese Ahnung, die leise Frage nach dem höheren Sinn unseres Daseins, auch nach dem Sinn unseres Wirtschafts- und Gesellschaftssystems, ist mit dem Verstand und dem „Ego" meist nicht wirklich erreichbar. Wer sie für sich beantworten will, wird zwangsläufig noch tiefer in sich hineinhören, wird eine noch engere Verbindung mit seinem „Original", seinem inneren Wesenskern, suchen, als wir es hier empfohlen und skizziert haben. Er wird sich als „ganzheitlichen Manager" verstehen, der nach einer ausgewogenen Mischung von „Herz, Verstand und Profit" strebt und der spürt, dass es im Berufsleben nicht nur um die eigene Brieftasche und die Unternehmensbilanz geht, sondern auch um die Seele – die eigene wie die der Mitarbeiter.

Wenn Sie das spüren; wenn Sie sich darauf wirklich einlassen – dann werden Sie erleben, dass eine innere Unruhe aufkommt und ein gewisses Maß von Unzufriedenheit sich in Ihnen breit macht. Doch das ist nicht falsch; im Gegenteil. Diese uns allen bekannte Unruhe, diese Unzufriedenheit kann zum Treibstoff werden, der uns hilft, uns auf den Weg zu machen und die Suche fortzusetzen – die Suche nach dem Sinn unseres Lebens. Die Suche nach einer Antwort auf die Frage:

Was ist mein Daseinszweck? Warum diese Jahre und Jahrzehnte auf diesem Globus – unter diesen Umständen? Und: Was kann ich – in dieser Zeit und in meinem Verantwortungsbereich – tun, um diese Welt Sinn-voller zu gestalten?

Es ist immer wieder spannend zu erleben, was passiert, wenn einer von uns einer Führungskraft im persönlichen Gespräch genau diese Frage stellt. In der Regel folgt ein erstauntes Gesicht, ein kurzes Nachdenken und dann als erstes eine Reaktion wie: „Gehört das wirklich hierher? Ist das wirklich eine ernst gemeinte Frage?"

Aber ja! Und daran ist nichts wirklich Beunruhigendes. Die Suche nach dem Sinn unseres Daseins, die Suche nach unserem wahren Wesen, ist nicht ungewöhnlich; sie ist ein Grundprinzip der evolutionären Entwicklung des Menschen. Und eigentlich ist es ja auch keine Suche, keine wirklich aktive Handlung. Es ist – wie Sie nach der Lektüre der vorangegangenen Kapitel wissen – ein Loslassen, sozusagen ein Beiseitetreten.

An diesem Punkt kommt der Moment, in dem Sie erkennen, dass auch die Sinn-Frage zu Ihrem „Alltag" gehört – vielleicht nicht sofort zum beruflichen Alltag, aber zum Gespräch mit der Familie, mit guten Freunden, in einer Kirchengemeinde oder in einem Exkurs über die Verbindung zwischen Philosophie und Physik.

Diese höhere Ebene, nach der wir dann fragen, ist eine Wirklichkeit, die Sie bei den Weisen aus unterschiedlichsten Kulturen und Epochen (Meister Eckhart, Ramana Maharshi, dem Dalai Lama und viele anderen) genauso finden wie bei den großen deutschen Denkern vergangener Jahrhunderte wie Leibniz, Schiller oder Goethe.

Es ist die Wirklichkeit, die sich in den großartigen Gemälden in der Sixtinischen Kapelle genauso ausdrückt wie in dem begnadeten Gitarrenspiel eines Eric Clapton. Erscheint Ihnen das zu „abgehoben"? Es mag auf den ersten Blick so aussehen; aber es ist der Hintergrund, vor dem sich das abspielt, was Sie den „ganz normalen Alltag" nennen. Ein Hintergrund, den wir in diesen Alltag integrieren sollten.

Haben Sie nicht auch den unbestimmten Eindruck, dass wir an einer Wendemarke angekommen sind; dass sich die Dinge nicht mehr so kontinuierlich weiterentwickeln, wie wir das bisher gewohnt waren, insbesondere hier in der westlichen Welt?

Die Weltgesellschaft ist auf ihrer gemeinsamen (!) Reise durch die Jahrhunderte an einem Punkt angekommen, an dem wir alle nicht mehr so weitermachen können wie bisher. Es geht nicht mehr wirklich nur um die Lösung einiger Probleme politischer oder wirtschaftlicher Natur. Es geht nicht mehr nur um Verkaufszahlen, Marketingstrategien oder die Entwicklung neuer Produkte. Es geht nicht mehr um die Verbesserung des Lebensstandards um jeden Preis – beispielsweise auf dem Rücken der so genannten Entwicklungsländer. In den kommenden Jahren und Jahrzehnten geht es für jeden von uns um Fragen der ökonomischen *und* der ökologischen Zukunft.

Wir sind als Menschheit an einem Punkt, an dem wir uns tatsächlich entscheiden müssen. Wollen wir so weitermachen wie bisher, oder achten wir auf die immer deutlicher werdenden Zeichen, die auf den nächsten Schritt der Evolution hindeuten. Ein solches – erfreuliches – Zeichen ist die gerade stattfindende Versöhnung von Natur- und Geisteswissenschaften. Es gibt mittlerweile zum Beispiel Erkenntnisse aus der Quantenphysik, die als Denkmodelle für eine andere, bessere Management-Praxis benutzt werden können; darauf hat die amerikanische Professorin Margret J. Wheatley in ihrem Buch „Quantensprung der Führungskunst“ hingewiesen. In ähnlicher Weise ermutigend sind beispielsweise auch Erkenntnisse aus der transpersonalen Psychologie, die uns eine andere Weltsicht liefert als diejenige, die uns das herkömmliche Ich-Bewusstsein angeboten hat. Hier haben unter anderen Ken Wilber oder Stanislaf Grof in ihren Büchern wegbereitende Arbeit geleistet.

Auch die Tatsache, dass Sie ein Buch wie dieses in den Händen halten, ist ein Hinweis; ein solches Buch wäre vor zwanzig oder dreißig Jahren nicht geschrieben oder gar verlegt worden. Auch andere Bücher über neue Werte im Management, die in den vergangenen Jahren zunehmend mehr erschienen sind, geben uns einen Fingerzeig. Genauso wie die stets gut gefüllten Vortragsveranstaltungen, Seminare und Workshops rund um den Globus, die sich spirituellen Themen widmen. Als Beispiele seien an dieser Stelle so unterschiedliche Persönlichkeiten wie der Dalai Lama, Neale Donald Walsch, Ervin Lazlo, Peter Senge, Gregg Braden, Lance Secretan oder Willigis Jäger erwähnt, die wachsenden Zulauf registrieren.

Dies alles macht uns im Hinblick auf die Zukunft optimistisch!

Denn es deutet darauf hin, dass die Menschheit vor einem Quantensprung steht, der zu einem neuen Bewusstsein führen wird. Dieser Bewusstseinswandel findet in jedem von uns statt, der dafür offen ist. Was Sie tun können, haben Sie hier in diesem Buch gelesen. Sie können sich entscheiden, ob Sie der „Old Story“ folgen wollen, oder ob Sie bereit sind, in sich selbst den Wandel zu vollziehen. Sie können eine Führungskraft alter Prägung sein und bleiben, oder Sie können künftig zur Riege der „ganzheitlichen Manager“

gehören, die eine integrale Sichtweise nicht nur predigen, sondern auch leben.

Diese ganzheitlichen Manager sind – um das noch einmal zu betonen – ganz normale Menschen, die allerdings aus ihrer inneren Mitte heraus führen, die auf diese Weise mit Leidenschaft und Einfühlsamkeit agieren und das volle Potenzial ihrer Mitarbeiter zum Leben erwecken können. Die täglich gelebte Spiritualität drückt sich bei ihnen nicht in Worten, sondern in Taten aus.

Der Meister eines japanischen Zen-Klosters hat das einmal wie folgt formuliert: „Manager müssen zwei Realitäten beherrschen – sich in jenem weiten inneren Raum erquicken können, in der Leere, die mit aller Leere überall verbunden ist, und gleichzeitig ihre volle Aufmerksamkeit auf den jetzigen Augenblick richten, ob sie nun eine Fahrkarte für die Eisenbahn lösen, ihre Frau küssen oder Börsenberichte lesen."

Václav Havel, der ehemalige Präsident der Tschechoslowakei, hat schon im Jahr 1990 vor den Kongress der Vereinigten Staaten von Amerika folgendes gesagt: „Ohne eine globale Revolution in der Sphäre des menschlichen Bewusstseins wird sich nichts zum Besseren verändern [...] und die Katastrophe, auf die sich die Welt hinbewegt – der ökologische, soziale, demografische oder allgemeine Zusammenbruch der Zivilisation – wird unausweichlich sein."

Es ist an der Zeit aufzuwachen.

Der erfolgreiche Manager des 21. Jahrhunderts wird ein ganzheitlicher, ein spiritueller Manager sein – oder er wird nicht mehr erfolgreich sein. Das alte, mechanistische Denken, an dem wir gerade in den Unternehmen, aber auch in der Politik so lange festgehalten haben, ist nicht mehr zeitgemäß und hat uns genau in die Krise geführt, in der wir uns aktuell befinden. Eine „Neue Führung" braucht ein „Neues Denken" – die Zeit hierfür ist reif.

Lassen Sie uns an diesem Punkt noch einmal Duane Elgin zitieren. In seinem Buch „Ein Versprechen für die Zukunft" weist er sehr eindrücklich darauf hin, dass wir die Mittel und Möglichkeiten haben, einen evolutionären Sprung zu machen. Die Situation, dass wir genau jetzt, in dieser Zeit leben, überträgt uns allen gemeinsam eine einzigartige Verantwortung und – das ist die gute Nachricht – eine einzigartige Gelegenheit. Da wir nun hier sind; da wir nun gerade jetzt auf diesem Planeten leben und arbeiten, sind wir nach seiner Auffassung „im Dienst" und somit für die Erhaltung der evolutionären Integrität des menschlichen Experiments verantwortlich. Anders gesagt:

Wir sind die Anführer, auf die wir gewartet haben. *Wir* sind die sozialen Erneuerer und Unternehmer, die wir gesucht haben. *Wir* sind aus Elgins Sicht diejenigen, die zur Selbstorganisation herausgefordert sind und sich aus eigenem Antrieb aufrichten müssen.

Von uns und unserem Handeln in den nächsten Jahren hängt viel ab. Jeder Einzelne von uns, besonders wenn er Führungsverantwortung trägt – ganz gleich ob in einem Konzern, einem mittelständischen Unternehmen oder als Bürgermeister einer Kleinstadt –, kann vorangehen und Wege weisen in eine aussichtsreiche Zukunft, für uns selbst und für die künftigen Generationen. Dies gilt genauso in allen so genannten „Non-Profit-Organisationen", in Verbänden und Vereinen. Überall dort gibt es Führer, und sie sollten stets bereits sein, die Verantwortung für das große Ganze im Blickfeld zu haben.

Nicht zuletzt gibt es so etwas wie Führung auch in der Keimzelle unserer Gesellschaft – der Familie. Hier werden die geistigen Grundlagen dafür geschaffen, ob junge Menschen nachhaltiges Denken, Ehrfurcht vor der Schöpfung und Respekt vor dem Leben praktizieren oder nicht. Hier kann die Grundlage für ein neues Bewusstsein genauso gelegt werden wie in den vorher genannten Bereichen – ganz gleich ob global oder lokal.

Es kommt auf jeden von uns an – JETZT!

Der Weg zu diesem Buch – ein „Dankeschön!“

Es war ein langer Weg von unserer allerersten Begegnung in Hermannsburg im Mai des Jahres 1994 bis zur Fertigstellung dieses Buches. Viele Menschen haben uns seit jenem Zeitpunkt begleitet und uns geholfen, unseren Weg vorwärts zu gehen – manchmal sanft und liebevoll, aber manchmal auch mit dem notwendigen „Schubs“ zum Aufwachen.

Ein Buch hat uns beide zuerst inspiriert: „Grenzenlose Energie – das Power-Prinzip“ des Amerikaners Anthony Robbins führte uns in die Welt des Neurolinguistischen Programmierens (NLP) und in den USA haben wir dazu viel gelernt u.a. von Connirae und Steve Andreas, Lara Ewing oder Robert McDonald. Lisa und Sandy McDowell aus London (GB) zeigten uns, was durch Coaching alles bewirkt werden kann und inspirierten uns zur Gründung der Firma „Wachstum & Kreativität“ im Sommer des Jahres 1996. Prof. Gertje Lathan und Dr. Phillip Evran führten uns auf den Pfad des intuitiven Arbeitens. Maryvonne Lorenzen bewegte uns dazu, die deutsche Sektion der International Coach-Federation (ICF) mitzubegründen. Dr. Lance Secretan haben wir es schließlich zu verdanken, dass wir eine Verbindung zwischen Business und Spiritualität erkennen und diese in unserer Arbeit praktizieren können. Seine Arbeit war und ist uns stets eine Quelle der Inspiration.

Auf dem „inneren Weg“, den wir seit einigen Jahren gehen, hatten wir zwei Lehrer, denen wir zutiefst dankbar sind – Zeno Spöllmink und Dr. Rüdiger Porep.

Joachim Kamphausen hat uns ermutigt, unsere Gedanken, Überzeugungen und Visionen zu Papier zu bringen. Ohne sein großes Vertrauen in unsere Arbeit und sein verlegerisches Engagement wäre dieses Buch nie entstanden. Dafür danken wir ihm sehr!

Ein ganz persönlicher Dank gilt Martin Gregor-Ax, der uns in der Phase des Schreibens aktiv begleitet hat. Er war nicht nur unser Lektor, er war stets auch Motivator, Kritiker und Impulsgeber.

Die Monate des Schreibens haben in uns beiden viel bewegt … wir danken deshalb dem Leben selbst, dass es uns ermöglicht hat, diese Arbeit zu tun.

Wuppertal im August 2004

Barbara Fromm
Michael Fromm

Über die Autoren

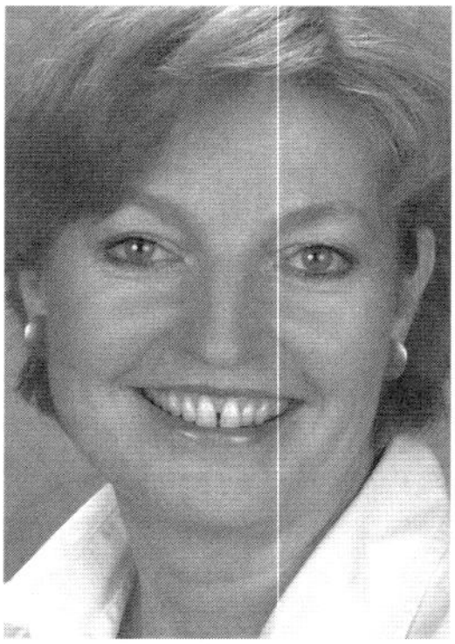

Barbara Fromm, geboren 1955, verheiratet und Mutter von zwei erwachsenen Töchtern, ist Life- und Businesscoach und Autorin diverser Fachartikel und Buchbeiträge zum Thema Coaching und Persönlichkeitsentwicklung.

Michael Fromm, geboren 1954, verheiratet mit Barbara Fromm; er arbeitet ebenfalls als Führungskräfte-Coach, als Life-Coach und als Trainer für Unternehmen. Er ist Autor verschiedener Buchbeiträge zu den Themen Coaching und Führung.

Beide absolvierten die NLP-Master-Practitioner-Ausbildung und eine Trainerausbildung in den USA, die Coaching-Ausbildung in England sowie zahlreiche Fortbildungsmaßnahmen in Deutschland und in Kanada.

1996 gründeten sie gemeinsam die Firma „Wachstum und Kreativität". Sie coachen und trainieren bundesweit Führungskräfte in Unternehmen und Verwaltungen, sowie private Klienten.

Beide sind Gründungsmitglied der deutschen Sektion der International Coach Federation (ICF). Weiterhin sind sie Mitglied im Spiritual Venture Network – einer Vereinigung von Menschen mit wirtschaftlicher Verantwortung und spirituellem Anliegen. Michael Fromm fungiert dort als Vorstandsmitglied. Aktiv sind sie in der Fachgruppe „Integrales Business“ tätig, die sich mit der businessorientierten Umsetzung der Arbeit von Ken Wilber befasst. Darüber hinaus gehören beide der Higher Ground Community an, einer weltweiten Organisation von Trainern und Personalentwicklern mit Sitz in Alton (Ontario), Kanada.

Barbara Fromm und Michael Fromm bieten Seminare für Führungskräfte sowie Coaching-Maßnahmen für Gruppen und Einzelpersonen an. Ebenfalls halten sie Vorträge zum Thema: „Führen aus der Mitte“ und zur Verbindung von Business und Spiritualität.

Weitere Informationen sind erhältlich unter:

Internet: **www.frommundfromm.de**

E-Mail: **info@frommundfromm.de**

Literaturnachweis

sowie weiterführende Bücher, ein Video und diverse Internetseiten

Bücher:

Adrienne, Carol: „Erkenntnis und Zufall", Heyne, München 1999
Alder, Harry: „Manager mit Intuition", Campus, Frankfurt/Main 1995
Autry, James A. / Mitchell, Stephen: „Die Illusion der Kontrolle", Fischer-Media, Bern 1999
Capra, Fritjof: „Verborgene Zusammenhänge", Scherz, Bern 2002
Chibber, M. L. „Führung", Satya-Sai-Vereinigung e. V., Dietzenbach 1996
Chopra, Deepak: „Die sieben geistigen Gesetze des Erfolges", Heyne, München 1996
Elgin, Duane: „Ein Versprechen für die Zukunft", J. Kamphausen, Bielefeld 2004
Galuska, Joachim (Hrsg.): „Pioniere für einen neuen Geist in Beruf und Business", J. Kamphausen, Bielefeld 1994
Gore, Al: „Wege zum Gleichgewicht", S. Fischer, Frankfurt/Main 1992
Grof, Stanislaf: „Kosmos und Psyche", Krüger, Frankfurt/Main 1997
Hendricks, Gay / Ludeman, Kate: „Visionäres Management als Führungskonzept der Zukunft", Droemer Knaur, München 1997
Händeler, Erik: „Die Geschichte der Zukunft", Brendow, Moers 2002

Hook, Dee: „Die chaordische Organisation", Klett-Kotta, Stuttgart 2001

Jaworski, Joseph: „Synchronicity – The inner Path of Leadership", Berrett-Koehler, San Francisco (Kalifornien, USA) 1996

Jäger, Willigis: „Suche nach dem Sinn des Lebens", Via Nova, Petersberg 1991

Kirchner, Baldur: „Benedikt für Manager", Gabler, Wiesbaden 1999

Mann, Rudolf: „Bewusst-Sein im Beruf", Metropolitan, München 1995

Mann, Rudolf: „Die neue Führung", Metropolitan, München1996

Marx Hubbard, Barbara: „Vom Ego zur Essenz", Koha, Burgrain 2003

Millman, Dan: „Der Pfad des friedvollen Kriegers", Knaur, München 1987

Rauen, Christopher (Hrsg.): „Handbuch Coaching", Verlag für angewandte Psychologie, Göttingen 2000

Roach, Geshe Michael: „Die Weisheit des Diamanten", Theseus, Berlin 2003

Nidiaye, Safi / Gottwald, Franz-Theo/Hormann, John/Besser-Anthony, Antje: „Führen mit Intuition", Ariston, Kreuzlingen 1997

Richmond, Lewis: „Arbeit und Spiritualität", Goldmann, München 2000

Roddick, Anne: „Die Bodyshop-Story", Econ, München 2001

Secretan, Lance: „Reclaiming Higher Ground", Macmillan Canada, Toronto 1996

Secretan, Lance: „Inspirational Leadership", Macmillan Canada, Toronto 1999

Secretan, Lance: „Inspire – What great Leaders do", Wiley & Sons, Hoboken (New Jersey, USA) 2004

Senge, Peter M.: „Die fünfte Disziplin", Klett-Cotta, Stuttgart 1996

Sheldrake, Rupert / McKenna, Terence/Abraham, Ralph: „Denken am Rande des Undenkbaren", Pieper, München 1995

Sprenger, Reinhard K.: „Mythos Motivation“, Campus, München 1991
Sprenger, Reinhard K.: „Das Prinzip Selbstverantwortung“, Campus, München 1995
Sprenger, Reinhard K.: „Vertrauen führt“, Campus, München 2002
Staute, Jörg: „Das Ende der Unternehmenskultur“, Campus, Frankfurt/Main 1997
Swimme, Brian: „Das Universum ist ein grüner Drache“, Claudius, München 1991
Tolle, Eckart „Jetzt! – Die Kraft der Gegenwart“, J. Kamphausen, Bielefeld 2001
Wheatley, Margaret J.: „Quantensprung der Führungskunst“, Rowolt, Reinbeck 1997
Wilber, Ken: „Vom Tier zu den Göttern“, Herder, Freiburg 1997
Wilber, Ken: „Ganzheitlich handeln“, Arbor, Freiamt 2001

Video/DVD:

„Leap into the Future: Leadership for the 21st Century“,
Dr. Don Beck und Andrew Cohen, (www.mokshapress.org)

Empfehlenswerte Internetseiten:

www.ak-kenwilber.org
www.benediktushof-holzkirchen.de
www.coachfederation.de
www.heiligenfeld.de
www.ig-coaching.de
www.integralewirtschaft.com
www.lassalle-institut.org
www.secretan.com
www.spiritatwork.com
www.spiritinbusiness.org
www.spiritual-venture.net
www.weltinnenraum.de
www.zen-akademie.de

Joachim Galuska (Hrsg.) **u.a.**

Neuer Geist

Bringt uns die spirituelle Dimension im wirtschaftlichen Handeln in unserer menschlichen Evolution weiter?

Dieses Buch mit seinen Beiträgen versteht sich als Suchprozess, motiviert von unserer Hoffnung, unserem Mitgefühl, unserer Verantwortung und unserer Bewusstwerdung. Es geht darum, wirtschaftliches Handeln als Mittel zu nutzen und damit in den Dienst der Menschheit zu stellen.
Dieses Buch richtet sich daher nicht nur an Politiker, Führungskräfte oder Unternehmer, sondern an alle, die sich für die Welt verantwortlich fühlen, denen das Ganze am Herzen liegt, seien sie Kunden oder Produzenten, Arbeitnehmer oder Arbeitgeber, Investoren oder Wirtschaftspolitiker.

Mit Beiträgen von:
Ervin Laszlo, Jakob von Uexküll, Dr. Joachim Galuska, Barbara und Michael Fromm, Pia Gyger, Mark Saxer, Hans Jecklin, Dr. Friedrich Assländer, Franz Theo Gottwald, Hans Kreis, Albert Pietzko, Sabine Bredemeyer, Margit Kennedy, Stefan Brunnhuber. **www.akademie-heiligenfeld.de**

Joachim Galuska, Hrsg.: Pioniere für einen neuen Geist in Beruf und Business
264 Seiten | ISBN 3-933496-97-7

J.Kamphausen www.weltinnenraum.de